ISO 29119
Die Softwaretest-Normen verstehen und anwenden

Matthias Daigl ist Senior Consultant bei der imbus AG. Er ist als Sprecher auf internationalen Konferenzen unterwegs, arbeitete in Arbeitsgruppen des German Testing Board, des ISTQB® und im Normungsausschuss von DIN und ISO mit und verantwortet als Editor den Teil 5 der ISO 29119. Weiter ist er Autor des Buches »Keyword-Driven Testing – Grundlage für effiziente Testspezifikation und Automatisierung«.

Rolf Glunz ist Geschäftsstellenleiter und Vertriebschef bei der imbus AG. Nach 30 Jahren Tätigkeit als IT-Manager, u.a. als Geschäftsführer eines DIN-Tochterunternehmens, setzt er sich heute leidenschaftlich für erfolgreiches Qualitätsmanagement und zielgerichtetes Testen von Software ein. Er berät seine Kunden, wie sie durch die richtigen Methoden, Prozesse und Produkte Qualität steigern und Kosten senken können.

Matthias Daigl · Rolf Glunz

ISO 29119 – Die Softwaretest-Normen verstehen und anwenden

2., aktualisierte und erweiterte Auflage

dpunkt.verlag

Matthias Daigl
ISO29119@daigl.de

Rolf Glunz
rolf.glunz@imbus.de

Lektorat: Christa Preisendanz
Lektoratsassistenz: Julia Griebel
Copy-Editing: Ursula Zimpfer, Herrenberg
Satz: Matthias Daigl
Herstellung: Stefanie Weidner, Frank Heidt
Umschlaggestaltung: Eva Hepper, Silke Braun
Druck und Bindung: BELTZ Grafische Betriebe GmbH, Bad Langensalza

Bibliografische Information der Deutschen Nationalbibliothek
Die Deutsche Nationalbibliothek verzeichnet diese Publikation in der Deutschen Nationalbibliografie; detaillierte bibliografische Daten sind im Internet über *http://dnb.d-nb.de* abrufbar.

ISBN:
Print 978-3-98889-011-5
PDF 978-3-98890-158-3
ePub 978-3-98890-159-0

2., aktualisierte und erweiterte Auflage 2024

Wieblinger Weg 17
69123 Heidelberg

Hinweis:
Dieses Buch wurde mit mineralölfreien Farben auf FSC®-zertifiziertem Papier aus nachhaltiger Waldwirtschaft gedruckt. Der Umwelt zuliebe verzichten wir zusätzlich auf die Einschweißfolie. Hergestellt in Deutschland.

Schreiben Sie uns:
Falls Sie Anregungen, Wünsche und Kommentare haben, lassen Sie es uns wissen: *hallo@dpunkt.de*.

5 4 3 2 1 0

Vorwort zur zweiten Auflage

Seitdem wir die erste Auflage dieses Buches im Januar 2016 fertiggestellt haben, hat sich bei der ISO 29119[1] einiges getan:

- Die Normenfamilie, gerade eben noch neu, hat sich in der internationalen Test-Community und darüber hinaus etabliert.
- Die Kernnormen Teil 1 bis 4 wurden überarbeitet, mit einigen sehr spannenden Änderungen.
- Neue Normen sind dazugekommen.

Überarbeitete Kernnormen

Rund acht Jahre nach der ersten Veröffentlichung der vier zentralen Teile der ISO 29119 ist eine überarbeitete und erweiterte Auflage der Normenfamilie erschienen.

Routinemäßige Überprüfung

Es entspricht den Gepflogenheiten bei ISO, dass regelmäßig – alle fünf Jahre – im »systematic review« hinterfragt wird, ob eine Norm weiterhin gültig bleiben soll, überarbeitet werden muss oder vielleicht sogar nicht mehr benötigt wird und daher zurückgezogen werden soll.

Trotz guter Erfahrungen mit der ersten Auflage der Normen war man sich im zuständigen Ausschuss ISO/IEC JTC1/SC7/WG 26 einig, dass einige Änderungen die Anwendung der Normen vereinfachen würden. Den Regularien von ISO folgend, wurden entsprechende Vorschläge ausgearbeitet, Abstimmungen durchgeführt ... und das Resultat liegt uns heute vor.

In der zweiten Auflage dieses Buches werden wir uns immer mit der aktuellen Fassung beschäftigen, aber an dieser Stelle soll wenigstens kurz darauf eingegangen werden, *was* sich bei den Teilen 1 bis 4 der Norm gegenüber der ersten Auflage der ISO 29119 geändert hat.

[1] Korrekt ist natürlich die Bezeichnung ISO/IEC/IEEE 29119. Eine Erläuterung zu unserer Kurzschreibweise findet sich in Abschnitt 1 auf Seite 4.

Teil 1: Im ersten Teil wurden die Konzepte grundlegend überarbeitet – weniger in ihrer Aussage, sondern was Tiefe und Verständlichkeit angeht. Die erste Ausgabe hatte den Anspruch, auch als Begriffsdefinitionsstandard zu fungieren und alle wesentlichen Testbegriffe aller Teile der Normenfamilie zu enthalten. Von diesem Anspruch rückte man nun aus verschiedenen Gründen ab:

- Es gibt neue Regularien bei der ISO, die dagegensprechen.
- Es wäre mit dem Erscheinen weiterer Teile gar nicht möglich, die Begriffe im ersten Teil immer aktuell aufzunehmen.
- Vor allem aber gibt es bereits mit dem Vokabular von ISO, IEEE und PMI »SEVOCAB« (frei im Web [36] verfügbar) bzw. als Standard ISO/IEC/IEEE 24765 [58] eine Referenzquelle für alle diese Begriffe und viele mehr.

Ungeachtet dessen findet sich in Teil 1 immer noch eine beachtliche Anzahl nützlicher Definitionen.

Teil 2: Auch hier wurde im Detail viel verändert und verbessert. Am auffälligsten dürfte aber dabei sein, dass die Elemente »feature set«, »test condition« und »test set« (dt.: Merkmalsgruppe, Testbedingung und Testfallmengen) weggefallen sind.

Die Erfahrung hatte gezeigt, dass die ersten beiden Elemente von vielen Anwendern nicht gut verstanden wurden und sehr erklärungsbedürftig waren. Das »test set« hingegen war weitgehend redundant mit »test procedure« und die Abgrenzung zu subtil, um nützlich zu sein.

Testbedingung entfällt.

Um auf die »test condition« zurückzukommen: Allein der deutsche Begriff »Testbedingung« war schon immer eine unglückliche Übersetzung. Auf ihn zu verzichten, ist jedoch eine kleine Revolution: Der Begriff, so schwerfällig er ist, kursiert seit Jahrzehnten in der Test-Community und ist auch im Umfeld des International Software Testing Qualifications Board (ISTQB®) (das diese Revolution zumindest bislang nicht mitträgt) verankert. Nicht als Synonym, aber an seine Stelle ist nun das Konzept des Testmodell Testmodells getreten. Darauf wird später in Abschnitt 6.1.2 genauer eingegangen.

Teil 3: Hier wird im Grunde bei den Dokumenten nachvollzogen, was durch die Prozesse in Teil 2 angelegt ist – da sie in den Prozessen nicht mehr vorkommen, werden Testbedingungen, Merkmalsgruppen und Testfallmengen nicht mehr erzeugt, dafür aber jetzt Testmodelle.

Teil 4: Auch in diesem Teil ergeben sich die meisten Änderungen durch die Anpassungen an Teil 2. Daneben hat sich auch bei den beschriebenen Testverfahren etwas getan, so ist mit »Metamorphic Testing« jetzt ein Verfahren beschrieben, das sich gerade im Umfeld der künstlichen Intelligenz (KI) bewährt – ein schönes Beispiel, wie die Norm aktuelle Themen aufgreift.

Neue Normen

In der ersten Auflage dieses Buches wurden die vier ersten Teile der Normenfamilie ISO 29119 vorgestellt, die wir jetzt als »Kernnormen« bezeichnen. Damit war zu diesem Zeitpunkt die Normenfamilie vollständig beschrieben. Das stellt sich heute anders dar:

- Seitdem ist mit Teil 5 ein weiterer Teil der Normenfamilie zum Thema **Keyword-Driven Testing** erschienen (siehe Kap. 7).
- Ein Technical Report »Guidelines for the use of ISO/IEC/IEEE 29119 (all parts) in agile projects« hilft, die Kernnormen auf ein **agiles Umfeld** anzuwenden (siehe Abschnitt 8.1).
- Es gibt einen ausgezeichneten Technical Report »Guidelines on the testing of AI-based systems« zum Testen von Systemen, die auf **KI** basieren (siehe Abschnitt 8.2).
- Ein weiterer Technical Report »Using the ISO/IEC/IEEE 29119 series in the testing of biometric systems« unterstützt dabei, den Test **biometrischer Systeme** in den Griff zu bekommen (siehe Abschnitt 8.3).

Diese (und einige weitere) neue Teile der Normenfamilie behandeln wir in den Kapiteln 7 und 8.

Projektbeispiele

In Kapitel 9 stellen wir Projektbeispiele zur Anwendung der Normen vor. Anlässlich der Neuauflage der Kernnormen erfolgten erneut Interviews mit unseren Ansprechpartnern der Projektbeispiele der ersten Auflage des Buches, um zu erkunden, ob und wie sich die Änderungen in der Norm auf sie auswirken. Dabei stellte sich heraus, dass Anpassungen der Prozessbeschreibungen und Dokumentenvorlagen in der Regel (noch) *nicht* erforderlich sind, sodass die Beispiele unverändert in die Neuauflage übernommen wurden.

Ein zusätzliches Projektbeispiel wurde für den neu hinzugekommenen Teil 5 der Norm zu Keyword-Driven Testing aufgenommen.

Es hat sich also nicht nur bei den Normen zum Thema Test einiges getan, sondern auch was dieses Buch angeht. Hier ist es nun: aktualisiert, erweitert und in jeder Hinsicht runderneuert. Wir wünschen viel Spaß beim Lesen und viel Erfolg bei der Umsetzung!

Erlangen, im Juli 2024

Matthias Daigl Rolf Glunz

Danksagung zur zweiten Auflage

Das Buch zu aktualisieren, das kann ja nicht so viel Aufwand sein. So dachten wir, aber dann wurde es doch etwas mehr. Alleine hätten wir es auch diesmal nicht geschafft.

Aus diesem Grund wollen wir uns bei denen bedanken, die uns dabei geholfen und diese Aktualisierung möglich gemacht haben:

- Zuvorderst bei unseren Familien, die uns erneut den nötigen Freiraum gegeben haben.
- Bei unserem Arbeitgeber imbus, der uns beim Schreiben von Fachbüchern unterstützt und uns erlaubt, Inhalte wie das Normenposter (Anhang A) zu nutzen.
- Ganz besonders beim Team vom dpunkt.verlag, insbesondere unserer Lektorin Frau Preisendanz für ihre Geduld und viele konstruktive Beiträge, die das Buch besser gemacht haben.

Vorwort zur ersten Auflage

Mit Standards und Normen beschäftige ich mich nun schon eine ganze Weile. Seit einigen Jahren durch die Mitarbeit in den Gremien des DIN und der ISO etwas intensiver – aber schon vorher viel länger als Softwaretester und als Anwender.

Aus dieser Zeit, in der ich »nur« Anwender von Normen wie der berühmten IEEE 829 war, weiß ich noch recht gut, wie sehr man manchmal zu kämpfen hat mit dem, was die Autoren der Normen uns an Herausforderungen aufgetragen haben – was doch meist als Hilfestellung gemeint ist.

Wie erfahren wir Normen: Sie sind nicht immer perfekt. Sie sind nicht immer leicht zugänglich. Sie sind oft sehr kompakt. Manchmal sind sie sehr umfangreich. Sie lassen auch manchmal Fragen offen.

Da ich inzwischen auch die andere Seite kenne, an der Erstellung von Normentexten mitarbeite und weiß, wie sehr oft um Formulierungen und Kompromisse gerungen wird, meine ich besser zu verstehen, warum Normen so sind, wie sie sind.

Diese Meinung bezieht sich naturgemäß insbesondere auf die Normen, bei denen ich mitwirken durfte – das ist die Normenreihe ISO 29119 mit den bislang ersten vier Teilen. Ich bin überzeugt davon, dass diese Normen einen beachtlichen Nutzen für die Gemeinschaft der Softwaretester entfalten können. Und da ich das Privileg besitze, hier über Einblicke zu verfügen, die nicht jeder haben kann, möchte ich diese Einblicke gerne teilen und dadurch dazu beitragen, dass diese Normen Anwendung finden. Und ich möchte meinen Beitrag dazu leisten, es Softwaretestern zu erleichtern, diese Normen zu verstehen und anzuwenden – daher dieses Buch.

Dies ist die Stelle, an der ich mich bei einigen Menschen bedanken möchte, die mir in besonderer Weise bei der Erstellung dieses Buches geholfen haben:

- Bei Rolf Glunz, der Ideengeber war, und mein Koautor ist. Er musste mich, einen professionellen Zweifler, erst von der Idee überzeugen.

- Bei Dr. Christian Brandes, Michael Riemer, Marc-Florian Wendland M. Sc. und Prof. Dr. Mario Winter, die mir als kritische Reviewer wertvolle Anregungen lieferten.
- Bei Dr. Klaudia Dussa-Zieger, ohne die ich nicht die Mitarbeit im NIA 01-07 des DIN begonnen hätte und die mich während einer denkwürdigen Autofahrt in die Prinzipien (und Tücken) der Normenarbeit einführte.
- Bei meinem Arbeitgeber imbus, der mich nicht nur darin unterstützte, dieses Buch zu schreiben, sondern überhaupt die Grundlagen dafür schuf, indem er mir das Vertrauen entgegenbrachte, mich zu Gremiensitzungen zu schicken. Den damit verbundenen Glauben an Standards und Normen und den idealistischen Wunsch, diese mitgestalten zu wollen, halte ich für selten und schätze ich an imbus.
- Und zum Schluss – und doch vor allen anderen – bei meiner Familie, meiner Frau Uli und meinen Kindern Kilian, Anika und Simon, die mir den nötigen Freiraum für das Schreiben dieses Buches gaben und in dieser Zeit meine teilweise eigenartigen Launen ertrugen!

Erlangen, im Dezember 2015

Matthias Daigl

Die Begeisterung für das Thema Normen und die umfassenden Kenntnisse meines Kollegen Matthias Daigl waren die auslösende Motivation, mit ihm gemeinsam dieses Buch zu verfassen.

Da mich das zusätzlich zur täglichen Arbeit gefordert hat, danke ich vor allem und zuerst meiner Frau Anja. Sie ist selbst Autorin und hat durch ihr Verständnis und ihre Geduld viel dazu beigetragen, dass ich die nötige Zeit aufbringen konnte.

Und natürlich danke ich Matthias, der durch seine Fachkompetenz immer eine Stütze während der Erstellung des Buches war – die Zusammenarbeit hat wirklich Spaß gemacht!

Erlangen, im Dezember 2015

Rolf Glunz

Inhaltsübersicht

Inhaltsverzeichnis

Teil I

Historie und Grundlagen

1 Einführung

Ein Buch über eine Norm und darüber, wie man diese Norm in der Praxis anwendet, das klingt attraktiv und spannend – wenn auch sicher nicht für jeden gleichermaßen.

Spannend ist es in der Tat, denn eine Norm bietet immer die Möglichkeit, sich des Wissens und der Erfahrung anderer zu bedienen – sich also gewissermaßen »auf die Schultern von Riesen zu stellen«, sich so des gesammelten Wissens aller »Vorausgegangenen« zu bedienen. Insofern kann man eine Norm immer auch als eine systematisch konsolidierte Good-Practice-Sammlung von Kompetenzträgern des jeweiligen Gebietes verstehen, und das kommt meist schon nah an die Best Practice heran.

Dem steht oft gegenüber, dass die Texte einer Norm sehr formal verfasst sind und nicht a priori klar ist, wozu man den einen oder anderen Teil in der Praxis benötigt. Gott sei Dank ist das für die hier behandelte ISO/IEC/IEEE 29119 nicht der Fall, »staubtrocken« oder »praxisfremd« sind hier keine zutreffenden Attribute.

Die Autoren dieses Buches sind der Meinung, dass die hier behandelte Norm durchaus »alltagstauglich« beschrieben ist. Zusammen mit der Norm stellt dieses »Begleitbuch« quasi eine Bedienungsanleitung dar, die die Praxisrelevanz nicht nur belegt, sondern Ideen schafft, wie diese Norm ganz konkret im eigenen Unternehmen und Projekt Nutzen stiften kann.

Dieses Buch ist kein Ersatz für die Beschaffung der Norm: Wer normenkonform arbeiten will, kann auf den Lizenzerwerb der Norm nicht verzichten – letztlich auch deswegen, um in den Genuss der kontinuierlichen Ergänzungen und Fortschreibungen zu kommen. In diesem Buch wiederholen wir also nicht den detaillierten Inhalt, sondern erklären und erläutern die Norm und zeigen, wie man aus den verschiedenen Teilen der Norm Nutzen ziehen kann.

Der Aufbau des Buches soll dem Leser helfen, sich schnell zu orientieren und durch die Erläuterungen zu den verschiedenen Bereichen der Norm möglichst direkt Ideen für die Anwendung der Norm zu entwickeln. Mit dem Originaltext der Norm »auf dem Schoß« kann dieses Buch als Nachschlagewerk verwendet werden, aber auch als »Kompass«, der einen Weg zur Nutzung aufzeigt. Und es eignet sich auch als Grundlagenlektüre für den Einstieg in das Thema »Softwaretest-Normen und deren praxisorientierte Anwendung«.

Der Einfachheit halber und für eine bessere Lesbarkeit wird die Normenfamilie in diesem Buch meist als ISO 29119 bezeichnet – vollständig müsste immer von ISO/IEC/IEEE 29119 die Rede sein. Damit soll keinesfalls eine Bewertung oder Hierarchie der beteiligten Organisationen ISO, IEC und IEEE vorgenommen werden.

Nutzungshinweis

Sicher ist es hilfreich, dass man das Buch nicht »am Stück« lesen muss. Schnelle Orientierung schaffen die vier Teile, die das Buch gliedern:

- Teil I: Historie und Grundlagen
- Teil II: Inhalte der Testnormen
- Teil III: Anwendungshinweise und Zukunft
- Anhang: FAQ, Begriffe (englisch/deutsch), Verweise und Referenzen

Diese Struktur unterstützt den Leser, je nach Interesse gezielt den für ihn attraktiven Inhalt zu finden.

Teil I schildert neben dieser **Einführung** mit dem Kapitel 2 **Entstehungsgeschichte und Kontext der ISO 29119** den Werdegang der Norm, was sicher auch für diejenigen interessant ist, die sich bislang generell nicht damit beschäftigt haben, wie Normen überhaupt entstehen. Inhaltlich steht eine Norm ja selten für sich allein. So skizziert dieses Kapitel auch die Berührungspunkte der ISO 29119 zu anderen Normen und Standards.

Ein gutes Beispiel für einen solchen Berührungspunkt ist das ISTQB®. Viele, die sich professionell mit dem Testen von Software und Systemen beschäftigen, setzen heute auf die Vorgaben des International Software Testing Qualifications Board, kurz ISTQB® (vgl. Abschnitt 2.5). Die verschiedenen Ausbildungsstufen des »Certified Tester« sind aktuell ein unbestrittenes Qualitätsmerkmal der Testerausbildung. Die Norm ISO 29119 kann man als Weiterführung und Ergänzung dieser ISTQB®-Lehrpläne verstehen, somit ist das Buch auch für diese Gruppe von Lesern interessant – allein schon deshalb, weil das ISTQB® bei der Erstellung und Überarbeitung der Lehrpläne die Inhalte der ISO 29119 berücksichtigt. Somit spielt die ISO 29119 mindestens indirekt auch bei der Ausbildung von Testern eine wichtige Rolle – ein weiterer Grund, sich mit den Inhalten zu beschäftigen.

Teil II behandelt ganz konkret die Inhalte der einzelnen Normenteile. In fünf Kapiteln geht es analog zu den Normen um Konzepte (ISO 29119 – Teil 1), um Testprozesse (ISO 29119 – Teil 2), Testdokumentation (ISO 29119 – Teil 3), Testverfahren (ISO 29119 – Teil 4) und schließlich um Keyword-Driven Testing (ISO 29119 – Teil 5). Etwas kompakter werden darüber hinaus die drei bisher erschienenen Technical Reports zur Anwendung der Normen im agilen Umfeld (ISO 29119 – Teil 6), beim Testen KI-basierter Systeme (ISO 29119 – Teil 11) und beim Testen biometrischer Systeme (ISO 20119 – Teil 13) betrachtet. Ein kurzer Blick auf zwei Normen außerhalb der ISO 29119, die für Tester aber sehr relevant sein können, muss erlaubt sein: ISO/IEC 33063 und ISO/IEC 20246.

Die Ausführungen und Erläuterungen vor dem Hintergrund umfassender Testerfahrung bieten eine praxisorientierte Interpretation des jeweiligen Teils, wobei der geneigte Leser gut beraten ist, sich parallel zu dieser Lektüre auch mit den originalen Normentexten zu versorgen – so kann er das Thema »Test« so professionell, vollständig und umsichtig wie möglich gestalten.

Teil III liefert zusammen mit diesen inhaltlichen Darstellungen aus Teil II verschiedene Beispiele im Kapitel 9 **Anwendung**, die inspirieren sollen, sich erfolgreich »auf die Schultern der Riesen« zu stellen – eben jener Spezialisten, die ihre Erfahrungen in die Norm haben einfließen lassen. Die konkrete Anwendung im eigenen Projekt oder Unternehmen ist sicher nur ein möglicher Nutzen – die weiteren Kapitel des Teils III bieten zusätzlichen Mehrwert: Im Kapitel 10 **Kritik** stellt sich das Buch der kritischen Diskussion über den Sinn der ISO 29119, mit dem Kapitel 11 **Jenseits der heutigen ISO 29119** wagen wir einen Ausblick auf Themen, die aktuell (noch) nicht durch die Normenreihe abgedeckt sind, aber kommen könnten, und schließlich ziehen wir ein kurzes **Fazit**.

Der **Anhang** rundet das Buch ab: Anhang A verdeutlicht die Zusammenhänge der Prozesse aus Teil 2 und der Dokumente aus Teil 3 der ISO 29119, oft gestellte Fragen werden möglicherweise in Anhang B **FAQ** schnell beantwortet, **Abkürzungen** sowie **Begriffe** sind zum Nachschlagen geeignet und die verschiedenen Verweise und Referenzen auf weiterführende und Quellenliteratur machen das Buch zu einem umfassenden Ratgeber.

Damit bietet »ISO 29119 – Die Softwaretest-Normen verstehen und anwenden« neben einem übersichtlichen Nachschlagewerk einen Einstieg in die Materie und konkrete Anreize, wie Sie die ISO 29119 schnell und effektiv für die eigene Projektpraxis nutzen können. Und wenn dies gelingt, hat dieses Buch seinen Zweck erfüllt!

Norm oder Standard?

Ein Standard stellt eine allgemein anerkannte einheitliche Vorgehensweise dar. Der Begriff Standard sagt nichts über seine Entstehungsgeschichte aus – er kann auch nur innerhalb eines Unternehmens oder eines Industriezweigs vereinbart oder von einer beliebigen Gruppe von Personen erarbeitet worden sein, ohne klare Erstellungsregeln. Er hat sich aber in einem gewissen Umfeld durchgesetzt. Man spricht auch von einem »De-facto-Standard«.

Eine Norm hingegen wird von einer (staatlich) anerkannten Normungsstelle – z. B. dem DIN, der ISO oder dem CEN – nach definierten, transparenten Regeln und einem anerkannten Normungsprozess erstellt. Man spricht auch von einem »De-jure-Standard«.

Im allgemeinen Sprachgebrauch werden im Deutschen die beiden Begriffe allerdings oft synonym verwendet. Dieses Buch bezieht sich auf Normen, und daher wird auch meist dieser Begriff verwendet – wir erlauben uns aber die Verwendung des Begriffs »Standard«, wenn dies der Lesbarkeit dient.

2 Entstehungsgeschichte und Kontext der ISO 29119

Wer »richtig«, mit einem gewissen Anspruch und nicht »einfach nur so«, Software testen wollte, für den standen schon lange Zeit vor Erscheinen der Normenfamilie ISO 29119 im Jahr 2013 eine Anzahl von Normen zur Verfügung. Diese Normen waren bewährt, bekannt und verfügbar, schon weil sie auch durch das erfolgreichste Ausbildungsschema für Softwaretester, den ISTQB® Certified Tester (siehe Abschnitt 2.5), referenziert wurden.

Interessanterweise waren und sind sich viele ISTQB® Certified Tester gar nicht bewusst[1], dass ihre Arbeit sich an Standards und Normen orientiert, geschweige denn an welchen – vielleicht, weil sie sich in der Certified-Tester-Ausbildung mehr auf die Inhalte konzentrieren als auf die Bezeichnungen von Normen. Trotzdem, schon vor 2013 gab es hilfreiche Teststandards:

Zu nennen wären hier der Standard IEEE 829 [84], die beiden Normen BS 7925-1 [82] und BS 7925-2 [83] sowie IEEE 1008 [48].

Insgesamt wird in diesem Kapitel neben den eben genannten Normen eine ganze Anzahl weiterer Normen und Standards erwähnt, die zur ISO 29119 in Bezug gesetzt werden können. Abbildung 2-1 zeigt diese Normen gruppiert nach Themenbereichen als Übersicht.

Mit Erscheinen der ersten vier Teile der Normenreihe ISO 29119 zwischen September 2013 und Dezember 2015 stehen nun zeitgemäße Normen zur Verfügung, die die eben genannten Normen abgelöst haben. Seit 2022 sind sie in einer zweiten überarbeiteten und verbesserten Auflage erhältlich. Bevor auf Inhalt und Struktur dieser seitdem relevanten Normen eingegangen wird, soll ein kurzer Blick auf die Vorgänger geworfen werden.

[1] Eine vielleicht – hoffentlich – nicht repräsentative Erkenntnis nach Publikumsfragen bei Vorträgen und ISTQB®-Advanced-Level-Schulungen.

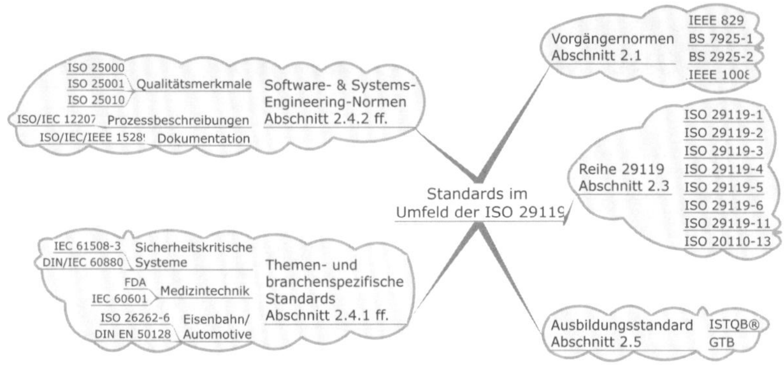

Abbildung 2-1 *Überblick über Standards im Zusammenhang mit ISO 29119*

2.1 Bedeutung und Geschichte der Vorgängernormen

Die im Folgenden genannten Normen stammen von den Normungsorganisationen IEEE und BSI. Auch wenn beide Organisationen nicht die gleiche Reichweite wie die ISO haben, waren diese Normen doch über viele Jahre die maßgeblichen Normen für Softwaretest.

2.1.1 IEEE 829

IEEE 829 war lange der Maßstab.

Der Standard IEEE 829 [84] trägt den Titel »IEEE Standard for Software and System Test Documentation«.

Er wurde bereits 1983 veröffentlicht, damals noch unter dem Titel »Software Test Documentation«. Im Laufe der Jahre gab es wesentliche Überarbeitungen; der Fassung von 1998 folgte 2008 die letzte Veröffentlichung, die erstmalig außer dem Schwerpunktthema »Testdokumentation« auch das Thema »Prozesse« anschnitt.

2.1.2 BS 7925-1

Die Norm BS 7925-1 [82] trägt den Titel »Vocabulary of Terms in Software Testing«.

Diese Norm, die hauptsächlich aus Begriffsdefinitionen besteht, hat die Begriffswelt der Softwaretester wesentlich mitgeprägt. Das ist spätestens seit der Verbreitung durch das ISTQB® der Fall, dessen ursprüngliches Glossar sich vor Erscheinen der ISO 29119 auf die Begriffe aus BS 7925-1 bezog.[2]

Glossar

Da die Norm BS 7925-1 eine der Grundlagen der ISO-29119-Familie ist, basieren auch heutige Definitionen von Testbegriffen bei der ISO darauf – und darauf wiederum das heutige Glossar des ISTQB®. Dank des German Testing Board (GTB) wurden die Begriffe ins Deutsche übertragen. Dieses Glossar findet sich unter [30] sowie mehrsprachig bei [31].

Damit sind viele der Begriffe, sei es auf Englisch oder auf Deutsch, in den Sprachgebrauch der Softwaretester (und einiger anderer Leute, die mit Testern reden) eingegangen. Heute kann man Zweifel darüber, was z.B. ein »Regressionstest« (oder »regression testing«) bedeutet, ganz einfach ausräumen, indem man sich auf das Glossar des ISTQB® oder des GTB beruft – und damit hat man sich letztendlich auf BS 7925-1 bezogen.

Umgangssprachlich ist das sicher auch in Ordnung, aber an dieser Stelle sollte schon darauf hingewiesen werden, dass die Begriffswelten von ISO, ISTQB® und BS 7925-1 nicht 1:1 dieselben sind. Es hat sich gezeigt, dass im Laufe der Zeit doch einige weitere Begriffe zu definieren waren, die nicht im BS 7925-1 beschrieben sind – andere wurden obsolet. Es kamen Begriffe hinzu, die in Arbeitsgruppen der ISO, des ISTQB® und in anderen Gruppen definiert wurden.

Eine kleine Statistik: Die BS 7925-1 hat immerhin 180 Einträge (ohne Synonyme/Verweise), das Software-Engineering-Vokabular von ISO, IEEE und PMI »SEVOCAB« [36] listet 235 Definitionen aus der Reihe der ISO 29119 auf und das ISTQB®-Glossar [41] kommt sogar auf 571 Definitionen.

Somit ist klar, dass die Norm BS 7925-1 einerseits einen großen Einfluss auf die Sprache der Softwaretester hatte, andererseits aber auch eine Erneuerung und Erweiterung aufgrund der Entwicklungen seit ihrer Erstellung notwendig war.

2.1.3 BS 7925-2

Die Norm BS 7925-2 [83] trägt den Titel »Software Component Testing Standard«.

In der Norm BS 7925-2 ist eine Vielzahl von Testverfahren beschrieben, die vielen Softwaretestprofis vertraut sind. Natürlich gibt es

Testverfahren

[2]Dieser Sachverhalt gründet historisch auf der Tatsache, dass der »Certified Tester – Foundation Level«-Lehrplan eine Weiterentwicklung eines früheren Lehrplans des britischen Verbandes BSI (British Standards Institution) ist.

mehr Testverfahren als die dort beschriebenen – aber wirft man einen Blick auf die Praxis, dann zeigt sich, dass die wirklich eingesetzten Testverfahren gar nicht so viele sind – und selten werden zusätzliche benötigt, die nicht in dieser Norm beschrieben sind.

Was viele nicht wissen, ist, dass die Norm BS 7925-2 auch einen reichen Fundus an Beispielen beinhaltet, die für das Verständnis der Testverfahren sehr nützlich sind.

2.1.4 IEEE 1008

Der Standard IEEE 1008 [48] trägt den Titel »IEEE Standard for Software Unit Testing«.

IEEE 1008 stammt aus dem Jahr 1986. Thematisch befasst er sich mit »Unit Tests«, die im Deutschen auch als »Komponententests« bezeichnet werden.

Seine Bedeutung für die Erstellung der Normenfamilie ISO 29119 war vergleichsweise gering, da seine Inhalte sich in weiten Bereichen mit den anderen, oben genannten Normen überschneiden, und daher kaum zusätzliche Aspekte einfließen konnten.

Umgekehrt gilt aber, dass auch diese Norm mit Erscheinen der ISO 29119 abgelöst wurde.

2.2 Die Normenfamilie 29119

Mit bereits vorhandenen Normen hatten wir Softwaretester im Grunde ein gutes Handwerkszeug zur Verfügung. Trotzdem gab es einige Gründe, das Vorhaben »29119« zu starten und damit internationale Normen um das Thema Softwaretest zu entwickeln.

1. **Die Legitimation**
   Die bisherigen Normen, die oben erwähnt wurden, waren entweder IEEE-Standards oder britische Normen. IEEE ist weltweit sehr anerkannt, streng genommen hat es jedoch den Status eines US-amerikanischen Berufsverbands, vergleichbar mit der deutschen Gesellschaft für Informatik (GI). Somit ist es zumindest aus Sicht derjenigen Länder, die mit ihren Normungsorganisationen der ISO angeschlossen sind, wünschenswert, wenn der maßgebliche Teststandard (wenigstens auch) eine ISO-Norm ist.
2. **Die Aktualität**
   Im Feld Softwaretest gibt es keine jährlichen Quantensprünge, die alles Bisherige infrage stellen – tatsächlich wäre man vielerorts froh, das, was schon vor Jahren bekannt war, in ganzer Pracht anwenden zu können.

Trotzdem: Im Laufe der Zeit haben sich doch ein paar Erkenntnisse ergeben, die in einem heute gültigen Softwareteststandard nicht mehr fehlen dürfen.

3. **Die Struktur**
   »Aus einem Guss« waren die bislang verfügbaren Normen nicht. Die Themenblöcke Begriffe, Dokumente und Testverfahren werden zwar beleuchtet, aber in verschiedenen Dokumenten von unterschiedlichen Organisationen erstellt. Somit sind sie auch nicht sonderlich fein aufeinander abgestimmt.
4. **Die Prozessorientierung**
   Man könnte sagen, es sei ein Trend, dass zeitgemäße Standards und Normen prozessorientiert sind oder Überarbeitungen von Normen einen Schwerpunkt auf Prozessorientierung legen. Ein Beispiel hierfür ist die Norm ISO 9000 [85] zum Thema Qualitätsmanagementsysteme, die seit der Neufassung im Jahr 2000 stark prozessorientiert ist.

   Auch wenn ein Trend kein besonders guter Grund dafür ist, etwas zu tun, so ist das Thema »Prozesse« doch eines, das für das Softwaretesten sehr wichtig ist, bisher aber stiefmütterlich behandelt wurde – zwar wurde es in der letzten Fassung des IEEE 829 von 2008 ein wenig gestreift, aber eben nicht ausreichend erörtert. Testprozesse sind ein Pflichtthema in einer zeitgemäßen Norm zum Softwaretest – und die anderen Themen müssen sich daran ausrichten.

Damit sind einige gute Gründe vorhanden, die Arbeit an einem neuen Teststandard zu beginnen – und man könnte die These aufstellen (und vermutlich haben das einige zu Beginn des Vorhabens auch getan), wenn das Ausgangsmaterial so gut ist, wie es scheint, dann ist nicht viel Arbeit damit verbunden – weit gefehlt. Aber so schwierig die Konsensbildung mitunter auch war – am Ende war sie erfolgreich.

2.3 Inhaltliche Aufteilung

Wenn man von ISO 29119 spricht, dann redet man nicht von einer einzelnen Norm, sondern von einer Normenreihe. Zum Zeitpunkt der Drucklegung dieses Buches handelt es sich dabei um acht Normen, die mit Teil 1 bis Teil 6, Teil 11 und Teil 13 benannt werden:

ISO 29119 umfasst mehrere Teile.

- ISO 29119-1 Software testing – General concepts
  In dieser Norm (auch bezeichnet als ISO 29119, Teil 1) erfolgt eine Einführung in wesentliche Prinzipien und Grundlagen des Software-

testens, die zum Verständnis für die folgenden Teile vorausgesetzt werden.

- ISO 29119-2 Software testing – Test processes
  In der zweiten Norm (auch bezeichnet als ISO 29119, Teil 2) werden die Prozesse, mit denen Softwaretests durchzuführen sind – von der abstrakten Planung auf Organisationsebene bis hin zur Fehlererfassung im Rahmen der Ausführung dynamischer Tests –, beschrieben. Dieser Teil der Normenreihe kann als zentral betrachtet werden, da die folgenden Teile sehr stark darauf aufbauen.
- ISO 29119-3 Software testing – Test documentation
  Diese Norm (auch bezeichnet als ISO 29119, Teil 3) beschreibt die Dokumente, die als Ergebnisse der Prozesse aus Teil 2 entstehen.
- ISO 29119-4 Software testing – Test techniques
  In der vierten Norm (auch bezeichnet als ISO 29119, Teil 4) werden Testverfahren beschrieben und darauf basierende Überdeckungsmaße definiert, die im Rahmen der Testprozesse zum Finden von Testfällen und zum Erstellen einer Testspezifikation laut ISO 29119, Teil 3 Verwendung finden.
- ISO 29119-5 Software testing – Keyword-driven testing
  Mit dieser fünften Norm (auch bezeichnet als ISO 29119, Teil 5) ist eine erste Erweiterung der ursprünglich mit vier Teilen geplanten Normenreihe erschienen. Sie baut auf den ersten Teilen auf und ergänzt sie um eine Vorgehensweise zur Spezifikation von Testfällen über Bausteine, sogenannte Keywords.
- ISO 29119-6 Software testing – Guidelines for the use of ISO/IEC/IEEE 29119 (all parts) in agile projects
  Die sechste Norm der Reihe (auch bezeichnet als ISO 29119, Teil 6) unterstützt Anwender der ersten Teile darin, diese im agilen Umfeld anzuwenden.
- ISO 29119-11 Software testing – Guidelines on the testing of AI-based systems
  Diese Norm (auch bezeichnet als ISO 29119, Teil 11) gibt Anwendern der ISO 29119 Hilfestellung beim Testen von Software, die auf künstlicher Intelligenz (KI, engl. »Artificial Intelligence/AI«) beruht.
- ISO 29119-13 Software testing – Using the ISO/IEC/IEEE 29119 series in the testing of biometric systems
  In dieser Norm schließlich (auch bezeichnet als ISO 29119, Teil 13) werden Hilfestellungen zum Testen von biometrischen Systemen gegeben.

Die ersten vier Teile bilden den Kern der Normenreihe ISO 29119. Wir werden sie in der Folge daher als »Kernnormen« bezeichnen. Sie und der Teil 5 werden in den folgenden Kapiteln ausführlicher behandelt.

Kernnormen

Die drei Teile 6, 11 und 13 sind als »Technical Report« veröffentlicht worden und stellen nicht wie die ersten 5 Teile allgemeingültige Vorgehensweisen dar, sondern sind eher als Handreichung, Unterstützung oder Interpretationshilfe der Kernnormen in spezifischen Einsatzszenarien zu verstehen. Sie werden daher etwas kompakter besprochen.

Weitere, ergänzende Teile sind in Planung, jedoch kein Schwerpunkt dieses Buches – mehr dazu findet sich in Kapitel 11. Die Lücken in der Nummerierung werden sich wohl noch schließen.

2.4 Zusammenhang mit bestehenden Normen und Standards

Die Normenreihe ISO 29119 stellt einen Satz von Basisnormen dar, die ausschließlich das Thema Testen behandeln. Manche andere Standards und Normen haben zwar nicht das Thema Testen als Schwerpunkt, machen aber dennoch dazu Aussagen, während andere sogar Grundlage für die ISO 29119 sind.

Einige der im Folgenden genannten Normen wurden zuletzt vor der Veröffentlichung der Normenfamilie ISO 29119 überarbeitet und nehmen allein schon aus diesem Grund keinen Bezug auf sie. Vielleicht ändert sich das in Zukunft, es gibt schließlich Berührungspunkte. Die ISO 26262-6 (»Road Vehicles – Functional Safety«, [64]) beispielsweise referenziert schon heute die ISO 29119.

2.4.1 Themen- und branchenspezifische Normen und Standards

Die folgenden Abschnitte stellen Normen und Standards zu speziellen Themenbereichen oder Branchen mit Bezug zum Softwaretest vor:

- Sicherheitskritische Systeme
- Automobiltechnik
- Eisenbahntechnik
- Kerntechnik
- Medizintechnik

Normen mit Bezug zu sicherheitskritischen Systemen

Eine grundlegende Norm in Bezug auf sicherheitskritische Systeme ist die Norm IEC 61508-3.

IEC 61508

Die Normenreihe 61508 betrifft elektrische, elektronische und programmierbare elektronische Systeme, die sicherheitskritisch sind. Sicherheitskritisch bedeutet, dass bei einem Fehlverhalten der Systeme eine Gefährdung vorliegt – beispielsweise für Gesundheit oder Leben von Menschen oder für die Umwelt. Unter dem Titel »Functional safety of electrical/electronic/programmable electronic safety-related systems – Part 3: Software requirements« erschienen, kümmert sich der dritte Teil der IEC 61508 [80] um den Aspekt der Softwareerstellung bei sicherheitskritischen Systemen und in diesem Zuge auch um das Thema Validieren, Verifizieren und somit auch um das Thema Softwaretest.

Ein Testprozess wie in ISO 29119-2 wird hier nicht vorgeschlagen. Es werden aber sogenannte »Safety Integrity Levels« (Sicherheitsanforderungsstufen, SIL) definiert. Hierbei handelt es sich um Kategorien von Gefährdungsgraden, die für Sicherheitsfunktionen abhängig vom Maß der Gefährdung oder des Risikos passende Maßnahmen begründen. Die Gefährdungsstufe mit den geringsten Anforderungen ist SIL 1, die höchsten Anforderungen werden an Stufe SIL 5 gestellt.

Zu diesen »Safety Integrity Levels« werden auch in Bezug auf das Thema Test Vorgaben für die Auswahl von Techniken und Maßnahmen gemacht.

Hier kann die Verwendung der Familie ISO 29119 weiterhelfen: Denn während die IEC 61508 fordert, was zu tun ist, zeigen die Teile der ISO 29119, wie man es tun kann. Ein Beispiel hierfür: IEC 61508 fordert, Verifikation entsprechend der Planung durchzuführen. Wie genau geplant werden soll, bleibt offen. ISO 29119-2 schließt diese Lücke, indem ein detaillierter Prozess (vgl. Abschnitt 4.3.1) für die Planung vorgeschlagen wird.

Die IEC 61508 nimmt die Funktion einer Basisnorm ein. Abbildung 2-2 verdeutlicht den Zusammenhang zwischen IEC 61508 und den Normen ISO 26262 (vgl. folgenden Abschnitt), DIN EN 50657 (vgl. Abschnitt »Normen mit Bezug zu Eisenbahn« auf S. 15) und DIN/IEC 60880 (vgl. Abschnitt »Norm mit Bezug zu Kernkraft« auf S. 17).

In allen drei Fällen wird IEC 61508 als Basisnorm referenziert. Damit würde eine denkbare künftige Änderung der IEC 61508, in der Bezug zur ISO 29119 genommen würde, indirekt Auswirkungen auf die referenzierenden Normen haben[3].

[3] Unabhängig davon kann jede Norm auch direkt von ISO 29119 beeinflusst werden, wenn die entsprechenden Ausschüsse sich entscheiden, auf Normen

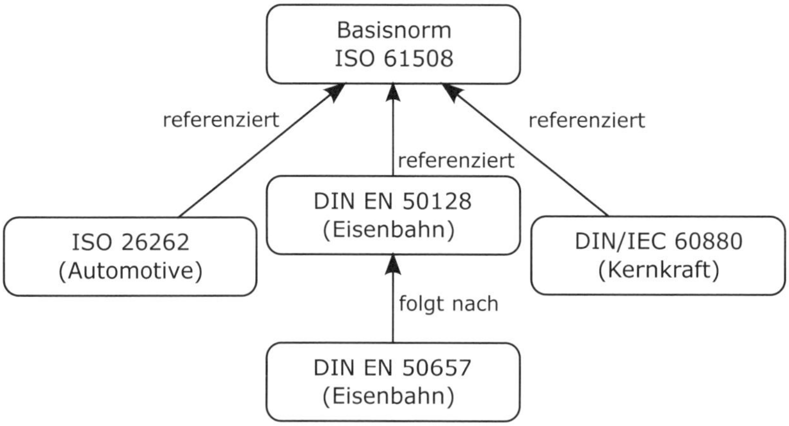

Abbildung 2-2 *IEC 61508 als Basisnorm*

Normen mit Bezug zu Automotive

ISO 26262-6

Die ISO 26262-6 mit dem Titel »Road vehicles – Functional safety – Part 6: Product development at the software level« [64] (vgl. auch den Praxisleitfaden hierzu: [10]) trifft Festlegungen für verschiedene Teststufen, wie »software unit testing« und »software integration testing«, aber auch die Verifikation von sicherheitstechnischen Anforderungen. Darüber hinaus werden Sicherheitsanforderungsstufen – hier unter der Bezeichnung »ASIL« (für Automotive Safety Integrity Level) – definiert, von »A« – gering bis »D« – hoch.

ASIL

Abhängig von der Sicherheitsanforderungsstufe werden Maßnahmen gefordert. Beispielsweise werden MCDC (»Modified Condition Decision Coverage«, vgl. Abschnitt 6.3.6) für ASIL-D oder Anweisungsüberdeckung (vgl. Abschnitt 6.3.1) bereits für ASIL-A erwartet. Wie MCDC und Anweisungsüberdeckung anzuwenden und zu messen sind, zeigt im Detail die Norm ISO 29119-4.

Normen mit Bezug zu Eisenbahn

DIN EN 50657

Eine weitere Norm im Bereich Fahrzeuge ist die DIN EN 50657 [78] mit der Bezeichnung »Bahnanwendungen – Anwendungen für Schienenfahrzeuge – Software auf Schienenfahrzeugen«, einer Nachfolgerin der älteren DIN EN 50128 [77]. Es handelt sich hierbei um die deutsche Fassung einer europäischen Norm (CENELEC, Europäisches Komitee für Normung im Umfeld Elektrotechnik), die viele Aspekte zu sicherheitsrelevanten Themen im Eisenbahnverkehr regelt, insbesondere

der Reihe ISO 29119 zu verweisen. Für ISO 26262-6 beispielsweise ist dies bereits geschehen.

software- und softwaretestbezogene Themen. Verifikation, Validierung und Softwaretest werden explizit angesprochen.

> Die unterschiedlichen Ausprägungen der SIL in den verschiedenen sicherheitsbezogenen Normen sind teils historisch bedingt, teils in den speziellen Bedürfnissen der Branchen begründet.

SIL Auch hier werden Sicherheits-Integritätslevel (frühere Bezeichnung: Sicherheitsanforderungsstufen), in diesem Zusammenhang genauer bezeichnet als »Software-Sicherheits-Integritätslevel« (SIL), definiert, beginnend von Basisintegrität (anstelle von »SIL 0«, geringste Anforderungen) über SIL 1 bis hin zu SIL 4 (sehr hohe Sicherheits-Integritätslevel).

Zu diesen Sicherheits-Integritätsleveln (SIL) gibt es Festlegungen, was jeweils (nicht nur) in Bezug auf Softwaretests mindestens zu tun ist. Diese Festlegungen gehen bis hin zu Testverfahren (wie z.B. Äquivalenzklassenzerlegung oder auch Datenflusstests) mit Abstufungen von »empfohlen« bis hin zu »verpflichtend«.

Tabelle 2-1 zeigt die Empfehlungen der Norm im Hinblick auf »Dynamische Analyse und Testen« exemplarisch für Äquivalenzklassenmethode und Grenzwertanalyse für die unterschiedlichen Sicherheits-Integritätslevel. Hierbei steht R für »Recommended« und HR für »Highly Recommended« – also quasi verpflichtend.

Tabelle 2-1
Beispiele für Empfehlungen der DIN EN 50657

	SIL				
Verfahren	**B**	**1**	**2**	**3**	**4**
Äquivalenzklassenbildung	R	R	R	HR	HR
Grenzwertanalyse	–	HR	HR	HR	HR

Zwar erläutert die Norm in einer Übersicht (Anhang D) zu vielen Verfahren knapp, wie sie zu verstehen sind. Für die praktische Umsetzung dürfte das vielen Lesern aber nicht reichen. Auch wenn sie bislang von der DIN EN 50657 nicht referenziert wird – die ISO 29119-4 schließt hier eine Lücke, bietet umfassendere Informationen zum Softwaretest schlechthin und dringt tiefer in die Materie ein, wie z.B. Grenzwertanalyse anzuwenden ist. Beide Normen ergänzen sich also ganz hervorragend.

Norm mit Bezug zu Kernkraft

Die DIN/IEC 60880 [79] trägt auf deutsch den Titel »Kernkraftwerke – Leittechnik für Systeme mit sicherheitstechnischer Bedeutung – Softwareaspekte für rechnerbasierte Systeme zur Realisierung von Funktionen der Kategorie A«. In Bezug auf die Sicherheit von Kernkraftwerken wurden in der DIN/EN 61226 drei Kategorien (A, B, C) definiert, von denen die Kategorie »A« diejenige ist, die maßgeblich für die Erreichung und Beibehaltung der Sicherheit von kerntechnischen Anlagen ist.

DIN/IEC 60880

Die Norm macht Vorgaben zu Verifizierung und Validierung, und auch Prüfmethoden und ihr Anwendungsbereich werden beschrieben. Ähnlich wie bei IEC 61508 gilt auch hier, dass für das Verständnis, wie die Forderungen aus DIN/IEC 60880 umzusetzen sind, die Reihe ISO 29119 sehr hilfreich sein kann: Beispielsweise spricht DIN/IEC 60880 den Einsatz von Datenflusstests (in Anhang E unter dem Begriff »Datenflussprüfung«) an, vertieft das Thema aber nicht weiter. ISO 29119-4 hingegen beschreibt Datenflusstests genauer (vgl. Abschnitt 6.3.7) und gibt im Anhang Beispiele für die Anwendung.

Normen und Standards mit Bezug zu Medizintechnik

Die US-amerikanische Behörde FDA (Food and Drug Association, vgl. [23]) ist in den USA zuständig für die Zulassung von Lebensmitteln, Medikamenten, aber auch von medizinischen Geräten, die Software enthalten können.

FDA

Aufgrund der Bedeutung des amerikanischen Marktes strahlen die Regelungen der FDA weltweit aus und werden oft als Standard angesehen.

Die Vorgaben, die hier gemacht werden, sind umfangreich. Gefordert wird beispielsweise eine Nachverfolgung von Anforderungen – was auch gut zu den Ideen der ISO 29119 passt. Zur Festlegung dessen, was von Herstellern erwartet wird, gibt es ein dreistufiges Schema zur Einordnung des »Level of Concern« – von 1, »Major«, über 2, »Moderate«, bis 3, »Minor«. Daraus ergeben sich Konsequenzen, was zur Validierung, Verifizierung und zum Test getan werden muss.

Die FDA referenziert geltende Standards – eine künftige Referenz auf ISO 29119 ist durchaus zu erwarten.

Eine Norm zum Thema Softwarelebenszyklusprozesse ist die IEC 62304 »Medical device software – Software life cycle processes« [81]. Auch hier werden unterschiedliche Sicherheitsklassen für Software festgelegt – beginnend bei »A« (es entsteht kein Schaden) über »B« (leichte Verletzung möglich) bis hin zu »C« (schwerwiegende Verletzung bis hin

IEC 62304

zu Tod möglich). ISO 62304 fordert beispielsweise im Bereich Systemtest eine Planung der Testaktivitäten (wenigstens für die Stufen »B« und »C«). Wie genau so eine Planung auszusehen hat, bleibt wiederum offen – also kann auch hier die ISO 29119-2 mit ihren Prozessdefinitionen hilfreich sein.

2.4.2 Normen mit Bezug zu Qualitätsmerkmalen

ISO 25000

Die für viele Jahre im Hinblick auf Software-Qualitätsmerkmale maßgebliche Norm ISO 9126 [86] ist inzwischen durch die Reihe ISO 25000 abgelöst worden. Drei Beispiele aus dieser Reihe sind:

- ISO 25000: Software-Engineering – Qualitätskriterien und Bewertung von Softwareprodukten (SQuaRE) – Leitfaden für SQuaRE [60]
- ISO 25001: Software-Engineering – Qualitätskriterien und Bewertung von Softwareprodukten (SQuaRE) – Planung und Management [61]
- ISO 25010: System und Software-Engineering – Qualitätskriterien und Bewertung von System und Softwareprodukten (SQuaRE) – Qualitätsmodell und Leitlinien [63]

Die letztgenannte Norm ISO 25010 beschreibt ein Modell für Produktqualität (vgl. Abb. 6-3 auf S. 148), das der ISO 29119 als Grundlage für die Benennung von zu testenden Qualitätsmerkmalen dient (wenngleich hierfür noch die Fassung der ISO 25010 von 2011 [62] referenziert wird).

2.4.3 Normen mit Bezug zu Prozessbeschreibungen

ISO/IEC 12207

Die Norm ISO/IEC 12207 »Systems and software engineering – Software life cycle processes« [52] definiert Prozesse des Softwarelebenszyklus, u.a. auch »software-qualification-testing«, Verifizierung und Validierung. Es finden sich darin starke Forderungen, die den Test betreffen – wenn auch nicht im Detail.

ISO 29119-2 knüpft an diese Norm an und enthält in Anhang B eine Abbildung der Inhalte der ISO/IEC 12207 auf die Inhalte der ISO 29119-2.

2.4.4 Normen mit Bezug zu Dokumentation

ISO 15289

Die Norm ISO/IEC/IEEE 15289:2011 mit dem Titel »Systems and software engineering – Content of life-cycle information items (documentation)« [54] legt für verschiedene Arten von Dokumenten fest, welche Inhalte sie im Allgemeinen haben sollen. Sie ist eine Grundlage der ISO 29119-3 und wird von ihr auch umgesetzt. Die Inhalte der Dokumententypen laut ISO 29119-3 sind konform zur ISO 15289 gestaltet.

ISO/IEC TR 24774

In ähnlicher Weise wirkt die Norm ISO/IEC TR 24774 »Systems and software engineering – Life cycle management – Guidelines for process description« [59] auf die ISO 29119-2, da sie die Strukturierung von Prozessbeschreibungen festlegt. Dazu gehören die Elemente:

- Titel
- Ziel
- Ergebnisse
- Aktivitäten
- Aufgaben
- Eingaben
- Ausgaben

Diese Elemente werden in den Prozessbeschreibungen der ISO 29119-2 wie hier gefordert verwendet.

2.5 ISO 29119 und ISTQB®

Häufig wird nach dem Zusammenhang zwischen der Normenfamilie ISO 29119 und den Lehrplänen des ISTQB® gefragt.

Das ISTQB® (International Software Testing Qualifications Board) [39] ist ein internationaler Verband, der es sich zur Aufgabe gemacht hat, über die Veröffentlichung von Lehrplänen, Akkreditierung von Schulungsanbietern und letztlich durch die Bereitstellung und Durchführung von Prüfungen eine international einheitliche Qualifikation und Zertifizierung von Softwaretestern zu erreichen. Die Qualifikation, die auf mehreren Stufen (z. B. Foundation Level und Advanced Level) erfolgen kann, trägt die Bezeichnung »ISTQB® Certified Tester«. Die Mitgliedsorganisation in Deutschland ist das GTB (German Testing Board e.V.) [29], in Österreich das ATB (Austrian Testing Board) [26] und in der Schweiz das STB (Swiss Testing Board) [45].

Das ISTQB® ist keine Normungsstelle. Trotzdem wird aufgrund der Verbreitung des Ausbildungsschemas oft von »dem ISTQB« als »De-facto-Standard« gesprochen.

Mit dem Erfolg des ISTQB®, das bereits über 957.000[4] Zertifikate für Softwaretester in 130 Ländern ausgestellt hat, geht ein großer Einfluss auf die Begriffe, Sichtweisen und Denkweisen der Softwaretester und der Test-Community einher.

Nationale Umsetzung

Das ISTQB® schafft auf internationaler Ebene die Grundlagen für die Ausbildung von Softwaretestern. Diese Grundlagen werden von den nationalen Mitgliedsgremien umgesetzt, u.a. durch die Übersetzung der Lehrpläne und Glossare, die Akkreditierung von Schulungsanbietern und die Erstellung lokalisierter Prüfungen. Dies geschieht in Deutschland durch das German Testing Board (GTB), in der Schweiz durch das Swiss Testing Board (STB) und in Österreich durch das Austrian Testing Board (ATB).

Dabei darf aber nicht vergessen werden, was die Basis des ISTQB® ist: Immer wurde Wert darauf gelegt, sich an den gültigen Standards und Normen zu orientieren, sei es bei den Testverfahren oder bei der Terminologie.

Es gibt mit Sicherheit einen gewissen Einfluss des ISTQB® auf Experten, die bei der Erstellung der Normen mitgewirkt haben, bzw. durch einzelne Personen, die sowohl im ISTQB® als auch im ISO-Normungsausschuss tätig sind oder waren.

Auf der anderen Seite gibt es auch Stimmen, die das ISTQB®-Ausbildungsschema kritisch hinterfragen, und diese Stimmen sind auch im ISO-Normungsausschuss vertreten. Somit reicht es ganz sicher nicht aus, einen Sachverhalt »laut ISTQB« zu erläutern, um Zustimmung im Normungsausschuss zum Thema Softwaretest zu erhalten – es sind schon substanziellere Begründungen nötig. Insgesamt ist der Einfluss des ISTQB® auf die Erstellung der ISO-29119-Normenreihe nur einer von vielen, wie man an dem Prozessmodell in Teil 2 deutlich sehen kann – das stellt sich ganz anders dar als der im ISTQB®-Lehrplan »Certified Tester Advanced Level Test Manager« derzeit beschriebene »fundamentale Testprozess«.

Auch in umgekehrter Richtung gibt es ganz klar einen – nicht unreflektierten – Einfluss der ISO-Normen auf den ISTQB® Certified Tester; nicht alles wird übernommen: Dafür gibt es zu viele Abhängigkeiten

[4]Laut Anfrage beim ISTQB® Stand April 2024; etwa einmal im Jahr werden aktuelle Zahlen auf [39] veröffentlicht.

auch innerhalb des Rahmens der unterschiedlichen ISTQB®-Syllabi und Änderungen müssen behutsam erfolgen. Zumindest im Glossar, aber auch an vielen anderen Stellen ist der Einfluss der ISO 29119 deutlich sichtbar.

2.6 Wie man eine Norm liest

Es gibt wenige Menschen, für die Normen eine leichte Feierabendlektüre am Samstagabend sind. Für die meisten stellt das Lesen von Standards und Normen eine ungewohnte und meist nicht einmal freiwillig vollzogene Tätigkeit dar. Wenn man selten mit Normen zu tun hat, kann die Schreibweise und Struktur von Normen bereits zum Hindernis werden. Nicht abschrecken lassen, ist die Devise! Und zum besseren Verständnis, wie eine Norm geschrieben ist und daher auch gelesen werden soll, folgen an dieser Stelle einige Hinweise.

2.6.1 Normativ/Informativ

Normen als Ganzes können normativ oder informativ (nichtnormativ) sein.

Normativ

Normativ bedeutet, dass innerhalb der Normen Anforderungen (engl. »requirements«) definiert sind. Die Erfüllung solcher Anforderungen ist notwendig, um eine Übereinstimmung (engl. »compliance«) mit der jeweiligen Norm – egal, ob es um Prozesse, Dokumente oder anderes geht – für sich in Anspruch nehmen zu können.

Dabei sind prinzipiell in dem Bereich, für den Konformität in Anspruch genommen werden soll, alle Anforderungen einer Norm zu erfüllen, es sei denn, die Norm erlaubt eine teilweise Übereinstimmung – dann ist entsprechend dem »compliance statement« der jeweiligen Norm vorzugehen.

Innerhalb eines normativen Standards muss nicht jeder Teil normativ sein. Normative Teile im Haupttext können sich mit nichtnormativen Teilen abwechseln. Das Gleiche gilt für den Anhang: Es gibt normative Anhänge, obwohl Anhänge in der Regel nichtnormativ sind.

Nichtnormativ

Ein Standard, der keine Anforderungen enthält, ist nichtnormativ (auch »informativ«) – oder umgekehrt gesprochen, ein nichtnormativer Standard enthält keine Anforderungen.

Übereinstimmung mit einem nichtnormativen Standard kann sinnvollerweise nicht behauptet werden. Dies ist gewissermaßen ein Bonbon für die Informatiker unter uns (die oft Freude an solchen Gedankenspielen haben): Wenn es keine Anforderungen gibt, sind diese dann erfüllbar?[5]

Einen Überblick über den Aufbau der Normenreihe ISO 29119 (die vier Kernnormen) gibt Abbildung 2-3.

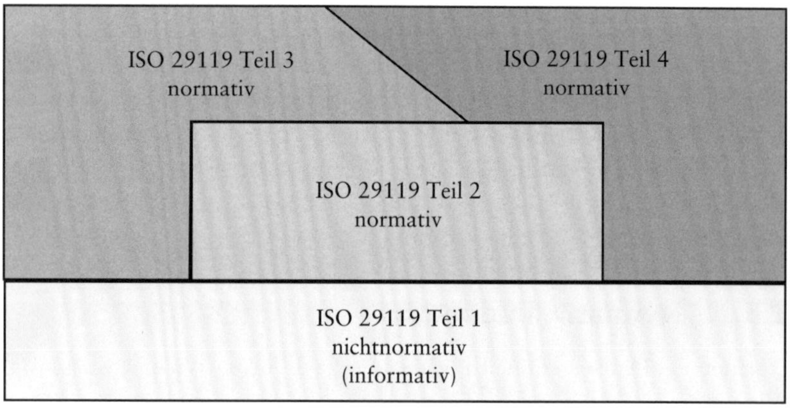

Abbildung 2-3
Überblick über die ersten vier Teile der ISO 29119

Für die ersten vier Teile der Reihe ISO 29119 gilt:

1. Teil 1 ist nichtnormativ. Obwohl die Begriffe wichtig sind, macht es wenig Sinn, ihre Verwendung vorzuschreiben. Sprache lebt und lässt sich nicht erzwingen. Ebenso sind die beschriebenen Prinzipien und Grundlagen wichtig, eine Allgemeingültigkeit wird hier aber nicht in Anspruch genommen.
2. Teil 2 ist normativ. Die beschriebenen Prozesse sollten generell anwendbar sein, wenigstens nach Anpassung.
3. Teil 3 ist normativ. Die Dokumentation kann und soll so, wie beschrieben, vorgenommen werden – oder wenigstens nach Anpassung.
4. Teil 4 ist normativ. Es wird zwar nicht erwartet, dass alle beschriebenen Testverfahren eingesetzt werden (das macht so auch keinen Sinn, bedenkt man, wie unterschiedlich Projekte sind oder sein können), wenn allerdings eine Technik verwendet wird, dann soll sie so eingesetzt werden, wie im Standard beschrieben.

---

[5] Was stimmt nun?

These 1:	Ja, wenn es keine gibt, muss ich zur Erfüllung nichts tun.
These 2:	Nein, ich kann ja die Erfüllung keiner Anforderung nachweisen.

Von den später entstandenen Mitgliedern der Normenfamilie enthält bislang nur Teil 5 (vgl. Abschnitt 7) normative Anteile. Bei den anderen Teilen (vgl. Abschnitte 8.1, 8.2 und 8.3) handelt es sich um Normen vom Typ »Technical Report«. Darin sind grundsätzlich keine normativen Inhalte zulässig.

Welche Abschnitte einer Norm normativ und welche informativ sind, ist in der Regel durch eine Markierung der normativen Teile erkennbar – oder durch die Wortwahl, die speziellen Vokabeln.

2.6.2 Spezielle Vokabeln

In ISO-Normen gibt es einige spezielle Vokabeln, die normative Passagen, also Anforderungen, kennzeichnen. Um die Verwendung dieser Vokabeln wird bei der Erstellung einer Norm intensiv gerungen. Einem außenstehenden Beobachter würde es vielleicht skurril erscheinen, zu beobachten, wie mehrere Stunden darüber diskutiert wird, ob an einer entscheidenden Stelle »shall« oder »should« steht – aber dieser kleine Unterschied legt fest, ob etwas für die Einhaltung einer Norm verpflichtend ist oder nicht, und kann erhebliche Folgen haben, in Bezug auf Kosten für ganze Industriezweige einerseits und auf den Nutzen oder die Wirkung der Norm andererseits. Wesentliche Vokabeln sind (vgl. auch die öffentlich zugänglichen ISO-Direktiven [88]):

»Shalls« definieren Anforderungen.

- »Shall« (»soll« im Sinne von »muss«), »shall not« (»darf nicht«): Damit wird eine Anforderung festgelegt, hier wird es also normativ!
- »Should« (»sollte«), »should not« (»sollte nicht«): Eine dringende Empfehlung, aber keine Anforderung. Jemand, der sich an die Norm halten will, sollte aber schon Gründe haben, wenn ein »should« nicht erfüllt wird.
- »Can« (»kann«): Eine Möglichkeit, die besteht, aber nicht wirklich empfohlen wird.
- »May (»darf«)«: Anwender der Norm dürfen aus Sicht der Norm etwas tun und handeln damit der Norm nicht zuwider.

Es handelt sich bei diesen Begriffen um eine Abstufung, beginnend mit knallharten und definitiv zu erfüllenden Anforderungen bis hin zu immer weniger verbindlichen Empfehlungen.

2.6.3 Wiederholungen

Manche Normen erscheinen schwer lesbar, weil sich derselbe Sachverhalt oder dieselben Strukturelemente immer wieder zu wiederholen scheinen. Und sich auch tatsächlich wiederholen.

Der Grund liegt darin, dass es für einen Leser möglich sein soll, eine Norm bei Bedarf auch nur zum Teil zu lesen. Ein Bezug auf einen anderen Abschnitt im Sinne von »dies wird in gleicher Weise wie im vorangegangenen Kapitel umgesetzt«, ist in einer Norm daher nicht zulässig.

Daher gibt es auch in der Reihe ISO 29119 strukturell sehr ähnliche Abschnitte. Das ist eben hilfreich für das Nachschlagen oder Lesen nur eines Teils und dafür ermüdend, wenn man die Norm wie einen Roman liest.

Diese Tatsache war den Autoren bei der Erstellung aber bewusst, und man hat sich bemüht, im Rahmen der Möglichkeiten gemeinsame Elemente zu extrahieren und voranzustellen, beispielsweise bei den Testverfahren und deren Überdeckungsmessung.

2.6.4 Ziel: Klarheit

Eine Norm soll klar und eindeutig sein, und das nicht nur für einen Sprachraum. Wer nicht Englisch als Muttersprache hat, kann diese Aussage vielleicht erst einmal wenig würdigen, schließlich sind die Normen auf Englisch geschrieben und damit – bereits ein Hindernis – aus einem fremden Sprachraum.

Aber selbst der englische Sprachraum ist nicht einheitlich, denn manche Begriffe, die einem Briten oder Inder völlig unverfänglich erscheinen, haben für einen Amerikaner vielleicht eine juristische Nebenbedeutung, die eine bestimmte Verwendung undenkbar erscheinen lässt.

Aus diesem Grund bedarf es manchmal einiger Diskussionen, um an einer Stelle den optimalen Begriff oder den besten Kompromiss für einen Begriff zu finden. Ein solcher Begriff ist dann wieder aus Sicht eines Nicht-Muttersprachlers nicht unbedingt »geschmeidig« – und so kommt es manchmal zu ungewohnten Formulierungen, die aber nur dem einen Ziel, einer möglichst universellen Klarheit der Sprache, dienen sollen.

2.7 Entstehung von Normen

2.7.1 Normungsorganisationen

Es gibt zahlreiche Organisationen, die im Bereich Normung tätig sind. An dieser Stelle soll nur die International Organization for Standardization (ISO) betrachtet werden, da sie den organisatorischen Rahmen für die Erstellung der in diesem Buch behandelten Normen geboten hat.

ISO-Normen oder Standards gibt es für die unterschiedlichsten *ISO* Bereiche und Themen. Daher ist die ISO in sogenannte Technical

Committees gegliedert. Das für die Softwaretestnormen zuständige Komitee trägt die Bezeichnung »JTC1 – Information Technology« (Joint Technical Committee – JTC, da dies ein gemeinsames Komitee von ISO und IEC ist).

Weil auch der Bereich »Information Technology« noch ein weites Feld ist, setzt es sich aus mehreren Subkomitees zusammen. Das hier relevante Subkomitee (engl. »Sub-Committee – SC«) ist das »SC7 – Software and Systems Engineering«.

Innerhalb dieses Subkomitees gibt es verschiedene Arbeitsgruppen. Für das Thema Softwaretest zuständig ist die Arbeitsgruppe (engl. »Working Group – WG«) »WG 26 – Software Testing«.

Mitglieder solcher Arbeitsgruppen sind Experten, die von den Mitgliederorganisationen der ISO entsendet werden. Diese Mitgliederorganisationen sind hauptsächlich Normungsorganisationen von Staaten, wie beispielsweise das DIN in Deutschland[6].

DIN

Das DIN ist von der Organisationsform her ein Verein, der vom deutschen Staat den Auftrag erhalten hat, sich um das Thema Normung innerhalb Deutschlands zu kümmern. Die hierzu benötigten fachlichen Experten stammen wiederum aus Unternehmen oder Forschungsinstituten. So soll sichergestellt werden, dass Normen einen Zweck erfüllen, der für Unternehmen und die Wirtschaft nützlich ist – zunächst für das jeweilige Mitgliedsland. Durch die demokratischen Prozesse der ISO (beispielsweise sind alle Mitgliedsorganisationen in Abstimmungen gleichberechtigt) wird verhindert, dass der Nutzen für die einen zum Schaden für andere wird – es soll ein Nutzen für alle entstehen.

2.7.2 Erstellungsprozess

Normen sollen nützlich sein. Manche Menschen bezweifeln das, weil sie sich in ihren täglichen Aufgaben durch Normen oder Standards gebremst oder behindert fühlen. Gründe hierfür kann es viele geben – begonnen bei einem falsches Verständnis von Normen oder ihrer Zielrichtung über Widersprüche in der Zielsetzung der Normen und dem individuellen Aufgabenbereich bis hin zu mangelndem Mut, die Verwendung der Standards oder Normen an die eigenen Bedürfnisse anzupassen. Wenn irgend möglich, soll es jedoch nicht an der Qualität der Normen scheitern.

Damit Normen möglichst nützlich werden, durchlaufen sie daher bei der ISO vom ersten Vorschlag bis zur Veröffentlichung eine Reihe

[6]Weitere im deutschsprachigen Raum wichtige Organisationen sind die SNV (Schweizerische Normen-Vereinigung) für die Schweiz sowie das ASI (Austrian Standards Institute) für Österreich.

von Phasen, die immer mit Abstimmungen, deren Ergebnis absolut offen ist, abgeschlossen werden müssen – ein Vorhaben zur Erstellung einer Norm kann jederzeit scheitern, wenn die Betreiber des Vorhabens nicht sorgfältig arbeiten und überzeugend sind.
Die wichtigsten Phasen[7] bei der Entstehung einer Norm sind:

NP
- **New Work Item Proposal** (früher mit »NWIP« abgekürzt, heute offiziell noch sparsamer mit »NP«): Ein neues Vorhaben für die Erstellung einer Norm wird beantragt. Der Antrag stammt in der Regel von einem Ländermitglied der ISO, kann aber auch aus einer bestehenden ISO-Arbeitsgruppe kommen. Wichtig ist hier die Begründung, warum die Norm benötigt wird, und der Scope – also der geplante Geltungsbereich und Inhalt.

WD
- **Working Draft** (WD): Vorausgesetzt, das NP wird genehmigt – für risikofreudige oder optimistische Zeitgenossen natürlich gerne auch schon davor und gerne gesehen als Beilage zum Antrag –, wird ein Working Draft erzeugt. Begutachtet wird er von der jeweiligen Arbeitsgruppe.

CD
- **Committee Draft** (CD): Der CD soll eine größere Reife haben als der Working Draft, ist aber nur für die Mitglieder des zuständigen Komitees sichtbar.

DIS
- **Draft International Standard** (DIS): Hat der Normentwurf so weit Zustimmung gefunden, wird er der breiten Öffentlichkeit zugänglich gemacht. Ein DIS kann bereits gekauft werden, und somit besteht für jedermann die Möglichkeit, über das zuständige Ländermitglied Kommentare dazu einzureichen. Ein Problem kann allenfalls sein, dass diese Möglichkeit nicht jedem bekannt ist.

FDIS
- **Final Draft International Standard** (FDIS): Dies ist die letzte Stufe vor der Veröffentlichung, die gegebenenfalls sogar übersprungen werden kann, falls der DIS überwältigende Zustimmung erfährt – insbesondere, wenn es nur noch editorielle Anmerkungen gibt.

Diese Phasen[8] zu durchlaufen, braucht seine Zeit, vor allem weil dabei auch der Tatsache Rechnung getragen wird, dass viele Gutachter

[7]Die Aufzählung hier ist vereinfacht und nur auf den Dokumententyp »International Standard« bezogen – für eine exakte Darstellung der Phasen, die hier nicht als notwendig angesehen wird, auch für Dokumente vom Typ »Technical Report« oder »Amendment« sei auf die ISO-Regularien verwiesen [87].

[8]Beschrieben sind hier die Phasen einer Norm im Status der Entwicklung (»Under Development«). Daneben gibt es den Status »Published« für eine veröffentlichte Norm sowie »Withdrawn« für eine zurückgezogene Norm.

weltweit nicht unbedingt auf den Moment gewartet haben, einen neuen Normentwurf prüfen zu können – sondern im Alltagsgeschäft gefangen sind und sich erst die Zeit dafür nehmen müssen. Daher sind die Review- und Abstimmungsphasen mit zwei bis fünf Monaten nur dem ersten Anschein nach sehr großzügig bemessen. Diese Zeiträume sind notwendig. Als Konsequenz daraus dauert die Erstellung einer Norm in der Regel drei Jahre. Abweichungen davon sind möglich.

2.7.3 Typen von ISO-Normen

ISO unterscheidet einige grundlegende Typen von Normen, die unterschiedlich viel Aufwand in der Prüfung erfordern, unterschiedliche Prozesse durchlaufen, daher mehr oder weniger Zeit bis zur Veröffentlichung benötigen und am Ende auch unterschiedlich bewertet werden. In [34] hat die ISO die verschiedenen Typen abgegrenzt.

Die im Hinblick auf ISO 29119 wichtigsten Typen von Normen sind:

- Der Technical Report (TR) kann unterschiedlichste Inhalte haben, ist aber generell nie normativ. Er enthält also keine Anforderungen. Er eignet sich für Themen, die noch neu sind und sich erst in der Praxis bewähren müssen und wird inoffiziell manchmal als Testballon oder Vorstufe für einen International Standard verstanden. Häufig werden Richtlinien oder »Guidelines« in Form eines TR veröffentlicht.
- Eine Technical Specification (TS) kann Anforderungen enthalten und eignet sich gut, um spezielle Anwendungen eines International Standard zu beschreiben – gerade wenn es da verschiedene Möglichkeiten gibt, und nicht nur den einen, richtigen Weg. Sie wird von der ISO – quasi offiziell – auch als Vorstufe für einen International Standard genannt, für Fälle, wenn ein Thema voraussichtlich normiert werden kann, aber eben noch nicht jetzt.
- Der International Standard (IS) wird meist am höchsten geschätzt und hat das Ziel, dabei zu unterstützen, für ein bestimmtes Thema in einem definierten Kontext bestmögliche Ergebnisse zu erreichen. Meistens beschreibt er nicht »cutting edge«-Themen, sondern solche, die sich bereits bewährt haben. Er kann normativ sein und damit Anforderungen enthalten.

Die ersten fünf Teile der ISO 29119 sind International Standards, auch wenn der erste Teil nichtnormativ ist. Bei den Teilen 6, 11 und 13 handelt es sich um Technical Reports. Weitere Normen der Reihe, die derzeit diskutiert sind, mögen als International Standard, Technical Report oder auch als Technical Specification erscheinen.

2.7.4 Normenautoren

Die Autoren, die eine Norm erstellen, sind nicht, wie manchmal angenommen wird, praxisferne Bürokraten. Jedenfalls ist das bei der Erstellung der Normenreihe ISO 29119 nicht der Fall gewesen. Vielmehr waren bzw. sind die Mitglieder der betreffenden Arbeitsgruppe eine gesunde Mischung aus Praktikern und Wissenschaftlern.

Die Praktiker stammen aus unterschiedlichsten Unternehmen, beginnend bei kleineren Beratungshäusern bis hin zu Weltunternehmen, und stellen den größeren Teil der Arbeitsgruppe.

Viele Mitglieder der Arbeitsgruppe haben mit großem Idealismus an der Sache mitgewirkt, denn nicht jeder hat seinen Arbeits-, Zeit- oder Reiseaufwand von seinem Arbeitgeber oder der entsendenden Organisation voll vergütet bekommen, und die ISO sieht »Ruhm & Ehre« für ihre Mitarbeiter nicht vor – die Mitwirkung an ISO-Normen bleibt anonym.

Wer sich hier selbst beteiligen will – egal, ob es darum geht, Anmerkungen oder Änderungswünsche an der aktuellen Fassung abzugeben oder in größerem Umfang mitzuarbeiten –, wendet sich bitte an den Sekretär des entsprechenden Ausschusses in seinem Land. Die jeweilige Normungsorganisation hilft dabei sicher gerne!

Teil II

Inhalte der Testnormen

3 Inhalt ISO 29119 – Teil 1: Allgemeine Konzepte

Als einziger Teil der Reihe, der zwar International Standard, aber nicht normativ ist, kann ISO/IEC/IEEE 29119-1 leicht in seiner Bedeutung unterschätzt werden.

Um es deutlich auszudrücken: Dieser erste Teil ist sehr wertvoll und liefert wichtige grundlegende Prinzipien zum Softwaretesten, die hier unter dem Begriff »allgemeine Konzepte« zusammengefasst werden. Diese grundlegenden Prinzipien oder Ideen werden von den weiteren Normen der Reihe als vereinbart oder als gegeben vorausgesetzt.

Umso erfreulicher ist es, dass es gelungen ist, immerhin diesen einen Teil der ISO 29119 kostenfrei verfügbar zu machen. Er ist unter [35] erhältlich.

Einen Überblick über die Inhalte der ISO 29119-1 vermittelt Abbildung 3-1. Die Größe der Kästen soll in etwa einen Eindruck vom Anteil der entsprechenden Abschnitte am Gesamtumfang geben.

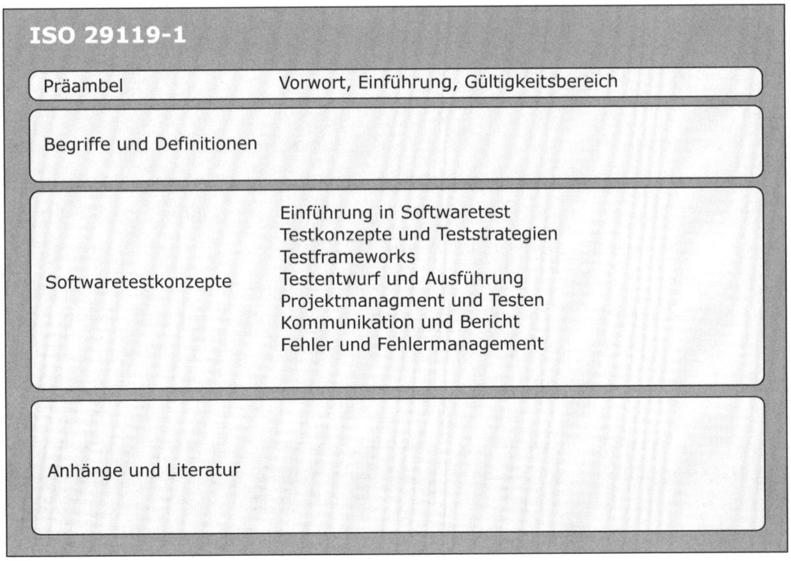

Abbildung 3-1
Überblick über die Inhalte von ISO 29119-1

Die Gliederung der Norm wird im Folgenden nur grob übernommen, da eine vollständige Darstellung nicht das Ziel dieses Buches ist; hier wird ein Überblick über die Inhalte gegeben und durch Erläuterungen und Interpretationen ergänzt.

Die ISO 29119 enthält besonders in diesem ersten Teil an vielen Stellen sehr detaillierte Ausführungen und weitere Beispiele, die hier aus Platzgründen nicht wiedergegeben werden können.

Wichtige Konzepte des Softwaretestens

Neben den Definitionen – die eine notwendige Voraussetzung für ein einheitliches Verständnis der in den weiteren Teilen verwendeten Begriffe sind – enthält ISO 29119-1 umfangreiche Erläuterungen zu Konzepten oder Grundlagen des Softwaretestens. Diese Grundlagen sind in ähnlicher Weise wie die Begriffe eine Voraussetzung für das Verständnis, mit dem die folgenden Teile zu lesen sind. Darüber hinaus können sie als Fundgrube des Wissens über Softwaretest verstanden werden[1].

> **Tipp:**
>
> Im Sinne eines gemeinsamen Verständnisses im Projekt kann vereinbart werden, dass jeder Projektmitarbeiter zumindest den ersten Teil der ISO 29119 liest. Gerade für die Einarbeitung neuer Mitarbeiter ist das eine gute Sache – damit ist ein Grundstein für eine gemeinsame Sichtweise des Softwaretestens gelegt.

3.1 Begriffe

Ein ursprünglich mit der ISO 29119-1 verbundener Gedanke war, in ihr auch alle testrelevanten Definitionen an einem Ort zu versammeln. Abgesehen davon, dass es wie oben bereits angesprochen formale Gründe gibt, die das inzwischen verhindern, wäre dies mit der wachsenden Familie von Standards heute auch nicht mehr machbar. Als hervorragende Alternative bietet sich das SEVOCAB [36] an: Darin kann man jetzt auch alle Testbegriffe der Normenreihe – und darüber hinaus – finden!

[1] Wer sich eingehender mit den Grundprinzipien des Softwaretestens beschäftigen möchte, kann in der Literatur Anregungen finden. Ein Klassiker ist das Standardwerk »The Art of Software Testing« von Myers [16] oder – etwas moderner – »Basiswissen Softwaretest« von Spillner und Linz [20].

Das SEVOCAB ist ein frei zugängliches Vokabular, das Definitionen aus Standards von ISO, IEEE und PMI zusammenfasst. Es wird regelmäßig aktualisiert und von Zeit zu Zeit als ISO/IEC-Norm unter der Nummer ISO/IEC 24765 [58] herausgegeben. Die (aktuelleren) Zwischenversionen sind jedoch stets über das Webportal des SEVOCAB verfügbar. Die Norm wird in erster Linie benötigt, wenn eine normative Referenz auf einen Begriff erforderlich ist.

Jeder einzelne Standard der Reihe enthält Definitionen der dort jeweils relevanten Begriffe. Die Norm ISO 29119-1 beleuchtet viele grundlegende Aspekte des Testens und beinhaltet daher immerhin Definitionen zu 133 Begriffen, die für das Verständnis dieser Norm wesentlich sind.

Es lohnt sich, diese Definitionen genau anzusehen: Gerade für nach ISTQB® ausgebildete Certified Tester finden sich hier zwar viele vertraute Definitionen, die weitgehend mit dem ISTQB®-Glossar übereinstimmen, andere unterscheiden sich aber deutlich.

Glossar

Ein Beispiel: Sowohl das ISTQB®-Glossar (siehe [41] oder auch die Website des GTB [29]) als auch das Glossar in ISO 29119-1 (siehe [65]) definieren den Begriff »test result«. Tabelle 3-1 stellt beide Definitionen gegenüber.

Tabelle 3-1 *Definitionen des Begriffs »test result« laut ISTQB® und ISO*

ISTQB®	ISO
The consequence/outcome of the execution of a test.	indication of whether or not a specific test case has passed or failed, i.e. if the actual results corresponds to the expected results or if deviations were observed

Beides erscheint plausibel. Aber nicht nur die Länge der Definitionen unterscheidet sich: Wenn man genauer liest, erkennt man, dass nach ISTQB® alle Arten von Ausgaben als Testergebnis verstanden werden können (insbesondere das Istergebnis), während ein Testergebnis bei ISO die Antwort auf die Frage nach »bestanden« oder »nicht bestanden« bezeichnet.

Unterschiede: ISO-Glossar und ISTQB®-Glossar

Wie ist das zu erklären? Die Erstellung dieser Definitionen wurde sowohl von den weltweit am Reviewprozess beteiligten als auch den in der Arbeitsgruppe mitwirkenden Experten sehr kritisch beobachtet und die Definitionen sehr genau hinterfragt. Was hier entstand, sollte Hand und Fuß haben. Dabei wurden natürlich bisherige Definitionen berücksichtigt, die aber teils ihre Schwächen hatten, nicht zu den ISO-Regeln[2] passten oder nicht mit den neuen Konzepten einer durchgängigen Normenreihe mit der einheitlichen Abbildung der Themen Testprozesse, Dokumente und Testverfahren vereinbar waren.

Lässt sich die Welt des Softwaretestens in 133 Begriffen erklären? Sicher nicht. Dass die hier dargestellten Begriffe von der Zahl her doch recht überschaubar sind, hat mehrere Gründe:

- Nur die für das Verständnis des ersten Teils der Normenreihe notwendigen Begriffsdefinitionen werden hier aufgeführt. Das SEVOCAB listet für die gesamte Normenreihe bereits 235 Begriffe, und es dürften mit der Veröffentlichung weiterer Teile noch mehr werden.
- Selbsterklärende Begriffe, deren Bedeutung sich aus ihren Wortbestandteilen ergibt, werden nicht definiert. Gleiches gilt für Begriffe, die zwar für das Testen relevant sind, aber keine spezielle Bedeutung in diesem Kontext haben.
- Nur für das Thema Softwaretest relevante Begriffe sind Teil der Begriffsdefinitionen; allgemeine, in der IT übliche Begriffe, können im SEVOCAB bzw. in der ISO/IEC 24765 nachgeschlagen werden.

Tipp:

Wer heute plant, ein neues organisationsinternes Glossar zu erstellen oder Begriffsdefinitionen zu veröffentlichen, ist gut beraten, das SEVOCAB zu konsultieren; hier ist eine wahre Fundgrube an Definitionen zu finden, und zwar konform mit den gültigen Standards aus dem Systems und Software Engineering von ISO, IEEE und PMI. Begriffe neu zu erfinden und einen späteren Konflikt mit anzuwendenden Normen zu riskieren, kann man sich so ersparen.

[2] Laut ISO Directives Part 2, D.1.6 [88] muss beispielsweise der Begriff im Text durch die Definition ersetzbar sein – also ist hierfür nur ein Teilsatz möglich, niemals aber mehrere Sätze.

3.2 Einführung ins Softwaretesten

Zu den aufgeführten Themen gehören:

- **Verhältnis zu Qualitätsmanagement**
  Testen ist nicht mit Qualitätsmanagement gleichzusetzen. Qualitätsmanagement (QM) wird häufig als Regelkreis aus Qualitätsplanung, Qualitätssteuerung, Qualitätssicherung und Qualitätsverbesserung verstanden. Testen ist in diesem Modell ein Teil der Qualitätssteuerung. Die Ergebnisse des Testens werden wiederum sowohl von Qualitätssteuerung als auch von Qualitätssicherung genutzt.

  Testen ist Teil von QM.

- **Verifikation und Validierung**
  Die Begriffe Verifikation und Validierung (V&V) sind etabliert und benennen manchmal sogar Phasen im Test; aber im Zusammenhang mit diesen Begriffen trifft man auch auf Verständnisprobleme, gerade weil einige Definitionen zu den beiden Begriffen sich nur marginal unterscheiden.

  Testen ist Teil von Verifikation und Validierung.

  > Phasen für Verifikation und Validierung legt die Norm ISO 29119-1 nicht fest. Die Begriffe werden aber erläutert, und es wird anerkannt, dass sowohl Verifikation als auch Validierung zwei Aspekte sind, die im Testprozess wichtig und notwendig sind.

  Allerdings liegt die Betrachtung von Verifikation und Validierung nicht im Fokus der vorliegenden Normen aus der Reihe ISO 29119. In diesen Normen geht es vielmehr um das Thema Softwaretest, das wiederum eines der möglichen Mittel ist, Verifikation und Validierung zu betreiben.

  Für eine weitere Betrachtung des Themas Verifikation und Validierung wird auf andere Normen (ISO/IEC 12207 [52] sowie insbesondere IEEE 1012 [49]) verwiesen.

- **Das Testobjekt**
  Das Testobjekt oder SUT[3] ist das Element, auf das sich das Testen bezieht. Abhängig von seiner Beschaffenheit lässt sich beispielsweise dynamisches Testen oder nur statisches Testen anwenden (falls es nicht ausführbar ist – siehe nächster Aufzählungspunkt).

  Was unterliegt dem Test?

[3]Der primäre Begriff im Englischen ist übrigens bei ISO »test item« und nicht »test object« – synonym mit den beiden Lesarten von SUT, also »system under test« und »software under test«.

Andererseits wird das Testobjekt selbst abhängig von den Testzielen ausgewählt oder festgelegt (was möchte ich überhaupt testen und wie gehe ich dabei vor?).

- **Statischer und dynamischer Test**
  Die Norm teilt das Gesamtfeld von Verifikation und Validierung in vier Kategorien von Vorgehensweisen auf. Statischer und dynamischer Test sind die beiden aus Testsicht wichtigsten dieser Kategorien. Dazu kommen noch Demonstration (beispielsweise Prototyping) und »V-and-V-analysis« (Analyse mittels Verifikation und Validierung, beispielsweise Simulation oder Korrektheitsbeweis).

  Die Differenzierung zwischen statischem Test und dynamischem Test ist recht einfach. Während des dynamischen Testens wird das Testobjekt ausgeführt, während des statischen Testens ist das nicht der Fall.

  Für den dynamischen Test wird folglich auch ein Testobjekt benötigt, das ausführbar ist (typischerweise ein kompiliertes und ausführbares Programm oder ein ausführbares System), während der statische Test bei fast jedem Testobjekt funktioniert (im Beispiel des ausführbaren Programms auf Basis des Quellcodes).

  Die weitere Differenzierung von statischem und dynamischem Test in Gruppen von Testmethoden/Prüfmethoden laut ISO 29119-1 wird in Tabelle 3-2 gezeigt.

Tabelle 3-2 *Unterkategorien von statischem und dynamischem Test*

Statischer Test	Dynamischer Test
Reviews	Spezifikationsbasiert
Modellverifikation	Strukturbasiert
Statische Analyse	Erfahrungsbasiert

Teil 4 der Normenreihe (siehe Kap. 6) setzt sich ausführlich mit den Ansätzen zum dynamischen Test auseinander. Das Thema Reviews wird von ISO/IEC 20246 [57] (vgl. Abschnitt 8.5) behandelt. Für Modellverifikation und statische Analyse gibt es derzeit leider noch keine Standards, auf die hier verwiesen werden könnte.

- **Erschöpfendes Testen**
  Hinsichtlich der Fragestellung, ob es so etwas wie vollständiges oder erschöpfendes Testen (engl. »exhaustive testing«) in der Praxis geben kann, gilt unter Testexperten oder in der Literatur als Binsenweisheit: Das ist kaum möglich.

  Trotzdem ist es ein wesentlicher Aspekt, der in einer Testnorm nicht fehlen darf – und es kann nützlich sein, sich im Gespräch mit Personen, die mit den hiermit verbundenen Überlegungen nicht vertraut sind, auf eine Norm beziehen zu können.

Erster Bezug zum risikobasierten Test

Zurück zu der Fragestellung: Die Norm geht davon aus, dass erschöpfendes Testen, also die Durchführung aller denkbaren Tests und Überprüfungen, in den komplexen Aufgabenstellungen der Praxis nicht wirtschaftlich und meist auch nicht möglich ist. Daher ist eine Selektion nach Risiko nötig.

- **Testen als Heuristik**

  Erfahrungsbasierter Test

  An dieser Stelle wird erklärt und begründet, dass und warum Testen oft auch heuristische Ansätze erfordert – also erfahrungsbasierte Ansätze, einschließlich Versuch und Irrtum.

  Es wird aber auch auf die Gefahren der Verwendung von Heuristik im Testen hingewiesen: Menschliche Fehler in der Analyse der Testbasis können etwa zu dem irrtümlichen Eindruck führen, der Test wäre ausreichend. Mit der Erkenntnis dieses Risikos können Gegenmaßnahmen ergriffen werden.

- **Ziele des Testens**

  Die Ziele des Testens können je nach Kontext sehr individuell sein. Typische Ziele, die beim Testen verfolgt werden, sind:

  - Finden von Fehlern: Das offensichtlichste Ziel und der Mehrwert liegen selbstverständlich darin, die gefundenen Fehler im Anschluss zu beheben (gehört bereits nicht mehr zum »Testen«) und dadurch eine bessere Qualität zu erreichen. Voraussetzung dafür ist natürlich das Vorhandensein von Fehlern – und auch wenn *das* normalerweise nichts ist, um das man besorgt sein müsste, so wäre es doch nicht gesund, wenn es unser einziges Ziel beim Testen wäre und wir es nur erreichen, weil oder falls andere genug Fehlerzustände erzeugen.
  - Informationen über das Testobjekt sammeln: Das ist sehr generisch und man könnte sogar das Finden von Fehlern als Teil davon verstehen. Es ist aber zutreffend: Jeder ausgeführte Testfall liefert Informationen, egal ob er besteht oder nicht. Entweder haben wir den Beleg über ein Fehlverhalten oder wir haben den Beleg für eine möglicherweise korrekt implementierte Funktionalität (»möglicherweise«, da sie in einem anderen Szenario oder mit anderen Daten ja immer noch fehlerhaft sein könnte).
  - Vertrauen erzeugen und Entscheidungen fällen: Das erfolgt zwar aufgrund der gesammelten Informationen, kann aber je nach Umfeld ein Ziel für sich sein – möglicherweise das wichtigste.

Wenn mehrere dieser Ziele zu verfolgen sind – oder auch ganz andere, zusätzliche und individuelle Ziele –, dann kann Testen daraufhin ausgelegt sein, auch mehrere dieser Ziele gleichzeitig zu verfolgen.

Tipp: Ziele beim Testen

- Wenn man den Erfolg von Testen bewerten möchte, braucht man mindestens ein solches Ziel von Anfang an, einschließlich der Möglichkeit, zu messen, inwieweit es erreicht wurde. Dazu kommen dann Metriken ins Spiel. Bei mehreren Zielen muss priorisiert werden.
- Finger weg von unerreichbaren Zielen wie »Testen soll für eine fehlerfreie Software sorgen« – bewusst überspitzt formuliert (hoffentlich!). Die Formulierung der Ziele erfordert ein Verständnis dafür, was Testen überhaupt ist und was es erreichen kann. Ziele wie dieses verschieben lediglich die subjektive Verantwortung in einer unguten Weise.

- **Die Testbasis**
  Der Begriff »Testbasis« beschreibt allgemein die Information, die zur Herleitung von Tests und Testfällen genutzt wird.

  In einer perfekten Welt wären das z.B. leicht auffindbare, leicht lesbare und vollständige Anforderungsdokumente. In der Praxis hingegegen kann es fast jede Art von Dokument und implizites Wissen sein. In agilen Projekten sind es meist die dokumentierten User Stories mit ihren Akzeptanzkriterien. Ergänzend werden andere Arten von Spezifikationen genutzt.

  Die Testbasis wird vor allem dafür benötigt, um zu ermitteln, was getestet werden muss und was das erwartete Verhalten des Testobjekts ist (siehe nächster Aufzählungspunkt zum Testorakel).

  Kurz: keine belastbare Testbasis, kein belastbarer Test.

- **Das Testorakel**
  Mit dem »Testorakel« wird die Informationsquelle bezeichnet, die uns für *jeden* denkbaren Testfall sagen kann, was das Ergebnis sein muss[4] – und damit eine Beurteilung erlaubt, wann er bestanden ist und wann nicht.

  Die Analogie bezieht sich auf mythische Orakel des Altertums, von denen Gläubige zu jeder beliebigen Frage eine korrekte Antwort erhoffen durften (vgl. [25]). So naiv uns das heute erscheint, gibt es

[4] Ein Testorakel kann Teil der Testbasis sein oder darauf basieren.

das nicht auch noch heute? Wir nennen es »Google« oder »Gemini« oder »ChatGPT« oder »Copilot« – und erhoffen uns zutreffende Antworten auf beliebige Fragen.

Für Tester ist es nicht einfach nur ein legitimer Wunsch, zu wissen, was (hinsichtlich des Sollergebnisses) richtig und falsch ist, sondern eine Notwendigkeit.

Testorakel können auftreten als Dokumente, Tools, Menschen, ein abzulösendes System – oder als eine Mischung davon. Selten sind sie so universell wie erhofft, manchmal liefern sie auch keine konkreten Werte, sondern Schwellenwerte. Das kann genau der Aufgabe angemessen sein und perfekt funktionieren.

Falls ein vollständiges und obendrein formales Testorakel zur Verfügung steht, eröffnet das ganz neue Möglichkeiten in der Automatisierung: Testfälle können möglicherweise automatisiert abgeleitet, ausgeführt und die Ergebnisse automatisch geprüft werden.

Der Fragestellung »was ist unser Testorakel« muss man sich im Zuge der Testplanung stellen: Im Kontext KI beispielsweise kann es schwierig sein, im Vorhinein allgemeingültig zu beschreiben, was ein richtiges Ergebnis sein wird – auch und gerade für menschliche Experten.

- **Unabhängigkeit des Testens**
Mit »Unabhängigkeit des Testens« bezeichnen wir den Grad der Trennung zwischen der Entwicklung des Testobjekts und seinem Test. Wird beides in Personalunion von derselben Person durchgeführt, so ist die Unabhängigkeit gering, hat man unterschiedliche Personen, vielleicht sogar aus unterschiedlichen Teams, so ist die Unabhängigkeit des Testens größer.

Generell bevorzugt man zumindest auf höheren Teststufen einen höheren Grad der Unabhängigkeit des Testens aus mindestens zwei Gründen:

1. Vieraugenprinzip: Ungenau Beschriebenes mag zu unterschiedlichen Interpretationen bei zwei Personen führen, solche Unterschiede werden durch fehlschlagende Tests dann aufgedeckt.
2. Befangenheit: Ein Entwickler könnte unwillkürlich eher das Ziel verfolgen, seine Ergebnisse zu bestätigen – ist also potenziell nicht kritisch genug.

So sehr das valide Gründe sind, so gibt es doch organisatorische Randbedingungen und Werte (z.B. agile Arbeitsweise), die eine Unabhängigkeit des Testens nicht beliebig zulassen. Häufig wird beispielsweise für entwicklernahe Tests (z.B. im Test-First-Ansatz) von einer Trennung abgesehen; es ist so viel effizienter, wenn der Entwickler die Tests gleich selbst schreibt.

Folgt man dem, so lässt sich immerhin noch auf anderen Stufen des Testens eine stärkere Unabhängigkeit des Testens erreichen.

> **Tipp:**
>
> Die Norm kann sowohl bei der Definition von Testzielen helfen als auch dabei, Argumente für das Testen (oder für den veranschlagten Testumfang) zu finden.

3.3 Testkonzepte und Teststrategie

In einem Testkonzept werden die Ziele des Testens festgehalten, und es wird beschrieben, wie diese Ziele erreicht werden sollen. Dieses *Wie* – also der Weg zur Erreichung der Testziele – ist die Teststrategie. Sie ist zentraler Bestandteil des Testkonzepts.

Ein Testkonzept kann sehr allgemein sein – beispielsweise einen Rahmen für ein ganzes Projekt aufspannen – und es kann auch sehr spezifisch sein und nur eine Testart oder eine Teststufe adressieren: Für ein einziges Qualitätsmerkmal, wie beispielsweise »Performanz« und den zugehörigen Performanztest, kann ein Performanztestkonzept erstellt werden. Entsprechend werden die Testziele allgemein oder spezifisch sein.

Eine Überschneidung der Inhalte versucht man zu vermeiden, und so ergibt sich oft eine Hierarchie von Testkonzepten.

Den Prozess zur Erstellung von Testkonzepten findet man in Teil 2 der Norm (siehe Abschnitt 4.3.1) und die Gliederung der Inhalte in Teil 3 (siehe Abschnitt 5.6).

Einige wichtige Inhalte von Testkonzepten sehen wir uns in den folgenden Abschnitten an.

3.3.1 Risiko, Risikomanagement und risikobasierter Test

Sonderrolle risikobasiertes Testen

An und für sich kann man den risikobasierten Test als Testpraktik betrachten, und dann wäre zu erwarten, dass sich dieses Thema im Abschnitt »Testansätze« bei den Testpraktiken wiederfindet.

Mit gutem Grund hat aber das risikobasierte Testen eine Sonderstellung und wird daher separat behandelt.

Denn die Frage, welche Testpraktiken eingesetzt werden sollen, stellt sich im Testprozess sehr früh. Die Antwort auf diese Frage muss

> Risikobasierter Test ist eine der zentralen Grundideen der Normenreihe ISO 29119.

bereits aus einer Betrachtung der Risiken hervorgehen, also beginnt hier bereits das risikobasierte Testen.

Bei der Betrachtung der Risiken wird die Liste der bereits bekannten Risiken aus dem Risikomanagement des Projekts herangezogen. Anschließend wird analysiert, welche dieser Risiken für den Test relevant sind und mit welchen Testpraktiken welchen dieser Risiken begegnet werden kann. Das setzt natürlich voraus, dass man ein Risikomanagement hat – ist das nicht der Fall oder wurde der Fokus bisher nur auf Projektrisiken gelegt, muss man die für das Testen relevanten (Produkt-)Risiken selbst bestimmen.

Also – dies ist die Meinung vieler Praktiker im Softwaretest – ist risikobasiertes Testen unabdingbar und der Ausgangspunkt für die nachfolgenden Aktivitäten. Dabei ist es mit allen anderen Testpraktiken kombinierbar, wie beispielsweise mit anforderungsbasiertem Testen oder modellbasiertem Testen.

> Es ist übrigens Unsinn, riskobasiertes Testen gegen anforderungsbasieres Testen auszuspielen, als gäbe es in dieser Beziehung ein Entweder-oder:
>
> - Anforderungen möglicherweise nicht zu erfüllen, ist ein extrem hohes Risiko.
> - Risiken zu betrachten, wird meist in mindestens einer Anforderung verlangt, wenigstens implizit.
>
> Testen sollte immer sowohl anforderungsbasiert als auch risikobasiert sein.

Während aller weiteren Aktivitäten wird risikobasiertes Testen immer wieder auftauchen, beispielsweise bei:

- Auswahl der Testansätze
- Auswahl, was zu testen ist und wie intensiv
- Priorisierung der Testfälle im Zuge der Planung
- Priorisierung der Testfälle oder Testprozeduren bei der Durchführung

3.3.2 Testansätze

Der Begriff »Testansätze« (engl. »test approach«) ist in der Norm ein Sammelbegriff für Teststufen, Testarten, Testpraktiken, statischen Test und Testverfahren.

Abbildung 3-2
Testansätze für die Teststrategie

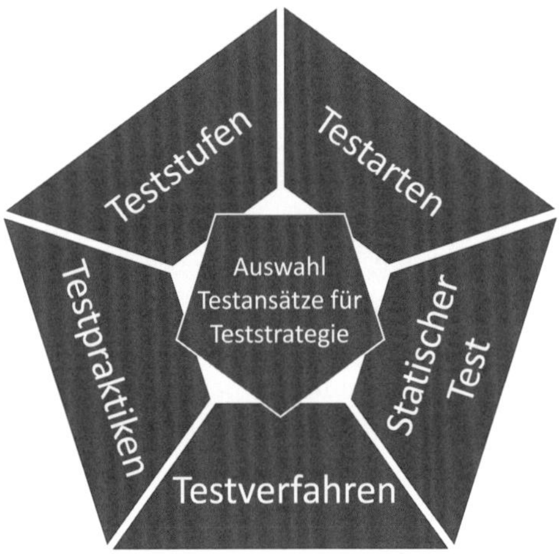

Testansätze lassen sich kombinieren.

Wie Abbildung 3-2 versinnbildlicht, werden aus all diesen Testansätzen im Rahmen der Erstellung einer Teststrategie üblicherweise einige ausgewählt, um die Testziele zu erreichen und das Risiko angemessen zu überdecken:

Teststufen: Ihre Wurzeln haben Teststufen in dem guten alten V-Modell. Sie sind auch heute noch topaktuell und werden im agilen Kontext nach wie vor benötigt, um das Testen nach Granularität des Testobjekts zu strukturieren und möglichst frühzeitiges Testen zu ermöglichen. Typische Beispiele für Teststufen sind Komponententest[5] und Systemtest. Die Norm führt zehn Beispiele auf.

Qualitätsmerkmale

Testarten: Testarten beziehen sich auf Qualitätsmerkmale; so kann man dem Qualitätsmerkmal »Effizienz« die Testarten Lasttest und Performanztest zuordnen oder dem Qualitätsmerkmal »Benutzbarkeit« einen Gebrauchstauglichkeitstest (Usability-Test).

Damit gibt es an dieser Stelle einen direkten Bezug zur Norm ISO 25010 [63], die sich mit dem Thema »Quality Characteristics« (Qualitätsmerkmale) auseinandersetzt. In der ISO 29119-1 finden sich 19 Beispiele für solche Testarten.

[5]Auch Modultest, je nach Kontext.

Testpraktiken: Dieser Begriff beschreibt Herangehensweisen an das Testen. Dazu zählen modellbasierter Test als eine Testpraktik zum Ableiten von Testfällen und Keyword-Driven Testing, eine Testpraktik zum Spezifizieren von Testfällen. Testpraktiken können sich also auf ganz unterschiedliche Aspekte des Testens beziehen. In der Norm finden sich zwölf Beispiele.

Statischer Test: Der Schwerpunkt der Kernnormen liegt beim dynamischen Test, aber für eine ausgewogene Teststrategie wird oft auch ein statischer Test eine große Rolle spielen. Die Norm nennt mit Reviews, statischer Analyse und Modellverifikation drei Beispiele hierfür.

Testverfahren: Falls ein dynamischer Test ein Thema der Teststrategie ist – und in den meisten Fällen trifft das zu –, dann werden meist mehrere Testverfahren für den Testentwurf benötigt, zusammen mit einem passenden Überdeckungsmaß. Die Testverfahren werden in ISO 29119-4 behandelt; der »Blumenstrauß« der Testverfahren ist groß und bunt, und es wird wohl eine interessante Ausnahme sein, wenn ein Projekt tatsächlich den Einsatz all dieser Testverfahren erfordert.

Gegliedert nach spezifikationsbasiert, strukturbasiert und erfahrungsbasiert führt die Norm 28 Testverfahren[6] auf, die zur Wahl stehen.

Welche dieser Testansätze benötigt werden, ist sehr individuell – es kommt auf den Kontext an: Für eine konkrete Organisation beispielsweise und für ein bestimmtes Projekt darin wird zur Erreichung der hierfür festgelegten Testziele eine speziell dafür passende Auswahl an Testansätzen getroffen.

Es geht sogar noch weiter: Auch innerhalb eines solchen Projekts gibt es entweder aufgrund des Risikos oder einfach, weil es die praktischen Gegebenheiten so erfordern, verschiedene Fälle. Um dem zu entsprechen, kann festgelegt werden, dass ein Ansatz oder eine Mischung, die an einer Stelle funktioniert – beispielsweise ein explorativer Test unter Einsatz späterer Anwender –, an anderer Stelle nicht oder nicht alleine eingesetzt wird.
Für die Teststrategie in einer konkreten Situation trifft man also eine Auswahl.

Diese Betrachtung kann sehr differenziert sein – aber keine Sorge, es muss auch nicht so kompliziert werden, wie es jetzt vielleicht den Anschein hat.

[6] Sammelbegriffe nicht mitgezählt.

> **Abgrenzung: Testverfahren und Testpraktiken**
>
> Während Testverfahren einen definierten Weg beschreiben, um zu Testfällen zu gelangen, sind Testpraktiken eine Herangehensweise an das Testen (beispielsweise risiko- oder modellbasiert). Im Rahmen einer Testpraktik können Testverfahren explizit oder implizit verwendet werden.

Der entscheidende Punkt ist, dass die ISO 29119 dem Tester die Freiheiten lässt, diese Entscheidungen passend zum Kontext zu fällen. *Testkonzept* Sie werden als Teil der Teststrategie im Testkonzept begründet und dokumentiert.

3.3.3 Testen im Softwarelebenszyklus

Softwarelebenszyklusmodelle hängen stark von der individuellen Organisation ab. Es gibt eigene Normen, die sich damit auseinandersetzen (beispielsweise ISO/IEC 12207 [52] für Software und ISO/IEC 15288 [53] für Systeme).

Die ISO-29119-Normenfamilie hat den Anspruch, nicht für ein spezielles Lebenszyklusmodell gemacht zu sein, sondern an unterschiedliche Bedingungen anpassbar zu sein. So gibt es beispielsweise keine Präferenz hinsichtlich »klassisch« oder »agil«. Beispiele zur Anwendung findet man jeweils für beide Welten.

Unabhängig vom Lebenszyklusmodell wird aber erwartet, dass Testen sich immer an den Risiken orientiert – das ist auch sehr sinnvoll und entspricht zudem meist dem subjektiven Empfinden der beteiligten Personen.

3.3.4 Testen in unterschiedlichem Kontext

Keine Organisation ist wie die andere. Und kein Projekt ist wie das andere.

> Der Begriff »Organisation« kann sich auf das Unternehmen oder auf einen Teil davon beziehen, z.B. die Abteilung oder das Team.

Sicher gibt es Organisationen, die sich ähnlich sind, und ebenso Projekte, die jeweils einem anderen Projekt gleichen. Aber meist sind es eher die Unterschiede, die ins Auge fallen. Dazu muss man nicht einmal kleine mittelständische Betriebe mit Weltkonzernen vergleichen oder Projekte zur Erstellung sicherheitskritischer Software mit solchen, die eine Webpräsenz bereitstellen sollen.

Die Besonderheiten oder auch die spezifischen Herausforderungen haben die beteiligten Personen stets vor Augen, und es entsteht fast überall die begründete Überzeugung, dass die individuelle Situation im Unternehmen, in der Organisation und im Projekt einzigartig sei.

Daher ist es notwendig, auch die Vorgehensweisen beim Testen und die Prozesse immer im Kontext von Organisation und Projekt zu sehen – und passend dazu auszuwählen.

Die ersten fünf Teile der Normenreihe gehen von keiner speziellen Organisationsform oder Projektstruktur aus, sondern arbeiten das heraus, was grundsätzlich wichtig und so gut wie überall anwendbar ist. Bei späteren Teilen der Norm – insbesondere Technical Reports – kann das anders sein. Ein Beispiel hierfür ist Teil 6, ein Leitfaden zur Anwendung der Kernnormen spezifisch im agilen Umfeld (siehe Abschnitt 8.1).

Generisch kann auch schwierig sein.

Ähnlich sieht es mit speziellen Themen aus – dass die Kernnormen generisch sind, ist nicht nur eine Stärke, sondern auch eine Herausforderung für die Anwenderinnen und Anwender. Und so gibt es Bestrebungen, für die Anwendung in besonders kniffeligen Einsatzgebieten in Form von Technischen Reports und Technischen Spezifikationen Unterstützung zu bieten – beispielsweise bietet im Kontext von biometrischen Systemen Teil 13 Hilfestellung (siehe Abschnitt 8.3).

Nicht alles wird schon von einem speziellen Standard beleuchtet, und das ist auch kein erreichbares Ziel. Einige ergänzende Ansätze zum Testen spezieller Qualitätsmerkmale oder zum Testen in besonderen Einsatzgebieten hat aber bereits jetzt Anhang A der Norm zu bieten.

3.3.5 Inhalte der Teststrategie

In der Teststrategie ist ein Weg beschrieben, mit dem die jeweiligen Testziele erreicht werden können.

Die Inhalte sind vielschichtig: Von der Auswahl der oben beschriebenen Testansätze über Eingangs- und Ausgangskriterien, Grad der Unabhängigkeit bis hin zur Beschreibung von Testdaten und Testumgebung ist alles dabei, um nur einige Beispiele zu nennen.

Detailliert geht darauf insbesondere Teil 3 der Normenreihe ein. Er enthält eine Gliederung zum Testkonzept und darin die essenziellen Bestandteile der Teststrategie (siehe Abschnitt 5.6).

3.4 Testframeworks

Unter einem Testframework versteht die Norm:

> **Definition nach ISO 29119-1 [65]**
>
> **Testframework:** strukturierte Menge von Prinzipien, Richtlinien und Praktiken zur Organisation, Auswahl und Kommunikation beim Testen

Auch wenn es in der Definition nicht ausdrücklich vorkommt, steht hier das Thema Testprozesse im Vordergrund. Sie legen derartige Prinzipien, Richtlinien und Praktiken fest.

3.4.1 Testprozesse

Schon 1979 hat Glenford Myers in seinem Buch, dem Klassiker »The Art of Software Testing« [16], Testen definiert als »den Prozess, ein Programm oder System auszuführen, mit der Absicht, Fehler zu finden« (»Testing is the process of executing a program or system with the intent of finding errors«).

Heute haben wir zwar ein Verständnis von Testen, das über diese Definition hinausgeht. So zählen wir zum Testen auch vorbereitende, planerische und organisatorische Tätigkeiten. Aber bereits aus dieser frühen Definition lässt sich die Feststellung herauslesen, dass Testen ein Prozess ist.

Genauer betrachtet ist es aber nicht nur ein einziger Prozess, sondern Testen setzt sich aus mehreren Prozessen zusammen. Die Testprozesse werden in Teil 2 der Normenreihe behandelt.

Einen Überblick darüber gibt aber bereits Teil 1. Hier wird auch schon erklärt, dass die Prozesse sich auf drei Ebenen abspielen: Organisation, Testmanagement und dynamischer Test. Wir werden darauf in Abschnitt 4.1.1 zurückkommen.

Ein anderer wichtiger Aspekt ist, dass die Verwendung dieser Prozesse nicht auf eine einmalige Durchführung beschränkt ist. Dafür kann es wenigstens drei Gründe geben:

1. Ein Prozess – z.B. der Testdurchführungsprozess – kann mehrfach hintereinander durchgeführt werden, jeweils angewendet auf ein anderes Testobjekt oder ein neues Inkrement des Testobjekts.

2. Ein Prozess kann auch parallel oder in verschiedenen Zusammenhängen mehrfach durchgeführt werden. Bleiben wir beim Testdurchführungsprozess: Dieser kann (möglicherweise zeitlich parallel) am selben Testobjekt mit unterschiedlichen Testarten durchgeführt werden, etwa zur Abwicklung eines Gebrauchstauglichkeitstests und eines Lasttests. Dabei kann es sinnvoll sein, dafür angepasste Formen desselben (generischen) Prozesses zu verwenden.
3. Ein Prozess kann außerdem auf mehreren Teststufen durchgeführt werden, beispielsweise bezogen auf Systemtest und Abnahmetest.

Um diesen flexiblen Einsatz der definierten Testprozesse zu ermöglichen, sind diese generisch gehalten. So ist es möglich, mit einer überschaubaren Anzahl von Testprozessen auszukommen.

Gleichzeitig ist damit die Flexibilität gegeben, auf die unterschiedlichen Bedürfnisse der Organisationen und Projekte einzugehen. Um eine Idee vom möglichen Variantenreichtum zu vermitteln, folgt hier eine Auswahl von Einflussfaktoren, die zum Teil eine große Bandbreite haben:

- Von kleinen zu großen Unternehmen
- Von kleinen zu großen Projekten
- Unterschiedliche Sicherheitsbedürfnisse
- Unterschiedliche Bedürfnisse bezüglich Dokumentation
- Entwicklungsprozess von klassisch bis agil
- Anwendung auf verschiedene Testarten, z.B. Zuverlässigkeitstest, Lasttest, Gebrauchstauglichkeitstest, funktionaler Test, Internationalisierungstest
- Einsatz im Verbund mit ausgewählten Testpraktiken, die entweder pauschal im gesamten Projekt oder differenziert nach Risiko eingesetzt werden

Instanziierung eines Prozesses

Die Anwendung der Prozesse für einen konkreten Einsatzbereich wird als Instanziierung (engl. »Instantiation«) bezeichnet. ISO 29119-1 gibt einige interessante Beispiele, wie diese Instanziierung auf verschiedenenen Ebenen und auch über mehrere Ebenen hinweg stattfinden kann. Ein Testmanagementprozess etwa kann unterschiedliche Instanzen von Testentwurfsprozessen auf verschiedenen Teststufen überwachen.

Die Norm versucht nicht, für alle denkbaren Konstellationen Vorgaben zu machen. Früher oder später gäbe es ohnehin ein Projekt, das nicht ins Raster passt. Durch die generischen Prozessbeschreibungen sind die Chancen jedoch gut, für solche Sonderfälle einen passenden Prozess ableiten zu können.

Wo auch das nicht mehr gelingt, erlaubt die Norm natürlich, die notwendigen Prozesse zusätzlich zu definieren! Gut beraten ist man aber, sich von den Ideen und der Struktur her an den Prozessen aus Teil 2 zu orientieren.

3.4.2 Testdokumentation und Anforderungen an diese

Die Testdokumentation wird aus den Dokumenten gebildet, die beim Testen entstehen.

Teil 1 gibt bereits einen Überblick darüber, welche Dokumente das sind. Im Detail beschrieben werden sie dann in Teil 3 der Normenfamilie (siehe Kap. 5).

Im ersten Teil erfährt man, wie diese Dokumente zusammenspielen und wie sie in die drei Ebenen Organisation, Testmanagement und dynamischer Test einzuordnen sind, die wir bereits von den Testprozessen kennen.

Flexible Dokumentation

Viele Praktiker werden an dieser Stelle wohl von einer Sorge erlöst, nämlich im Hinblick auf die Anforderungen an die Dokumentation: Wie aufwendig mag das sein? Normen haben manchmal den Ruch, unnötig aufwendig zu sein. Zum Glück ist die ISO 29119 ein Gegenbeispiel, sie ist sehr flexibel, fordert kein bestimmtes Format und gibt das auch explizit an, sodass ein übereifriger Auditor nicht in Versuchung kommen sollte, mehr zu fordern als nötig.

3.4.3 Weitere Elemente von Testframeworks

Einige weitere Elemente von Testframeworks werden von der Norm angesprochen:

Konfigurationsmanagement (KM) und Testen: Selbstverständlich spielt KM nicht nur in der Softwareentwicklung ganz generell, sondern auch für das Testen eine Rolle. Sowohl Testdokumente, wie Testkonzepte, als auch Testfälle und ihre Bestandteile, wie z.B. Keywords, als auch automatisierte Testskripte verändern sich mit dem Testobjekt, werden versioniert und sollten einem Konfigurationsmanagement unterzogen werden. Somit ist KM ein wichtiger Bestandteil eines Testframeworks.

Werkzeuge: Werkzeuge (oder »Tools«) aus den verschiedensten Kategorien, von Testmanagement über Testfallgenerierung bis hin zu Monitoring oder auch zum automatisierten Aufsetzen von Testumgebungen, sind heute aus dem Testeralltag nicht mehr wegzudenken.

Fast nie gleicht eine Werkzeuglandschaft der anderen, es gibt zu viele Möglichkeiten sowohl kommerzieller als auch frei erhältlicher (Open-Source-)Werkzeuge.

Prozessverbesserung und Testen: Fast immer lässt sich etwas verbessern und meistens lohnt es sich auch. Daher ist ein systematischer Blick auf Testprozessverbesserung ein wichtiger Bestandteil eines Testframeworks. Die ISO 29119 verankert diesen Gedanken an einigen Stellen, beispielsweise im zweiten Teil im Rahmen des organisationsbezogenen Testprozesses (OT3, siehe Abschnitt 4.2) und im Testabschlussprozess (TC3, siehe Abschnitt 4.3.3).

Metriken: Im Rahmen eines Testprozesses müssen Metriken definiert und regelmäßig angewendet werden, um ihn kontrollieren und steuern zu können. Teil 1 der ISO 29119 macht hier nur ein paar wenige beispielhafte Vorschläge: Testarchitekten und Testmanager sind gefordert, einen angemessenen (und nicht zu großen!) Satz an Metriken und KPIs (Key Performance Indicator) zu finden, der zur Situation passt. Die Dokumentation erfolgt üblicherweise im Testkonzept.

3.5 Testentwurf und Testdurchführung

Im zweiten Teil der Norm werden für Testentwurf (siehe Abschnitt 4.4.1) und Testdurchführung (siehe Abschnitt 4.4.3) separate Prozesse definiert. Das ergibt auch Sinn, schließlich erfolgen beide Tätigkeiten zu verschiedenen Zeitpunkten und sind in der Regel[7] auch entkoppelt: Ein Testfall wird einmal entworfen und meist öfters ausgeführt, bevor er dann vielleicht überarbeitet wird.

Trotzdem wird beides in der Einführung im ersten Teil gemeinsam behandelt. Auch das passt: An mancher Stelle gibt es einen fließenden Übergang, z.B. beim explorativen Testen.

Das Testmodell

Auf das Testmodell muss in ISO 29119-1 unbedingt eingegangen werden, schließlich handelt es sich dabei um eines der auffälligsten Konzepte, die mit der zweiten Fassung der Norm eingeführt wurden. Es ist ein zentrales Element im Testentwurfs- und -realisierungsprozess im zweiten Teil, namengebend für die Testmodellspezifikation im dritten Teil und *die* Grundlage für alle Testverfahren, die im vierten Teil beschrieben werden.

Es kommt also in mehreren Teilen der Normenfamilie vor, und da wir im Laufe des Buches an verschiedenen Stellen immer wieder

[7] Eine Ausnahme der Regel bildet exploratives Testen.

darauf zurückkommen werden (insbesondere in Abschnitt 6.1.2), sei an dieser Stelle nur noch so viel gesagt: Das Testmodell repräsentiert das gedankliche Modell, das ein Tester sich vom Testobjekt im Hinblick auf eine konkrete Testaufgabe (beispielsweise eine zu testende Funktionalität) bildet. Es hängt von dem geforderten Verhalten ab, das es abbildet, und von der notwendigen Testüberdeckung, die seinen Abstraktionsgrad beeinflusst. Es ist selbst prägend für die Testüberdeckungselemente, die darin enthalten sein müssen.

- **Modellbasierter Test**
Gerade haben wir den Begriff »Testmodell« als Grundlage so ziemlich allen Testens eingeführt. Danach klingt modellbasierter Test wie eine Tautologie. Spricht man aber im Sinne der Norm von modellbasiertem Test, dann ist damit ein spezieller Testansatz zum automatisierten Testentwurf gemeint, bei dem das Testmodell formal beschrieben sein muss, sodass es maschinenlesbar ist und automatisiert Testfälle aus dem Testmodell abgeleitet werden können.

Die Nutzung von modellbasiertem Test ist heute noch weit weniger selbstverständlich als die von risikobasiertem oder von anforderungsbasiertem Test.

Risiko begründet modellbasierten Test.

Das hat seine Gründe. Zum einen müssen dafür die Modelle in einer geeigneten formalen Form vorliegen. Das wird nicht zufällig gegeben sein, und der Aufwand, der beim Erstellen geeigneter Modelle für modellbasiertes Testen entsteht, lässt sich nicht in jedem Fall rechtfertigen. Zum anderen ist modellbasiertes Testen tatsächlich ein Ansatz für Fortgeschrittene, und diese Tatsache ist im Laufe der Zeit so oft erwähnt und betont worden, dass viele allein schon deshalb davor zurückschrecken – »das ist ja schwierig«. Lassen Sie sich nicht ins Bockshorn jagen.

> Modellbasiertes Testen ist ein interessantes, komplexes und umfangreiches Thema, das in der Norm zwar angesprochen, aber nicht vertieft wird. Möglicherweise wird es künftig einen eigenen Teil der ISO 29119 dazu geben.
> Einstweilen sei auf die Literatur zu dem Thema verwiesen, beispielsweise auf das Buch von Roßner, Brandes, Götz und Winter [24].

Modellbasiertes Testen ist gar nicht so anders als die bisher angesprochenen Testansätze:

- Abhängig von den erkannten Risiken lässt sich entscheiden, ob modellbasiertes Testen eingesetzt werden soll.

- Die (formalen) Testmodelle im modellbasierten Test sind eine spezielle Form der Darstellung von Anforderungen.
- Eine definierte Überdeckung dieser Anforderungen lässt sich automatisiert über eine geeignete Generierungsvorschrift erreichen.

■ **Test mit Skript – oder explorativ**
Es ist eine sehr alte Diskussion, ob Tests mit vorgefertigtem Skript (spezifizierter Ablauf, engl. »scripted testing«) oder vielleicht doch besser ohne ein Skript (engl. »unscripted testing«) ausgeführt werden. Dabei prallen manchmal Weltanschauungen aufeinander. Dogmatik ist aber hier gar nicht hilfreich.

Beim Testen mit Skript werden vor der Testdurchführung Testfälle erstellt. In manchen Szenarien kann das in Ruhe geschehen, wenn noch Zeit ist, weil das Testobjekt noch nicht verfügbar ist. Solche dokumentierten Testfälle können später immer wieder und auch von verschiedenen Personen oder automatisiert ausgeführt werden, wobei abhängig vom Detailgrad der Dokumentation eine hohe Wiederholgenauigkeit erreichbar ist. Die Ergebnisse sind also vergleichbar. Auch sind die Testfälle reviewbar, es kann beispielsweise im Vieraugenprinzip geprüft werden, ob sie korrekt sind oder ob Testverfahren adäquat und vollständig angewendet wurden (Beispiel: Sind alle Äquivalenzklassen überdeckt?). Es gibt also einige Vorteile. Dafür ist es aber zeitaufwendig.

Vergleichbarkeit

Beim explorativen Testen ohne Skript ist ein schnellerer Start möglich. Die Befürworter führen ins Feld, dass sich die Kreativität der Tester besser entfalten kann, wenn man nicht an einem Skript »klebt«. Vorausgesetzt, man hat exzellente Tester, sind auch exzellente Ergebnisse möglich, und das viel schneller. Wenn die Situation sehr schnelle Ergebnisse erfordert, sollte man sich vielleicht nicht mit dem Schreiben von Testfällen aufhalten. Auch hier gibt es also Vorteile aber auch Nachteile: Eine präzise Wiederholung der Tests ist kaum möglich, und Überdeckung[8] kaum zu messen.

Kreativ

Es ist keine Glaubensfrage, ob man mit oder ohne Skript testet, sondern eine Frage der Zielsetzung. Möchte man eine gewisse Absicherung erreichen und sollen auch Testfälle für Regressionstests verwendbar sein, eventuell für eine automatisierte Durchführung, dann braucht man dokumentierte Testfälle: Beispielsweise wenn neue Funktionen innerhalb eines Sprints getestet werden sollen.

Sowohl mit als auch ohne Skript

---

[8] Je nachdem, worauf sich »Überdeckung« bezieht – bezogen auf Code kein Problem, bezogen auf z.B. Äquivalenzklassen schon.

Wenn aber schnelle Ergebnisse benötigt werden, die Kreativität der Tester voll ausgeschöpft werden soll und ganz neue Ideen, was schiefgegangen sein könnte, entwickelt werden sollen, dann ist der explorative Test eine gute Idee: beispielsweise im Rahmen eines sitzungsbasierten Tests (engl. »session-based testing«) vor Freigabe eines Release.

Eine gute Teststrategie wird in den meisten Fällen von beiden Konzepten Gebrauch machen.

> Die Normenreihe scheint sich auf den ersten Blick viel mehr auf das Testen mit Skript als auf das Testen ohne Skript zu fokussieren. Sie erkennt aber durchaus an, dass das Testen ohne Skript oft ein passender Ansatz ist.
> In einer Norm zu regeln, wie etwas nicht zu dokumentieren ist, wäre etwas seltsam.

- **Erfahrungsbasiertes Testen**
  Beim erfahrungsbasierten Testen gibt es eine Anzahl von Ansätzen. Die Norm nennt hier »Touren«, »Attacken« und »Checklistenbasiertes Testen«.

  Touren werden gerne als Kreativtechnik im Rahmen von explorativem Testen genutzt. Attacken zielen darauf ab, Schwachstellen in Schnittstellen der Software zu finden. Bei der Nutzung von Checklisten versucht man die vorhandenen Erfahrungen zu dokumentieren und für das gesamte Team nutzbar zu machen.

  Die hier genannten Ansätze werden von der Normenreihe nicht als Testverfahren geführt. Es sind ergänzende Konzepte, die sich sowohl beim Testen mit als auch beim explorativen Testen ohne Skript bezahlbar machen können, auch wenn sie häufig eher im Zusammenhang mit explorativem Testen zu finden sind.

  Es gibt aber mit der Fehlererwartungsmethode auch ein erfahrungsbasiertes Testverfahren, das im vierten Teil beschrieben wird (siehe Abschnitt 6.4.1).

- **Fehlernachtest und Regressionstest**
  Zwei wichtige Arten von Tests müssen nach Änderungen routinemäßig ausgeführt werden:

  Fehlernachtests (engl. »re-test« oder »confirmation testing«) werden nach Fehlerbehebungen ausgeführt, um zu prüfen, ob die Behebung erfolgreich war.

Regressionstests (engl. »regression testing«) werden nach jeglicher Änderung, sei es am Testobjekt, an der Konfiguration oder der Umgebung, ausgeführt, um sicherzustellen, dass keine unerwarteten Seiteneffekte auftreten.

So klar das prinzipiell ist: Im Detail gibt es dazu viel zu klären. Wann beispielsweise sollen Regresionstests ausgeführt werden? Wie selektiert man Testfälle für den Regressionstest? Wie spielt er mit dem Fehlernachtest zusammen? Die Beantwortung dieser Fragen sind wieder einmal ein Thema für das Testkonzept.

- **Manuelles Testen und Testautomatisierung**
  Ob sich die Automatisierung manueller Testfälle rechnet, hängt von verschiedenen Faktoren ab, von denen die Norm einige vorstellt. Der wichtigste Faktor ist sicher die Anzahl der Durchführungen pro Testfall, aber es gibt noch einige andere, beispielsweise was für Werkzeuge verfügbar sind und wie gut diese mit dem Testobjekt zusammenspielen.
- **Continuous Testing**
  Eng verknüpft mit dem vorherigen Thema ist »Continuous Testing«. Gemeint ist damit die Einbindung einer Testautomatisierung in den Build-Prozess, meist in Form von CI/CD (continuous integration/continuous delivery): Je nach Gestaltung werden dann einige oder sogar alle automatisierten Tests im Rahmen jeden Builds oder jeden Deployments ausgeführt. Voraussetzung dafür ist eine sehr stabile und performante Testautomatisierung.
- **Vergleichender Test und A/B-Test**
  Sowohl beim vergleichenden Test (engl. »back-to-back testing«) als auch bei A/B-Test zieht man zum Testen zwei Implementierungen heran. Beim vergleichenden Test wird beispielsweise ein Altsystem oder eine alternative, eventuell prototypische Implementierung zum Vergleich herangezogen, typischerweise als Testorakel.
  Beim A/B-Test vergleicht man zwei unterschiedliche Implementierungen, um herauszufinden, welche etwa den Nutzeranforderungen mehr entspricht.
- **Mathematikbasiertes Testen**
  Unter diese Rubrik fallen sowohl Testverfahren wie kombinatorischer Test oder Zufallstest als auch Fuzz-Testen oder Beweisverfahren, also grundsätzlich Testverfahren, die auf mathematischen Methoden basieren.
- **Management von Testumgebungen und Testdaten**
  Die beiden Themen Testumgebung (und deren Management) und Testdatenmanagement erfordern einiges an Aufmerksamkeit. Im

zweiten Teil werden sie im Prozess für Testumgebungs- und Testdatenmanagement angesprochen (siehe Abschnitt 4.4.2) und im dritten Teil werden dazu vier Dokumententypen definiert (siehe Abschnitt 5.8).

3.6 Organisatorisches

Testen ist keine isolierte Disziplin. Vielmehr steht es im Zusammenhang mit anderen Disziplinen im Softwarentwicklungsprozess:

Projektmanagement und Testen: Schon bei der Planung eines Projekts muss Qualitätsmanagement und damit Testen einbezogen werden. Während des Projektverlaufs gehört dann auch wieder Testen zu den Dingen, die es zu überwachen und zu steuern gilt. Nicht zuletzt liefert Testen dem Projektmanagement auch die benötigten Informationen, beispielsweise für eine Freigabeentscheidung.

Kommunikation und Bericht: Testen bedeutet auch zu kommunizieren. Informationen fließen, wie eben schon ausgeführt, an die Projektleitung, aber auch an andere Stakeholder, zuvorderst die Entwickler – die beispielsweise über Fehlermeldungen erfahren, wenn noch etwas zu korrigieren ist.

Fehler und Fehlermanagement: Apropos Fehlermeldungen. Das Fehlermanagement ist eigentlich eine eigenständige Disziplin. Das wird deutlich, wenn zumindest bei schwierigen Fällen zur Entscheidung über die Natur eines Fehler – oder ist es doch eine neue Anforderung? Oder so gewollt? – sowohl Entwicklung, Projektmanagement, Stakeholder und Test eingebunden werden.

Manchmal wird das Thema aber dann doch dem Test zugeordnet, entweder in Ermangelung einer besseren Lösung oder einfach wegen der Nähe der Tester zu Fehlermeldungen. Wichtig ist nur, dass klar definiert ist, wer sich wie um Fehler kümmert. Teil 2 definiert einen einfachen Fehlermeldeprozess (siehe Abschnitt 4.4.4), aber für ein solides Fehlermanagement wird mehr notwendig sein.

3.7 Die Anhänge

Informative Anhänge

Die Norm ISO 29119-1 endet im Hauptteil nach 38 Seiten. Fast weitere 20 Seiten sind den Anhängen gewidmet. Darin findet der Leser sehr viele nützliche und praxisrelevante Hinweise und Informationen:

Anhang A beleuchtet anhand von Beispielen, wie Testen in sehr unterschiedlichen Einsatzbereichen – und zwar konform mit dieser Normenreihe – ausgeprägt sein kann. Die Beispiele sind sehr vielseitig, begonnen bei künstlicher Intelligenz (KI) über autonome Systeme, Echtzeitsysteme, Internet of Things (IoT) bis hin zu Standardsoftware und Webanwendungen.

Anhang B greift das Thema der Rollen und Verantwortlichkeiten im Testen auf (siehe auch Abschnitt 4.1.4). Die Norm sieht hier acht Rollen vor: den Testarchitekten (engl. »test architect«), den Testmanager (engl. »test manager«), den Testdesigner (engl. »test designer«), den Testmodellierer (engl. »MBT modeller«), den Testautomatisierer (engl. »test automator«), den Testanalysten (engl. »test analyst«), den Spezialisierten Tester (engl. »test specialist«) und den Tester (auch engl. »tester«). Nach einer kurzen Charakterisierung jeder dieser Rollen wird hier zu Recht darauf hingewiesen, dass in »freier Wildbahn« die Bezeichnungen auch ganz anders lauten können.

Tipp:

Nicht nur für Teil 1 der ISO 29119, sondern auch für die anderen Teile gilt: Die Anhänge sind nicht zu unterschätzen und enthalten oft sehr nützliche Zusatzinformationen und Beispiele.

4 Inhalt ISO 29119 – Teil 2: Testprozesse

Testen wird von Personen durchgeführt, die dafür bestimmte Aktivitäten ausführen. Für diese Aktivitäten gibt es Grundlagen oder Eingangsdokumente, sie gliedern sich weiter auf in Aufgaben, haben Ziele und liefern Ergebnisse.

Wenn man aber Testen nicht alleine, sondern in einem mehr oder weniger großen Team durchführen möchte, entsteht Abstimmungsbedarf, und je komplexer das Umfeld und die Aufgabe ist, desto wichtiger ist ein gemeinsames klares Verständnis dafür, was denn genau die Aufgaben sind, wer darin welche Teile übernimmt, was von wem als Eingangsdokument geliefert werden muss und Ähnliches. Daher werden Festlegungen und Beschreibungen von Prozessen benötigt: die Spielregeln des Miteinander im Softwaretest.

Prozesse sind Spielregeln.

Solche Spielregeln sind bereits häufig beschrieben worden, etwa im ISTQB®-Lehrplan zum Certified Tester Foundation Level [38] oder ausführlicher für den Advanced Level [37], in »Praxiswissen Softwaretest – Testmanagement« [21], bei Rex Black in »Critical testing processes« [4] oder mit einem Schwerpunkt auf agilen Prozessen bei Linz »Testen in Scrum-Projekten: Leitfaden für Softwarequalität in der agilen Welt« [15]. Dies ist nur eine Auswahl von Literatur zu diesem Thema.

Es gibt viele Möglichkeiten und Sichten auf das Thema Prozess im Softwaretest. Die Norm ISO/IEC/IEEE 29119-2 legt hier nun ein allgemeines Modell von Testprozessen fest, das für viele Fälle gut funktionieren wird und Spielraum für Anpassungen dort bietet, wo es »out of the box« noch nicht passt.

Einen Überblick über die Inhalte der ISO 29119-2 vermittelt Abbildung 4-1. Die stärkeren Umrandungen der etwas heller gehaltenen Kästen markieren die normativen Teile[1]. Diese Teile enthalten Anforderungen, die maßgeblich für die Konformität mit der Norm sind.

[1] Um ganz genau zu sein: In ISO 29119-2 gibt es mit Annex B auch einen normativen Anhang. Da der Großteil der Anhänge aber nichtnormativ ist, wurde in der Abbildung auf die Hervorhebung verzichtet.

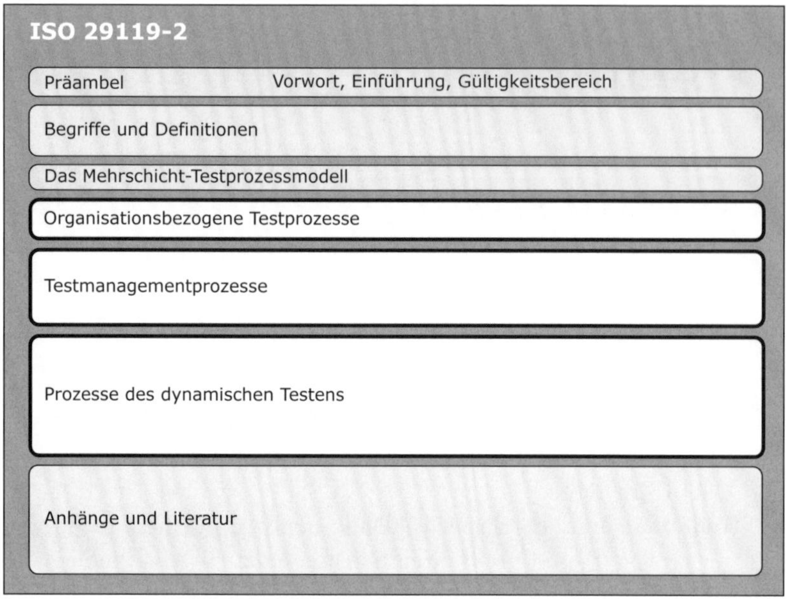

Abbildung 4-1 *Überblick über die Inhalte von ISO 29119-2*

4.1 Aufbau der Prozesse

Teil 2 der ISO 29119 hat eine einheitliche Sicht auf die Testprozesse und ihre Darstellung. Drei wesentliche Aspekte daraus, die für das Verständnis der Norm wichtig sind, werden im Folgenden erläutert: das hierarchische Modell, die Struktur der Prozesse und die Tatsache, dass sie als generisch zu verstehen sind.

4.1.1 Hierarchisches Modell

Prozesse auf drei Ebenen

Die Testprozesse sind in ISO 29119-2 hierarchisch strukturiert. Dabei sind die Testprozesse in drei Bereiche eingeordnet:

1. **Prozess auf Organisationsebene**
   Auf Ebene der Organisation gibt es genau einen Prozess (engl. »organizational test process«). Als Organisation kann in diesem Zusammenhang das gesamte Unternehmen oder ein Teil davon – etwa eine Abteilung – verstanden werden. Hier geht es darum, festzuhalten, wie allgemein in dieser Organisationseinheit das Testen verstanden wird und wie man sich zum Thema Softwaretest positioniert.
2. **Testmanagementprozesse**
   Es gibt drei Prozesse im Themenkomplex Testmanagement (engl. »test management processes«). Das Testmanagement ist in der Regel projektorientiert. Allerdings lässt die Norm es zu, hier bei Bedarf

auch projektübergreifend tätig zu werden. Es kann beispielsweise ein projektübergreifendes Testkonzept erstellt werden.

3. **Prozesse für dynamischen Test**
   Im Umfeld der Testdurchführung fokussiert die Norm auf dynamisches Testen (engl. »dynamic testing processes«[2]): Vier Prozesse für das dynamische Testen kennt die Norm.

> **Prozessbilder in diesem Buch**
>
> Die in den Abschnitten 4.2 bis 4.4 enthaltenen Prozessbilder orientieren sich inhaltlich an den Schaubildern der ISO 29119-2 [68], beziehen aber etwas deutlicher Eingangs- und Ausgangsdokumente in die Darstellung ein. Dafür sind sie der Übersichtlichkeit halber vereinfacht, etwa im Hinblick auf die Aufstellung der möglichen Eingangsdokumente. Die vollständigen Details sind der Norm zu entnehmen.

In Abbildung 4-2 ist zu sehen, wie diese Prozesse im Einzelnen ineinandergreifen können. Sie werden in der Praxis natürlich nicht unbedingt sequenziell so ausgeführt; die Reihenfolge zeigt aber den logischen Zusammenhang. Eine detailreichere Darstellung hierzu findet sich in Abbildung A-1 auf Seite 263.

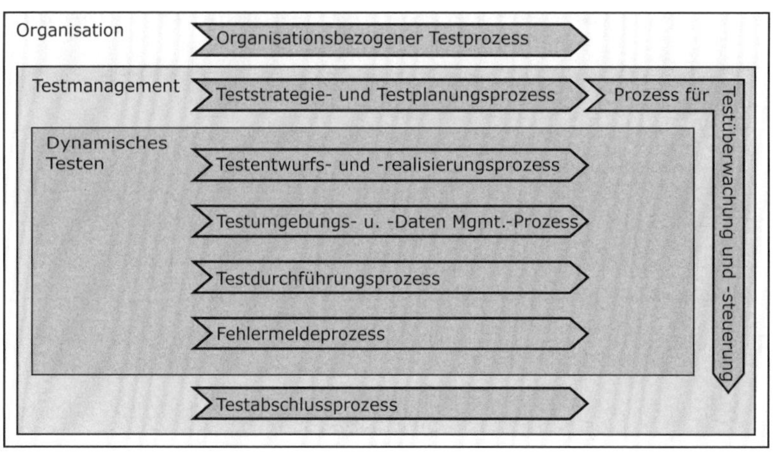

Abbildung 4-2 *Hierarchische Testprozesse der ISO 29119-2*

Der erste Prozess hier ist der organisationsbezogene Testprozess.

[2] Vorsicht, bitte: Die Übersetzung »Dynamische Testprozesse« wäre falsch – nicht die Prozesse sind dynamisch (naja, hoffentlich auch), sondern es ist »dynamischer Test« gemeint.

Auf Testmanagementebene folgt der Teststrategie- und Testplanungsprozess. Während des nun folgenden Testprojekts wird ständig – oder immer wieder – der Testüberwachungs- und -steuerungsprozess benötigt.

Im Bereich dynamisches Testen steht am Anfang der Testentwurfs- und -realisierungsprozess. Anschließend folgt der Prozess für Testumgebung und Testdatenmanagement, gefolgt vom Testdurchführungsprozess. Der vierte und letzte Prozess für dynamisches Testen ist der Fehlermeldeprozess – der in der Regel verzahnt mit dem Testdurchführungsprozess genutzt wird.

Der letzte Prozess in dieser Reihe ist der Testabschlussprozess, der wieder dem Bereich Testmanagement zugerechnet wird.

Abbildung 4-2 zeigt eine zur Norm alternative Darstellung der hierarchischen Prozesse, die sich an die Darstellung des fundamentalen Testprozesses nach ISTQB® anlehnt, wie er beispielsweise in Kapitel 2 des Buches »Praxiswissen Softwaretest – Testmanagement« [21] angegeben ist. Damit verbunden ist die Hoffnung, dass Tester mit ISTQB®-Ausbildung durch die vertraute Darstellung einen leichteren Zugang zu den Prozessen nach ISO finden.

4.1.2 Struktur der Prozesse, Aktivitäten und Aufgaben

Jeder der Prozesse in ISO 29119-2 ist nach folgendem Muster strukturiert:

- Eingangsdokumente
- Ziel
- Ergebnisse
- Aktivitäten
- Aufgaben

Bis auf das zusätzliche Element »Eingangsdokumente«, das aber natürlich äußerst sinnvoll ist, folgt die ISO 29119-2 damit genau den Vorgaben aus ISO/IEC TR 24774 [59].

In ISO 29119-2 bestehen Prozesse im Ablauf aus Aktivitäten (engl. »activities«) und Aufgaben (engl. »tasks«). Abbildung 4-3 verdeutlicht den Zusammenhang.

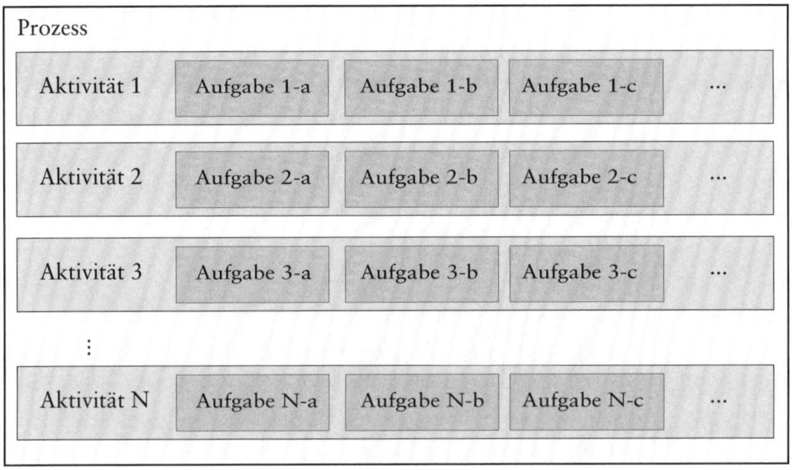

Abbildung 4-3
Prozesse, Aktivitäten und Aufgaben in ISO 29119-2

Jeder Prozess zerfällt in eine Anzahl Aktivitäten (mindestens eine), die auszuführen sind, um den Prozess vollständig abzuwickeln. Jede der Aktivitäten ist mit einem Kürzel gekennzeichnet, das eine einfache Referenz auf die Aktivitäten erlaubt. Tabelle 4-1 gibt einen Überblick über die Kürzel der Aktivitäten.

Tabelle 4-1
Abkürzungen der Aktivitäten nach ISO 29119-2

Bereich	**Prozess**	**Kürzel der Aktivitäten**
Organisation	Organisationsbezogener Testprozess	OT1 – OT3
Testmanagement	Teststrategie- und Testplanungsprozess	TP1 – TP9
	Testüberwachungs- und -steuerungsprozess	TMC1 – TMC4
	Testabschlussprozess	TC1 – TC4
Dynamisches Testen	Testentwurfs- und -realisierungsprozess	TD1 – TD4
	Prozess für Testumgebungs- und Testdatenmanagement	ED1 – ED4
	Testdurchführungsprozess	TE1 – TE3
	Fehlermeldeprozess	IR1 – IR2

Die Norm beschreibt nur ein Minimum an Aufgaben.

Jede Aktivität wiederum kann eine oder mehrere Aufgaben enthalten, die erledigt werden müssen, damit die Aktivität als durchgeführt gelten kann.

Im Umfang, was Aktivitäten und Aufgaben angeht, unterscheiden sich die in Teil 2 der ISO 29119 beschriebenen Prozesse stark. Insgesamt sind in den acht Prozessen 33 Aktivitäten und 116 Aufgaben enthalten.

4.1.3 Generische Prozesse

Flexibel und anpassbar

Es wäre schwerlich möglich gewesen, passende konkrete Prozesse für jede Art von Entwicklungsprozess, Testart oder Teststufe zu schreiben. Unzählige Varianten von Prozessen wären die Folge gewesen. Daher sind die Prozesse als generische Prozesse zu verstehen. Das bedeutet: Die einzelnen Prozesse können mehrfach angewendet werden, und zwar nicht nur, um nacheinander verschiedene Versionen desselben Dokuments zu erzeugen, sondern auch, um unterschiedliche Dokumente zu erzeugen oder um in unterschiedlichem Kontext angewendet zu werden.

4.1.4 Rollen in den Prozessen

In ISO 29119-1 wird das Thema »Rollen im Softwaretesten« in Anhang B angesprochen. Dabei werden acht verschiedene Rollen benannt:

- Testarchitekt – ist zuständig für Teststrategie, Testumgebungen und Testkonzepte auf hoher Ebene sowie für den organisationsbezogenen Testprozess und dessen Durchsetzung.
- Testmanager – ist zuständig für die Testmanagementprozesse und deren Durchsetzung sowie für die Planung der dynamischen Tests.
- Testdesigner – entwickelt Testfälle.
- Testmodellierer – entwickelt formale Testmodelle, auf deren Basis via modellbasiertem Test Testfälle abgeleitet werden.
- Testautomatisierer – implementiert Testfälle mithilfe eines Testautomatisierungs-Frameworks.
- Tester – ist zuständig für die Durchführung der Testfälle und für die Dokumentation dieser Durchführung (einschließlich Fehlererfassung).
- Testanalyst – entwickelt Testorakel und analysiert Testergebnisse.
- Spezialisierter Tester – ist zuständig für Testen in speziellen Bereichen, meist mit Bezug auf einzelne Qualitätsmerkmale, beispielsweise Lasttest oder Gebrauchstauglichkeitstest.

Es ist klar, dass in der Praxis die Aufgabenbezeichnungen oft anders sind, und das weiß auch die Norm. Die aufgeführten Bezeichnungen beziehen sich außerdem auf Rollen, von denen eine Person häufig auch mehrere ausfüllt. Schließlich wird nicht jede dieser Rollen in jeder Organisation gebraucht – wendet man keinen modellbasierten Test an, braucht man auch keinen Testmodellierer.

Es kann in der Praxis also ganz andere Bezeichnungen und sogar noch eine weitergehende Differenzierung von Rollen geben.

Spezialisierung der Rollen

Ein Beispiel: In vielen Unternehmen gibt es eine spezielle Rolle, die für die Erstellung und Pflege der Testumgebungen (vgl. Abschnitt 4.4.2) zuständig ist, unter Bezeichnungen wie »Testsystemverantwortlicher« oder »Testsystemadministrator«. Diese Rollen können als Spezialisierung der Rolle »Tester« in Abbildung 4-11 gelten.

Die Abbildung der Verantwortlichkeiten auf die jeweils vorhandenen Rollen ist also sehr vielfältig und individuell. In diesem Sinne sind die benannten Rollen, die beispielsweise in den Diagrammen der folgenden Abschnitte jeweils in der Kopfzeile als Verantwortliche für den Prozess eingetragen sind, lediglich als Vorschläge zu verstehen.

4.2 Prozesse auf Organisationsebene

Auf Organisationsebene gibt es nur einen einzigen Prozess. Der organisationsbezogene Testprozess (engl. »organizational test process«) dient dazu, das Testen auf Ebene der Organisation – also für das gesamte Unternehmen oder für einen Teil davon – zu verankern und zu beschreiben.

Dieser Prozess ist gleich ein gutes Beispiel für die generischen Testprozesse: Er kann genutzt werden, um entweder die Testrichtlinie oder die organisationsbezogenen Testpraktiken zu erstellen und aktuell zu halten. Das sind die beiden Dokumententypen, die im Teil 3 der ISO 29119 (Testdokumentation) beschrieben sind. Aber bei Bedarf können durch diesen Prozess auch noch weitere Dokumente oder auch Prozessbeschreibungen erzeugt und gepflegt werden.

Innerhalb dieses Prozesses wird dazu allgemein als Überbegriff von »organisationsbezogenen Testspezifikationen« gesprochen. Aber Vorsicht: Dieser Begriff kann durch das darin enthaltene Wort »Testspezifikation« im Deutschen leicht missverstanden werden. Es geht hier aber nicht um eine Testspezifikation, wie sie als Ergebnis des Testentwurfs- und -realisierungsprozesses laut Abschnitt 4.4.1 und als Vorlage zur Testdurchführung entsteht, sondern um Vorgaben auf einer mehr strategischen Ebene, für die Testrichtlinien und Organisationsbezogene Testpraktiken die wichtigsten Vertreter sind.

Abbildung 4-4 zeigt den organisationsbezogenen Testprozess im Überblick.

Abbildung 4-4
Organisationsbezogener Testprozess nach ISO 29119-2 [68]

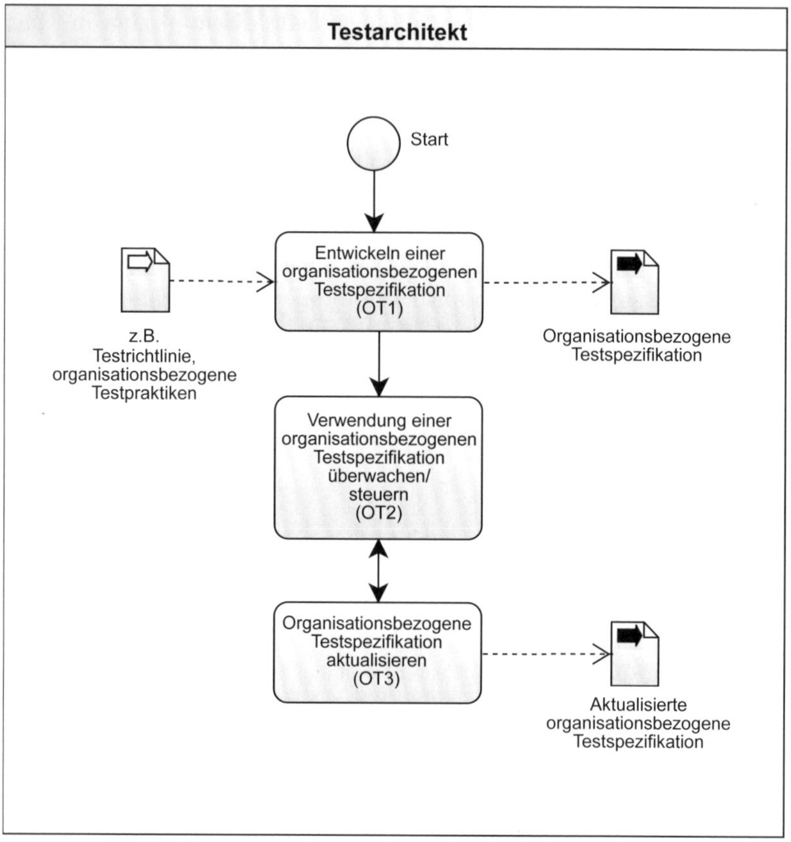

Der organisationsbezogene Testprozess besteht aus drei Aktivitäten:

1. **Entwickeln einer organisationsbezogenen Testspezifikation (OT1)**
   Die Erstellung dieser zentralen Dokumente, die gewissermaßen die Leitplanken für den gesamten Softwaretest in der Organisation vorgeben, beinhaltet u.a. die Identifikation der Anforderungen an das Dokument unter Einbeziehung der Stakeholder und natürlich eine Prüfung bzw. ein Review des Dokuments.
2. **Verwendung einer organisationsbezogenen Testspezifikation überwachen/steuern (OT2)**
   Sinnvollerweise sollte regelmäßig geprüft werden, ob eine organisationsbezogene Testspezifikation noch zur Organisation passt, ob sie gelebt werden kann und verwendet wird.

3. **Organisationsbezogene Testspezifikation aktualisieren (OT3)**
   Wenn in OT2 festgestellt wird, dass etwas noch nicht oder nicht mehr passt, wird als Konsequenz eine organisationsbezogene Testspezifikation nach ihrer Überprüfung bei Bedarf angepasst.

> **Eingangs- oder Ausgangsdokument**
>
> Der organisationsbezogene Testprozess bezieht sich allgemein auf »organisationsbezogene Testspezifikationen«, für die eine Testrichtlinie oder organisationsbezogene Testpraktiken typische Beispiele sind.
> Beide können durch den Prozess erzeugt werden.
> Später können beide ihrerseits Eingangsdokumente für eine Instanz des Prozesses auf einer niedrigeren Ebene sein.

4.3 Testmanagementprozesse

Die drei Testmanagementprozesse hängen direkt ab vom Ergebnis des organisationsbezogenen Testprozesses und wirken auf die dynamischen Testprozesse. Darüber hinaus können sie auch im Zusammenhang mit anderen Instanzen oder Anwendungen von Testmanagementprozessen stehen – schließlich können sie mehrfach angewendet werden, z.B. in hierarchischer Form.

Beispiel: Die Testmanagementprozesse (etwa der Teststrategie- und Testplanungsprozess) können auf hoher Ebene für das gesamte Testprojekt angewendet werden, dann aber auf einer weniger abstrakten Ebene auch für einen Subprozess des Testens, wie eine Teststufe (z.B. Integrationstest) oder eine Testart (z.B. Performanztest).

4.3.1 Teststrategie- und Testplanungsprozess

Alles beginnt mit einem Plan. Sollte es zumindest. Das Hauptergebnis des Teststrategie- und Testplanungsprozesses wird in ISO 29119-2 als »test plan« bezeichnet.

Dreh- und Angelpunkt: Testkonzept

Was auf Englisch »test plan« heißt, wird auf Deutsch üblicherweise mit »Testkonzept« bezeichnet. So, wie die organisationsbezogenen Testspezifikationen organisationsweit die Weichen für den Test stellen, so ist für das Projekt – oder eben den jeweiligen Geltungsbereich – das Testkonzept das grundlegende Dokument. Es sollte in seiner Wichtigkeit nicht unterschätzt werden.

Der Teststrategie- und Testplanungsprozess (engl. »test strategy and planning process«, Abb. 4-5) ist einer der komplexesten Prozesse, der in dieser Norm beschrieben ist. Er umfasst neun Aktivitäten. Die Darstellung sieht dabei sehr linear aus – wie in einem Wasserfallmodell folgt hier eine Aktivität auf die andere. Diese Reihenfolge ist logisch betrachtet zwar sinnvoll, aber es ist klar und wird durch die Norm auch so beschrieben, dass diese Aktivitäten in der Praxis durchaus auch wiederholt oder in anderer Reihenfolge stattfinden können.

Abbildung 4-5 *Teststrategie- und Testplanungsprozess nach ISO 29119-2 [68]*

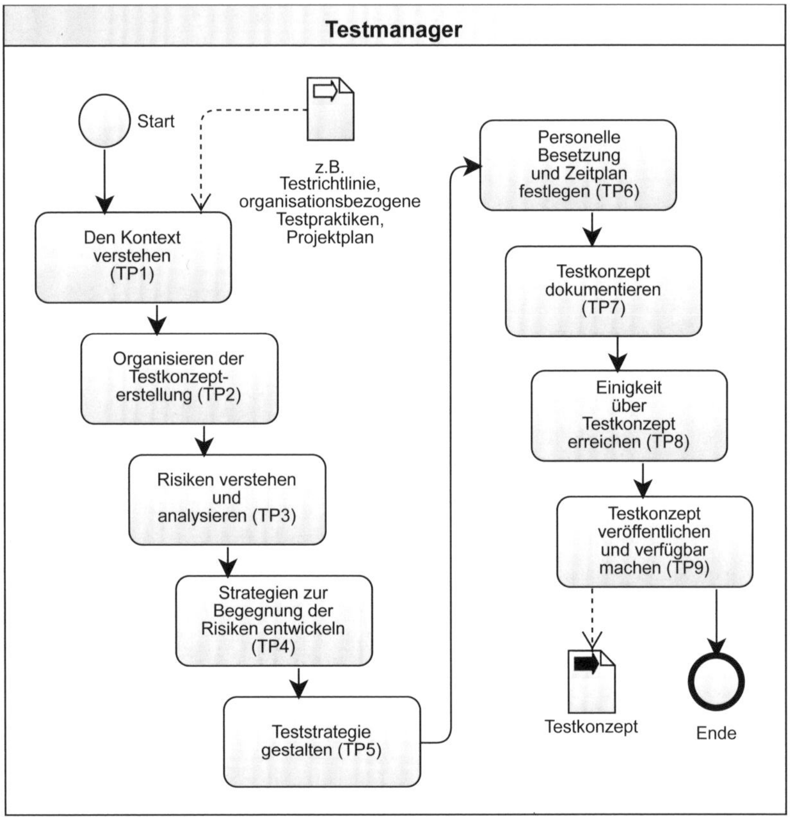

1. **Den Kontext verstehen (TP1)**

   Oft sind es die Selbstverständlichkeiten, die übersehen werden. Daher ist es besonders begrüßenswert, dass hier der Phase, sich mit der Problemstellung und dem Umfeld vertraut zu machen, eine extra Aktivität gewidmet wird.

   Kontextabhängiges Testkonzept

   Was aber gehört alles zum Kontext? Hier helfen die in TP1 enthaltenen Aufgaben (und einige dazu beigestellte Kommentare) nichts Wesentliches zu vergessen.

2. **Organisieren der Testkonzepterstellung (TP2)**
Gerade, wenn die Problemstellung komplex ist, ist auch die Erstellung eines Testkonzepts eine aufwendige Aufgabe, die organisiert werden will. Im Rahmen dieser Aktivität soll festgelegt werden, wer, wie und mit wem das Testkonzept erarbeiten soll.
Ein wichtiger Punkt ist hier die Überlegung, wer alles als Stakeholder vom Testkonzept betroffen sein wird oder – umgekehrt – wer bei der Erstellung des Testkonzepts mitwirken und helfen kann.
Stakeholder einbeziehen!

3. **Risiken verstehen und analysieren (TP3)**
In Abschnitt 3.3.1 wurde es schon betont: Ein Kernelement der ISO 29119 ist die Übereinkunft, dass Testen risikobasiert sein soll. Hier ist eine der Stellen, wo das zum Tragen kommt. Die erste Aktivität, die sich unmittelbar mit der Erstellung des Testkonzepts beschäftigt, startet mit der Betrachtung der Risiken.

4. **Strategien zur Begegnung der Risiken entwickeln (TP4)**
Diese Aktivität ist die logische Fortsetzung von TP3: Wenn Testen darauf abzielt, Informationen zu beschaffen, und Risiko die Unsicherheit über ein mögliches drohendes, unangenehmes Ereignis ist – dann kann Testen genutzt werden, um durch die beschafften Informationen die Unsicherheit zu reduzieren und dadurch das Risiko zu vermindern.
Dem Risiko angemessen begegnen
Konkret heißt das: Welche Möglichkeiten sehen wir beim Testen, den erkannten Risiken zu begegnen? Welche der Risiken sind aus Testsicht überhaupt relevant? Und auf welche Risiken können oder wollen wir aus Testsicht nicht eingehen? Denn so schön Testen auch ist, es ist natürlich nicht die Antwort auf alle denkbaren Risiken.

5. **Teststrategie gestalten (TP5)**
Hier stoßen wir zum Kern der Dinge vor. Es geht um die Gestaltung der Teststrategie. Allgemein betrachtet, ist eine Strategie eine von vielleicht mehreren Vorgehensweisen, um ein Ziel oder mehrere Ziele zu erreichen.
Eine Teststrategie stellt damit eine Vorgehensweise dar, um die Testziele – in diesem Zusammenhang die Minderung der erkannten Risiken – zu erreichen. Hierzu stehen bestimmte Mittel zur Verfügung, die meistens alle mehr oder weniger begrenzt sind (ohne Anspruch auf Vollständigkeit):
Testziele

   - **Zeit**
   In fast allen Fällen gibt es einen festgelegten Endtermin, der nicht verschiebbar ist und bis zu dem das Testen abgeschlossen werden muss – häufig genug noch einschließlich Fehlerbehebung und Nachtests. Das Testen kann aber bereits viel früher, und

zwar mit den planerischen Tätigkeiten, wie eben der Erstellung der Teststrategie, begonnen werden, sobald erforderliche Informationen zur Verfügung stehen. Die Testdurchführung benötigt dann aber ein Testobjekt mit genügender Reife. Zwischen diesen drei Zeitpunkten – planerischer Beginn, Lieferung des Testobjekts und Fertigstellungstermin – spielen sich die Tätigkeiten ab.

- **Personal**

  Wer soll was tun? Personelle Entscheidungen hängen auch mit den Rollen zusammen, die es geben soll: Testarchitekt, Testmanager, Testdesigner, Testautomatisierer, fachlicher oder technischer Tester, Endanwender, Entwickler – das sind alles mögliche Rollen (vgl. Abschnitt 4.1.4). Es gibt Menschen, die diese Rollen einnehmen – aber die Konstellation ist sehr individuell. In einem Fall ist es wünschenswert, Entwickler für die Erstellung von Unit Tests einzusetzen oder Endanwender für explorative Tests gegen Ende des Prozesses. In einem anderen Fall gibt es gute Gründe, genau das nicht zu tun.

  Mit mehr Personal könnte man zumindest theoretisch in der gleichen Zeit mehr bewältigen: Es bleibt aber neben der Frage, wer das Mehr an Personal bezahlt, auch die Managementfrage – mehr Köche kochen nicht unbedingt einen besseren Brei.

- **Organisationsformen**

  Wie organisieren wir uns? Gibt es einen Testmanager oder mehrere? Wem wird berichtet – ist die Testtruppe dem Projektleiter unterstellt oder gibt es eine unabhängigere Organisationsform, beispielsweise ein Testcenter, das wiederum dem Bereichsleiter oder direkt als Stabsstelle der Organisationsleitung unterstellt ist? Wird klassisch nach V-Modell gearbeitet oder agil – oder entscheidet man sich für eine Mischform?

  Diese Fragen sind möglicherweise nicht nur von Projekt zu Projekt unterschiedlich zu beantworten. Es kann auch innerhalb eines Projekts in unterschiedlichen Bereichen oder zu unterschiedlichen Themen sinnvoll sein, Varianten zuzulassen – weil etwa im Entwicklerteam einer einzelnen Komponente nach Scrum gearbeitet wird, sind die Tester auch in das agile Team eingebettet; trotzdem kann der Systemintegrationstest in einer dedizierten Testabteilung nach anderen Regeln durchgeführt werden.

  Am Ende muss die gewählte Lösung stimmig sein.

- **Budget**
  Auch das Budget ist üblicherweise begrenzt – »kreative« Lösungen, wie eine kurzfristige Verdopplung des Teams zur Bewältigung einer höheren Arbeitsleistung in der gleichen Zeit, sind daher nicht unbedingt umsetzbar. Was nicht heißt, dass in Krisensituationen die Umsetzung eines solchen Vorschlags nicht versucht werden kann.

  Das Budget ist in der Regel eine klare Einschränkung – »koste es, was es wolle« hört man selten.

- **Testinfrastruktur**
  Das beinhaltet profane Dinge wie Räume, aber natürlich auch eine oder mehrere Testumgebungen. Daran sind nicht immer die gleichen Anforderungen zu stellen: Je nach Thema ist eine prinzipielle Übereinstimmung mit der Zielumgebung ausreichend (funktionaler Test), manchmal muss es möglichst identisch sein (z.B. Lasttest) – vergleiche auch [5]. Was hier geplant wird, hat Einfluss auf Kosten, Verfügbarkeit und Zeitplan.

- **Teststufen und Testarten**
  Die Festlegung von Teststufen und Testarten hat es in sich! Mit der Wahl der Teststufen wird festgelegt, auf welcher Granularität und damit auch auf welchen Testobjekten getestet werden soll. Mit der Wahl der Testarten wiederum wird eine inhaltliche Fokussierung stattfinden: Werden wir uns beispielsweise mit dem Thema »Zuverlässigkeit« auseinandersetzen oder nicht – falls ja, in welchem Ausmaß?

  Gewählte Teststufen und Testarten sind dabei nicht unabhängig: Manche Testarten lassen sich nun mal am effizientesten auf bestimmten Teststufen umsetzen.

  - Teststufen
    Zu den Teststufen zählen die »Klassiker« Komponententest, Integrationstest, Systemtest, Systemintegrationstest und Abnahmetest – aber nicht alle werden überall gebraucht, und nicht überall reichen diese aus. Hier geht es darum, das Testen effizient zu verteilen und frühzeitig zu testen: Manche Funktionen können vielleicht auf verschiedenen Teststufen getestet werden – man wählt diejenige, bei der es am frühesten möglich ist. Und man vermeidet, denselben Test auf mehreren Ebenen durchzuführen!

Teststufen sind zeitlos und ergeben auch im agilen Umfeld Sinn.

Teststufen werden oft fälschlicherweise mit dem Einsatz des V-Modells gleichgesetzt, da sie hier prominent benannt sind. Häufig spricht man auch synonym von Testphasen – was zum Missverständnis beiträgt: Natürlich *kann* man Tests einer Teststufe auch zeitlich bündeln und als Phase betrachten – muss man aber nicht! Teststufen – eine Gliederung der Tests nach Granularität oder »Baufortschritt« des Testobjekts – sind auch in einem agilen Prozess nach Scrum sinnvoll, in dem man weit weg vom Gedanken eines Wasserfallmodells vorgeht. Aber auch hier gibt es kleine Einheiten, die früh getestet werden können und sollen, beispielsweise eine Integration, nach der erst weitere Tests möglich sind, und zu irgendeinem Zeitpunkt ein Gesamtsystem.

- Testarten
  Bei den Testarten gibt es einerseits einen direkten Bezug zu Qualitätsmerkmalen (vgl. Qualitätsmerkmale nach ISO 25010 [63]) – daraus ergeben sich Testarten wie Lasttests, Gebrauchstauglichkeitstests oder Installationstests. ISO 25010 kann dabei helfen, die Themen zu identifizieren, die zu untersuchen sind. Was im konkreten Fall tatsächlich notwendig ist, ergibt sich aus der Risikobetrachtung.

Qualitätsmerkmale

Beispiel

Wenn Testen in zeitlich aufeinander folgenden Zyklen organisiert ist, die an Entwicklungszyklen orientiert sind, kann man die Inhalte der Testfälle für einen Zyklus so gliedern:

- Neue Testfälle – insbesondere solche, die durch die Implementierung im letzten Zyklus möglich geworden sind
- Fehlernachtests – vor allem in Bezug auf im letzten Zyklus behobene Fehler
- Regressionstests

Gerade die Regressionstests erfordern in späteren Zyklen immer mehr Zeit, und so kann es zum Problem werden, alle gewünschten Testaktivitäten in einem Zyklus unterzubringen. Mögliche Lösungswege können beinhalten, nicht immer alles in einem Zyklus umzusetzen – beispielsweise zwar Fehlernachtests immer am Ende eines Zyklus vorzunehmen, vollständige Regressionstests aber nur bei jedem zweiten Zyklus ...

Andererseits kann es auch jenseits von Qualitätsmerkmalen Testarten geben, die einbezogen werden sollten – z.B. im Hinblick auf Fehlernachtests und Regressionstests! Auch da muss man sich Gedanken machen, wie und wo diese einzuplanen sind.

Testarten – funktional und nicht funktional

- **Testverfahren**

  Über Testverfahren wird im vierten Teil der ISO 29119 geschrieben, und innerhalb dieses Buches wird das Kapitel 6 sich dem Thema widmen. Testverfahren sind erst einmal verfügbar – wo aber soll welche Technik eingesetzt werden, und insbesondere in welcher Intensität? Schließlich lässt sich im Grunde jedes Testverfahren mehr oder weniger intensiv anwenden.

  Daher wird eine Festlegung benötigt, in welchen Fällen welches Testverfahren wie intensiv angewendet werden soll. Die Normenreihe ISO 29119 macht hier keine Vorgaben – andere, branchenspezifische Standards tun dies unter Umständen schon, beispielsweise durch die Festlegung von SIL-Stufen. Zu welchem Ergebnis man auch kommt: Es ist wichtig, sich Gedanken darüber zu machen, was im aktuellen Kontext nötig ist.

  Dosierung der Testverfahren ist Teil der Teststrategie.

  Einschränkungen bezüglich der Testverfahren gibt es auch: Sinnvoll ist nur, Testverfahren einzusetzen, die durch das vorhandene – oder vorgesehene – Team auch umgesetzt werden können. Kurz: Wenn keiner das von mir gewünschte, noch so schöne Testverfahren einsetzen kann, sollte ich mir eine andere Lösung einfallen lassen.

In der Testplanung versucht man nun, die optimale Antwort darauf zu finden, wie die Testziele mit einer Zusammenstellung der zur Verfügung stehenden Möglichkeiten erreicht werden können.

Grundlegende Rahmenbedingungen hierfür ergeben sich aus der Testrichtlinie und aus den organisationsbezogenen Testpraktiken.

6. **Personelle Besetzung und Zeitplan festlegen (TP6)**
   Während schon in TP5 eine Betrachtung der Möglichkeiten bezüglich Personen und Zeitrahmen notwendig war, wird diese Betrachtung hier konkretisiert: Es soll festgelegt werden, wer wann welche Aufgaben übernimmt.
7. **Testkonzept dokumentieren (TP7)**
   Jetzt erst? Nun ja ... Üblicherweise wird bei den bisherigen Aktivitäten schon eine Menge dokumentiert worden sein. Kaum einer wird all das im Kopf getan und dort belassen haben.

Meistens wird die Erstellung und Dokumentation des Testkonzepts ein interaktiver Prozess sein, in dessen Verlauf das Testkonzept – als Dokument oder in einer anderen Form – nach und nach entsteht.

Trotzdem ist es möglich, dass bisher eher Skizzen existieren, und im Prozess benötigt es einfach einen Anker, der die Dokumentation festlegt, und das geschieht in dieser Aktivität.

8. **Einigkeit über Testkonzept erreichen (TP8)**
Wenn die vorangegangenen Schritte alle abgeschlossen sind und der Autor oder das Autorenteam überzeugt sind, dass alle wesentlichen Punkte berücksichtigt wurden und das Konzept schlüssig ist, muss Einigkeit über das Testkonzept erreicht werden und eine Freigabe erfolgen.

Review des Testkonzepts

An dieser Stelle findet in der Regel ein Review statt – oder sogar mehrere. Die Norm legt Wert darauf, dass dabei die Stakeholder eingebunden werden.

Stakeholder eines Testkonzepts

Wer sind die Stakeholder eines Testkonzepts? In vielen Fällen gehören dazu:

- Projektleiter
- Qualitätsmanager
- Testarchitekt
- Testmanager
- Entwickler
- Mitglieder des Testteams

Aber wie immer gilt: Das muss im konkreten Fall entschieden werden. Einige der hier genannten Stakeholder sind schon bei der Erstellung beteiligt und sind daher automatisch mit im Boot.

Natürlich muss nicht unbedingt in einem basisdemokratischen Verfahren vollständige Übereinkunft mit allen möglicherweise betroffenen Personen erreicht werden – aber als Autor oder als Verantwortlicher für die Freigabe muss man sich aktiv überlegen, wer mit einbezogen werden soll.

9. **Testkonzept veröffentlichen und verfügbar machen (TP9)**
Diese letzte Aktivität des Prozesses scheint eine Selbstverständlichkeit zu sein. Aber die Praxis zeigt häufig, dass bei diesem letzten kleinen Schritt einiges schiefgehen kann: Das reine Vorhandensein

eines Dokuments reicht nicht aus, es muss auch bekannt und auffindbar sein.

Daher ist es nötig, nach der Ablage des freigegebenen Dokuments an dem richtigen Ort die Stakeholder auch von dieser Freigabe zu informieren (nicht alle Stakeholder waren notwendigerweise am Reviewprozess oder an der Freigabe beteiligt!).

4.3.2 Testüberwachungs- und -steuerungsprozess

Der Testüberwachungs- und -steuerungsprozess (engl. »test monitoring and control process«) ist die logische Fortführung des Testplanungsprozesses. Eine vereinfachte Darstellung dieses Prozesses findet sich in Abbildung 4-6.

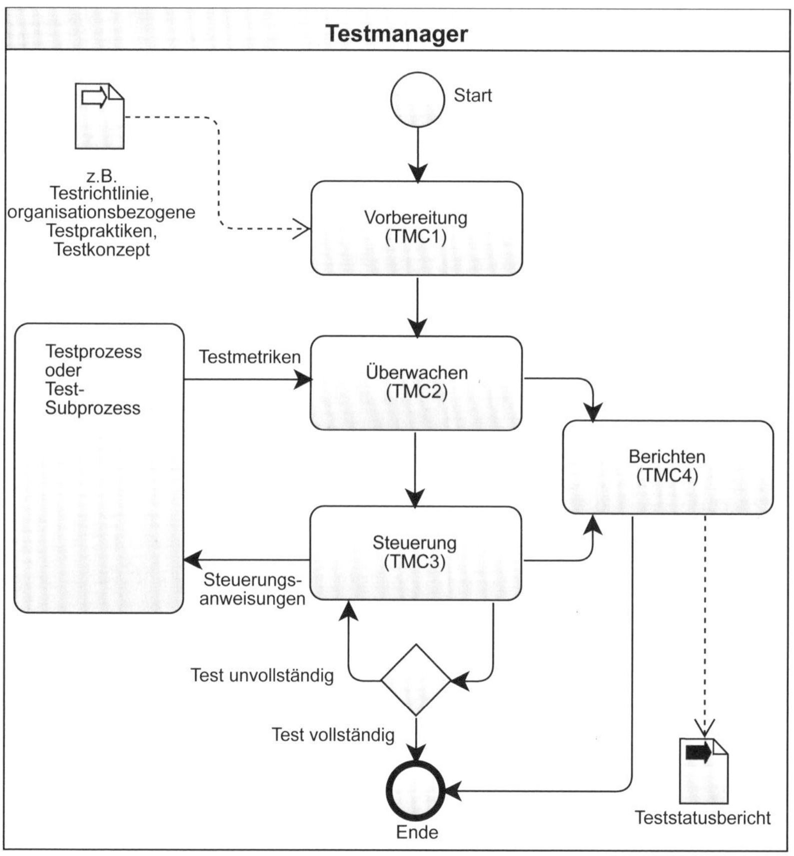

Abbildung 4-6 *Testüberwachungs- und -steuerungsprozess nach ISO 29119-2 [68] (vereinfacht)*

Der in Abbildung 4-6 links dargestellte »Testprozess oder Test-Subprozess« stellt das Objekt des Testüberwachungs- und -steuerungsprozesses dar. Er bezieht sich entweder auf das gesamte

Testprojekt oder einen Teil davon und kann sich somit auch auf einen Subprozess, wie etwa den Prozess für Lasttest, beziehen, wenn ein solcher definiert wurde. Auf den jeweiligen Zielprozess beziehen sich auch die Eingangsdokumente, allen voran das Testkonzept.

1. **Vorbereitung (TMC1)**
   Diese Aktivität spielt vor allem dann eine Rolle, wenn die entsprechenden Tätigkeiten – wie das Festlegen der Metriken, die Überwachung der Risiken und die Festlegung einer Vorgehensweise zur Anwendung der Metriken – nicht bereits vorab definiert wurden. Eine Definition andernorts könnte etwa in den organisationsbezogenen Testpraktiken oder in einem Testplan erfolgt sein. Ist das dort aber nicht geschehen oder sind Änderungen nötig, dann geschieht es hier.
2. **Überwachen (TMC2)**
   Nun werden die vorbereiteten Metriken angewendet, und es wird geprüft, ob der Fortschritt entsprechend dem Plan erfolgt. Abhängig vom Ergebnis kann direkt ein Teststatusbericht erzeugt oder der Prozess mit der Steuerung (gegebenenfalls Bericht im Anschluss daran) fortgesetzt werden.
3. **Steuerung (TMC3)**
   Ziel ist es, das, was im Testkonzept festgelegt wurde, umzusetzen. Das bedeutet, dass Abweichungen vom Plan – die im Rahmen der Überwachung in TMC2 festgestellt werden – bewertet und entsprechende Gegenmaßnahmen ergriffen werden müssen.

   Zur Fortführung gibt es mehrere Möglichkeiten: Bei Bedarf wird ein Teststatusbericht erzeugt oder die Steuerung wird so lange fortgesetzt, bis der Test im betreffenden Testprozess beendet ist.
4. **Berichten (TMC4)**
   Abschließend wird ein Bericht erzeugt, der den Fortschritt, gegebenenfalls Abweichungen, korrigierende Maßnahmen und möglicherweise identifizierte geänderte und neue Risiken beschreibt.

   Nach der Erzeugung des Teststatusberichts endet der Prozess und kann bei Bedarf neu gestartet werden.

4.3.3 Testabschlussprozess

Der Testabschlussprozess (engl. »test completion process«) beschreibt, was in der Phase des Testabschlusses zu beachten ist. Der Testabschluss ist eine der häufigsten Schwachstellen in Testprozessen – wie allgemein der Projektabschluss oder das Projektreview oft nicht so gelebt wird, wie man es sich wünschen würde. Warum? Weil oft, wenn es zum

> **Flexible Interpretation der Prozessabläufe**
>
> Alternativ kann von der strikten Darstellung des Prozessdiagramms abgewichen werden: Die Norm erlaubt ausdrücklich, von der Reihenfolge der Aktivitäten abzuweichen, und Aktivitäten können auch mehrfach ausgeführt werden, selbst wenn das Diagramm das nicht zum Ausdruck bringt. Das gilt für alle Testprozesse der ISO 29119-2.

Testabschluss kommt, schon die nächste Testphase oder das nächste Projekt naht – oder schon begonnen hat. Dann hat man nicht die Zeit, die für den Abschluss nötig wäre.

Der Testabschlussprozess laut ISO 29119-2 ist in Abbildung 4-7 dargestellt. Auch hier gilt wieder: Trotz der sequenziellen Darstellung können die einzelnen Aktivitäten auch mehrfach oder in anderer Reihenfolge genutzt werden.

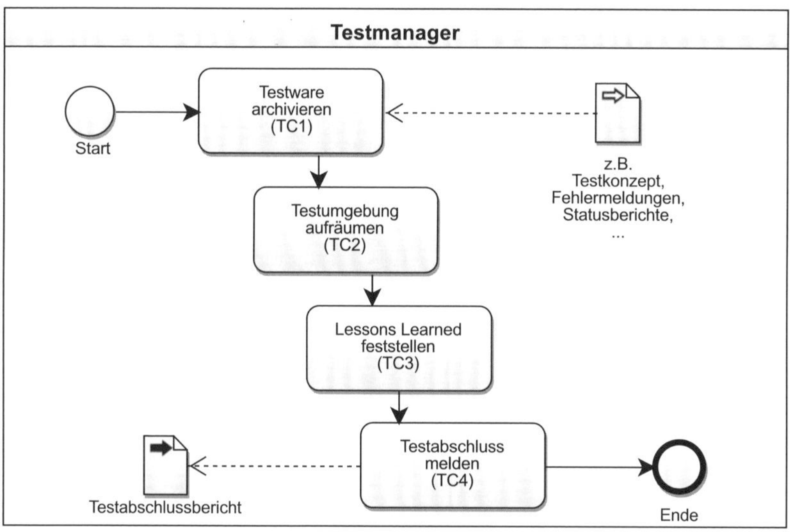

Abbildung 4-7 *Testabschlussprozess nach ISO 29119-2 [68]*

Die Aktivitäten sind im Einzelnen:

1. **Testware archivieren (TC1)**
   Im Rahmen des Testens sind möglicherweise viele wertvolle Hilfsmittel entstanden, die teils sehr spezifisch für das Projekt sind (z.B. Treiber oder Testdaten), teils aber auch darüber hinaus verwendbar sind (z.B. Hilfswerkzeuge zur Anwendung von Testverfahren) und nun archiviert werden müssen.

2. **Testumgebung aufräumen (TC2)**
   Ein ordentlicher Tester hat möglicherweise die wenigen Handgriffe, die zum Aufräumen der Testumgebung notwendig sind, schon längst erledigt – unmittelbar nach der Testdurchführung.

   In manchen Fällen sind es aber nicht nur ein paar wenige Handgriffe, und es ist angemessen, die umfangreichen Tätigkeiten zum Aufräumen der Testumgebung – die auch eine Deinstallation von (begrenzt lizenzierter) Software oder einen Abbau von Hardware beinhalten können – in eine eigene Aktivität zu fassen.

3. **Lessons Learned feststellen (TC3)**
   Manche Menschen reagieren allergisch auf das Thema »Lessons Learned«. Das liegt an den schlechten Erfahrungen mit dem Thema: Leider werden häufig »Lessons Learned« abgefragt, dokumentiert, und dabei bleibt es. Einer lästigen Pflichtübung steht dann der Frust gegenüber, dass es zwecklos war und sich nichts verändert – die Unzufriedenheit mit dem Status quo wird durch diesen Prozess noch betont.

   Gerade deshalb ist diese Aktivität so wichtig: Es geht darum, sicherzustellen, dass die gewonnenen Erkenntnisse nicht nur dokumentiert, sondern auch umgesetzt werden.

4. **Testabschluss melden (TC4)**
   Abschließend wird nun der Testabschlussbericht erstellt. Dieser Bericht beinhaltet eine Zusammenfassung der Ergebnisse aus den vorangegangenen Schritten.

   Quellen sind u.a. die bisher erstellten Dokumente.

   Von der Ausrichtung her und verglichen mit einem Testprotokoll oder Testfortschrittsbericht ist es hier wichtig, nicht nur die reinen Fakten zu präsentieren, sondern auch eine »managementtaugliche« Übersicht zu bieten. Es müssen außer den rohen Fakten auch Interpretationen geboten werden.

   Außerdem sollen die Informationen nicht nur zusammengetragen und am festgelegten Ort bereitgestellt werden, sondern auch bei den betroffenen Personen – den Stakeholdern – ankommen. Der Testabschlussbericht muss also bekannt gemacht werden.

4.4 Prozesse für den dynamischen Test

Die Prozesse für den dynamischen Test greifen ineinander, wie Abbildung 4-8 verdeutlicht. Zusammenhänge mit weiteren Prozessen, beispielsweise aus dem Testmanagement, werden in dieser Abbildung der Übersichtlichkeit halber außer Acht gelassen, bestehen aber natürlich. Ein Beispiel ist der Testüberwachungs- und -steuerungsprozess, der sich offensichtlich auch (aber nicht nur) auf den Testdurchführungsprozess bezieht.

Abbildung 4-8 zeigt, wie die einzelnen Prozesse beim dynamischen Testen auch über Dokumente miteinander gekoppelt sind.

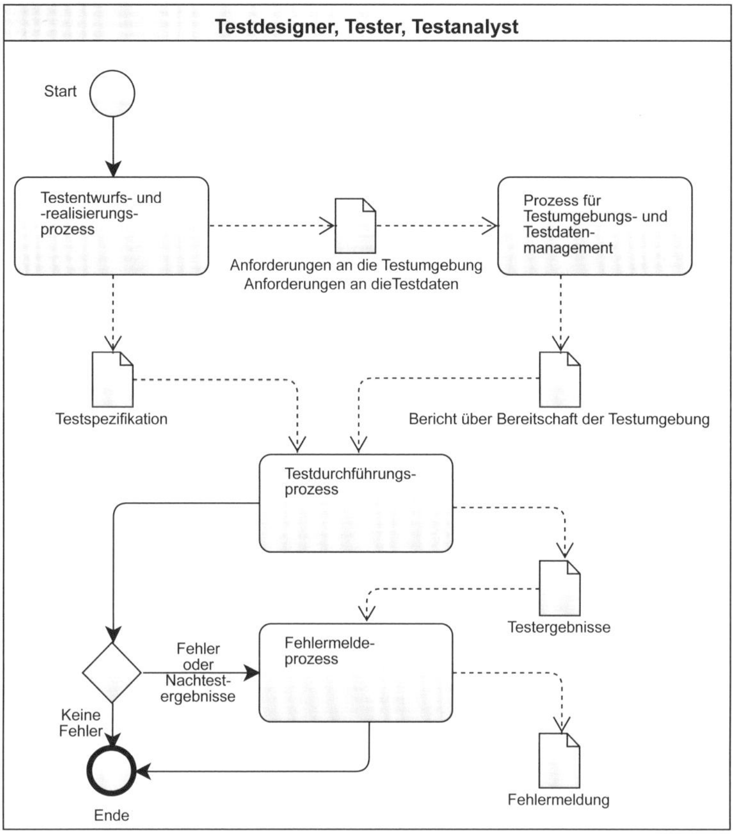

Abbildung 4-8 *Zusammenhang der Prozesse für den dynamischen Test nach ISO 29119-2 [68]*

Initial ergeben sich aus dem Testentwurfs- und -realisierungsprozess einmal die Testspezifikation (vgl. Abschnitt 5.7) und zudem die Anforderungen an die Testumgebung (hier sind die Anforderungen zu den Testdaten mit enthalten). Die Anforderungen zur Testumgebung sind Eingangsinformationen für den Prozess für Testumgebungs- und Testdatenmanagement.

Mit dem Resultat des Prozesses, Berichten, dass die Testumgebungen und auch die Testdaten bereit sind, und dem Vorhandensein der Testspezifikation sind die Voraussetzungen für die Testdurchführung – nächster Prozess – gegeben. Daraus entstehen die Testergebnisse.

Falls das Istergebnis vom Sollergebnis abweicht und ein falsch positives Ergebnis ausgeschlossen werden kann, wird man eine Fehlermeldung erstellen müssen. Dann wird der Fehlermeldeprozess gestartet. Er wird auch benötigt, wenn ein Fehlernachtest ausgeführt wird und aus dem Resultat – hier kann es auch der angenehme Fall »Fehler beseitigt« sein – hervorgeht, dass eine bestehende Fehlermeldung aktualisiert werden muss, beispielsweise durch eine Anpassung des Fehlerstatus.

Wie auch bei anderen Abbildungen zu den Prozessen gilt hier: Obwohl die Prozesse eine logische Reihenfolge bilden, kann es in der Praxis sinnvoll sein, nicht zu sehr an dieser Reihenfolge zu »kleben«. Wenn sich beispielsweise der Prozess für die Testdurchführung zunächst einmal auf eine Testprozedur und der Fehlermeldeprozess erst einmal auf eine Fehlermeldung beziehen, kann ein einzelner Testfall mehrere Fehlermeldungen nach sich ziehen, oder mehrere Testprozeduren können in einer vorbereiteten Umgebung laufen, ohne dass diese angepasst werden muss.

4.4.1 Testentwurfs- und -realisierungsprozess

Dieser Prozess fordert Kreativität.

Der Testentwurfs- und -realisierungsprozess (engl. »test design and implementation process«), wie er in Abbildung 4-9 vereinfacht dargestellt ist, bildet den Dreh- und Angelpunkt beim dynamischen Testen. Hier wird festgelegt, was im Detail wie zu testen ist. Somit ist in diesem Prozess auch viel Raum für Kreativität.

Abbildung 4-9 *Testentwurfs- und -realisierungsprozess nach ISO 29119-2 [68] (vereinfacht)*

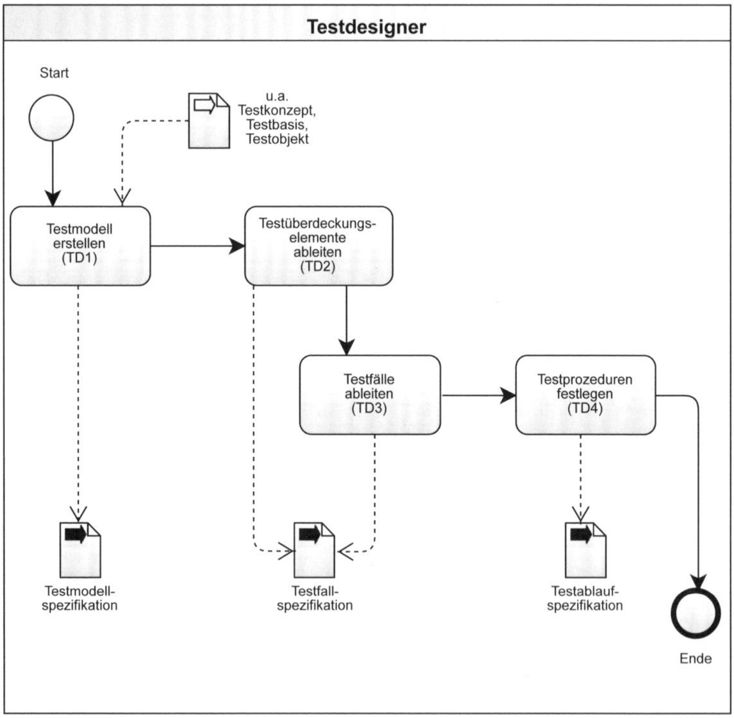

Ergebnisse aus diesem Prozess sind drei Dokumententypen, die an späterer Stelle (Kap. 5) genauer erläutert werden:

- Aus der Aktivität TD1 »Testmodell erstellen« ergibt sich die Testmodellspezifikation (Abschnitt 5.7.1).
- Aus den Aktivitäten TD2 »Testüberdeckungselemente ableiten« und TD3 »Testfälle ableiten« ergibt sich die Testfallspezifikation (Abschnitt 5.7.2).
- Aus der Aktivität TD4 »Testprozeduren festlegen« ergibt sich die Testablaufspezifikation (Abschnitt 5.7.3).

In diesem Prozess geht es um das Entwerfen von Testfällen, von den ersten Testideen bis hin zur Festlegung der Reihenfolge, in der die Testfälle später ausgeführt werden sollen. Damit ist klar: Hier kann sowohl die Kreativität als auch die Erfahrung der beteiligten Personen voll ausgespielt werden. Oft genug ist es förderlich, wenn in diesem Prozess interdisziplinär gearbeitet wird.

Der Testentwurf nach ISO 29119-2 folgt einem schlüssigen Schema, das in der Darstellung von Marc-Florian Wendland aus [47] in Abbildung 4-10 sehr schön aufbereitet ist[3].

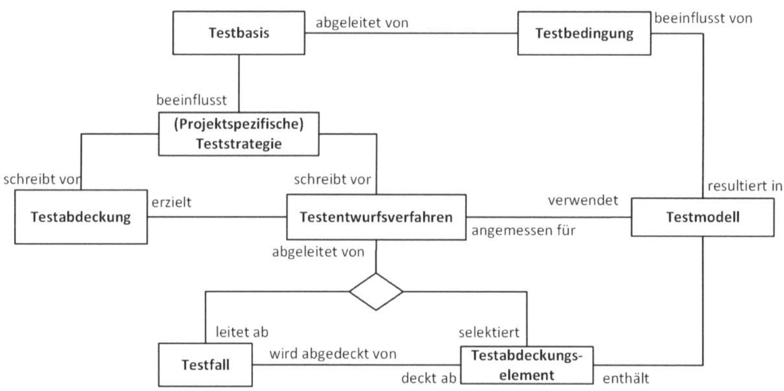

Abbildung 4-10 *Konzeptuelles Modell für den Testentwurf gemäß ISO 29119 nach [47]*

Teststrategie

Passend zur Testbasis (Summe der für die Testfallableitung verfügbaren Informationen und Dokumente) wird eine auf das Projekt angepasste Teststrategie entwickelt. Diese Teststrategie schreibt auf der einen Seite vor, einen bestimmten Grad der Testüberdeckung (auch: Testabdeckung) zu erreichen, auf der anderen Seite verlangt sie die Verwendung darauf zielender Testverfahren.

[3] Marc-Florian Wendland bezieht sich in dieser Veröffentlichung auf die erste Auflage der Norm. Testbedingungen kommen als Konzept in der zweiten Auflage nicht mehr vor.

Testbedingungen (was ist zu testen), die auf Grundlage der Testbasis identifiziert werden, resultieren in einem Testmodell, das wiederum den Testverfahren als Grundlage dient. Das Testmodell enthält auch die Testüberdeckungselemente, die mittels des Testverfahrens abgeleitet wurden, wie auch die Testfälle, die so gewählt werden, dass die entsprechenden Testüberdeckungselemente letztendlich alle überdeckt sind.

Insgesamt ist der Prozess nach ISO 29119 noch detaillierter ausgeführt – was vielleicht bedrohlich klingt, aber: Auch wer sich mit seiner geballten Kreativität nicht in ein Korsett sperren lassen möchte, ist gut beraten, bewährten Schritten zu folgen – das geht nicht immer linear! Manche Aktivitäten werden vielleicht übersprungen, mehrfach durchgeführt oder später ausgeführt. Das prinzipielle Vorgehen sieht dabei wie folgt aus:

1. **Testmodell erstellen (TD1)**
   Bei der Analyse der Testbasis entwickeln Testdesigner Ideen, was getestet werden muss. Diese Ideen münden für den gerade betrachteten Aspekt in eine vereinfachte Darstellung eben dieses Teilaspekts des Testobjekts: das Testmodell.

   Der Begriff »Testmodell« klingt erst einmal hochgestochen, ist aber eigentlich etwas Banales: damit wird es leichter, zu erkennen, was im Test (immer bezüglich des gerade betrachteten Aspekts des Testobjekts) überdeckt werden muss (die Testüberdeckungselemente).

   Beispiel für Testmodelle

   Beim zustandsbasierten Test ist der Zustandsautomat das Testmodell. Eine Vielzahl von Testfällen wird wahrscheinlich nötig sein, um den Zustandsautomaten zufriedenstellend zu überdecken: Wie viele genau, lässt sich anhand des Risikos steuern. Wir kommen darauf zurück: Es gibt nicht nur *eine* Art zustandsbasierter Tests. (Weitere Beispiele finden sich in Abschnitt 6.1.2.)

   Testmodelle stehen im engen Zusammenhang mit Testverfahren: Bestimmte Testverfahren bedingen einen bestimmten Typ von Modell, oder umgekehrt. Hat man einen bestimmten Typ von Testmodell erstellt, ergibt sich fast automatisch, welches Testverfahren benötigt wird.

Falls eines der in ISO 29119, Teil 4 definierten Testverfahren eingesetzt werden soll, dann tut man sich ziemlich leicht: Zu jedem dieser Testverfahren ist beschrieben, was dabei jeweils ein Testmodell ist (mehr zu Testmodellen, vgl. Abschnitt 6.1.2).

2. **Testüberdeckungselemente ableiten (TD2)**
Auch der nächste Schritt, die Ableitung von Testüberdeckungselementen (engl. »test coverage items«), ist wohldefiniert, falls die Testverfahren aus Teil 4 angewendet werden. Etwas schwieriger wird es, wenn man eigene Wege gehen möchte oder – aus welchem Grund auch immer – nicht in der Norm beschriebene Testverfahren einsetzen muss. Dann muss man sich spätestens an dieser Stelle Gedanken darüber machen, welches Maß der Überdeckung für das betreffende Testmodell notwendig ist und wie es zu messen ist.

   Optimal ist natürlich, wenn schon in den vorangegangenen Überlegungen – im Zuge der Erstellung des Testkonzepts beispielsweise – dieser Fall vorhergesehen wurde und klar ist, was zu überdecken ist – und damit, welche Testfälle im nächsten Schritt abzuleiten sind.

Beispiel für Testüberdeckungselemente

Um beim zustandsbasierten Test zu bleiben:
Falls entschieden wird, dass als Überdeckungsziel die Erreichung jedes einzelnen Zustands im Zustandsautomaten ausreicht (niedriges Risiko), dann sind die einzelnen Zustände die Testüberdeckungselemente.
In einem mit stärkerem Risiko behafteten zweiten Fall wird festgelegt, als Überdeckungsziel jeden einzelnen Zustandsübergang im Laufe der Tests zu durchlaufen. Damit sind die einzelnen Zustandsübergänge die Testüberdeckungselemente.
In einem dritten Fall geht man noch weiter: Das Überdeckungsziel besteht darin, alle möglichen Paare von Zustandsübergängen auszuführen. Man spricht hier von »1-switch coverage« (vgl. [7]). In diesem Fall sind die einzelnen Paare von Zustandsübergängen auch die Testüberdeckungselemente.

Obwohl sich zu einem Testmodell – in Konsequenz aus dem gewählten Überdeckungsmaß oder der gewählten Testintensität – eine Vielzahl von Testüberdeckungselementen ergeben kann, bedeutet das nicht automatisch, dass auch ebenso viele Testfälle notwendig sind, weil ein Testfall durchaus mehrere Testüberdeckungselemente beinhalten kann.

3. **Testfälle ableiten (TD3)**
   Nachdem die Testüberdeckungselemente identifiziert sind, müssen als Nächstes Testfälle so entworfen werden, dass alle notwendigen Testüberdeckungselemente auch bei der Testdurchführung überdeckt werden.

   Auf den ersten Blick eine leichte Aufgabe: Das Wesentliche scheint getan. Nur sind die Testüberdeckungselemente meistens nicht isoliert zu testen, es sind vorbereitende Handgriffe nötig, um eine bestimmte Äquivalenzklasse ausführen zu können, einen bestimmten Zweig in einem Zustandsautomaten zur Ausführung zu bringen oder eine bestimmte Ausnahmesituation zu provozieren.

   Nicht nur der »Weg« zu dieser interessanten Stelle, die das Herz des Testfalls ausmacht, muss gefunden und beschrieben werden, sondern es werden oft auch Daten benötigt, damit der Testfall funktionieren kann. Darin versteckt sich häufig ein großer Aufwand, vor allem, wenn umfangreiche Daten im Hintergrund gebraucht werden.

4. **Testprozeduren festlegen (TD4)**

   Testfälle werden in Testprozeduren je nach Ziel gruppiert.

   Ein Testfall kommt selten allein. Testfälle können in Testprozeduren (engl. »test procedure«) gruppiert werden, und das aus sehr unterschiedlichen Gründen:

   - Als organisatorische Hilfe, um die Testfälle später gemeinsam durchzuführen.
   - Weil die Testfälle logisch zusammengehören und gemeinsam ausgeführt werden sollen.
   - Weil die Testfälle aufeinander aufbauen und gemeinsam ausgeführt werden *müssen*.
   - Weil die Testprozedur inhaltlich für ein bestimmtes Ziel benötigt wird. Solche Ziele können beispielsweise funktionale Tests in einem bestimmten Testzyklus sein, die zu den von der Entwicklungstruppe und dem Projektplan versprochenen neuen Funktionen passen.
   - Eine Testprozedur kann auch aus bereits ausgeführten Testfällen zusammengestellt werden, um die Regressionstests abzubilden.
   - Für Fehlernachtests wird eine Testprozedur gebildet, indem man aus der Menge der verfügbaren Testfälle die filtert, die einen Fehler gefunden haben, der laut Fehlermanagementsystem behoben ist.
   - Eine Testprozedur kann dazu dienen, einen Smoke-Test durchzuführen und elementare Funktionalität zu prüfen, bevor mit den

eigentlichen Tests begonnen wird – um sicherzustellen, dass die Reife des Testobjekts dafür ausreichend ist.

Es kann viele Gründe geben, Testfälle zu Testprozeduren zusammenzufassen – und natürlich kann ein und derselbe Testfall sehr sinnvoll auch in mehreren Testprozeduren enthalten sein!

Innerhalb der Testprozeduren wird auch festgelegt, in welcher Reihenfolge die zugeordneten Testfälle ausgeführt werden sollen.

Unabhängige oder aufeinander aufbauende Testfälle

Manchmal ergibt sich die Reihenfolge automatisch, da Testfälle aufeinander aufbauen. Oft wird es aber als praktischer empfunden, wenn die Testfälle voneinander unabhängig sind und in beliebiger Reihenfolge ausgeführt werden können.

Testfälle autark oder aufeinander aufbauend?

Beides hat etwas für sich: Wenn die Testfälle autark sind, jeder also für sich sicherstellt, dass alle Vorbedingungen erfüllt sind, hat man volle Flexibilität bei der Durchführung.
Der Nachteil ist aber die geringere Effizienz; oft ist es viel effizienter, wenn die Testfälle auf den Ergebnissen der vorangegangenen Testfälle aufsetzen können – beispielsweise angelegte Daten nutzen. Der Preis ist die Flexibilität.

Auch falls Testfälle beliebig angeordnet werden können, sollte man eine feste Reihenfolge festlegen. Das ist kein großer Aufwand und dient der Reproduzierbarkeit der Testergebnisse: Hin und wieder werden Fehler gefunden, die ihre Ursache nicht in den Schritten eines bestimmten Testfalls haben, sondern erst durch die Abfolge vieler Testfälle in einer bestimmten Reihenfolge ausgelöst werden. Dann ist man froh, diese Reihenfolge zu kennen und in Form der Testprozedur dokumentiert zu haben – sonst sieht es mit der Reproduzierbarkeit der Fehlerwirkung schlecht aus.

Natürlich klappt das nicht immer: Gefundene Fehler und andere Unwägbarkeiten hindern uns daran, die Testfälle genau so durchzuführen, wie wir es vorhatten. Dann reagieren wir flexibel, der Plan muss sich ändern. Die Reihenfolge dokumentieren kann man trotzdem (das geschieht dann allerdings im Rahmen der Durchführung)!

4.4.2 Prozess für Testumgebungs- und Testdatenmanagement

Der Prozess für Testumgebungs- und Testdatenmanagement (engl. »test environment and data management process«) ist vergleichsweise einfach aufgebaut. Deswegen sollte man ihn aber noch lange nicht geringschätzen – was in diesem Prozess getan wird, ist wichtig. Und immerhin behandelt er je nach Bedarf zwei unterschiedliche Themen:

- Testumgebung – alles, was etwa an Software, Hardware, Werkzeugen usw. benötigt wird, um Tests auszuführen.
- Testdaten – die man auch als Bestandteil einer Testumgebung verstehen könnte, die aber zu Recht hier als ganz eigenes Thema behandelt werden.

Im folgenden Kasten finden sich die Definitionen zu beiden Begriffen.

Definitionen nach ISO [36]

Testumgebung: Umgebung mit Räumlichkeiten, Hardware, Software, Firmware und Vorgehensweisen, die zur Durchführung eines Tests erforderlich sind

Testdaten: Daten, die erstellt oder ausgewählt wurden, um die Eingabeanforderungen für die Ausführung eines oder mehrerer Testfälle zu erfüllen

So schön solche Definitionen sind, sie spiegeln nicht wider, wie unterschiedlich Testumgebungen und Testdaten in der Praxis sein können. Bei beiden gilt, dass es, je nach Projekt und Umfeld, sehr unterschiedliche Problemstellungen geben kann. Unabhängig voneinander können daher sowohl Testdaten als auch Testumgebungen eher einfach und gut kontrollierbar, aber auch äußerst komplex und als Aufgabenstellung nur sehr schwer lösbar sein.

Obwohl es sich bei den komplexeren Fällen eher aufdrängt, Testdaten und Testumgebungen systematisch zu betrachten und zu dokumentieren, ist es natürlich generell sinnvoll, sich über die Details bezüglich Anforderungen, Verantwortlichkeiten, Aufbau und Pflege Gedanken zu machen und diese zu dokumentieren.

In ISO 29119-2 gibt es nun einen separaten Prozess, dessen praktischer Nutzen mindestens schon darin besteht, dass die Aufmerksamkeit auf das Thema gelenkt wird und man darauf gestoßen wird, sich mit Testumgebungen und Testdaten auseinanderzusetzen. Dieser Prozess ist in Abbildung 4-11 dargestellt.

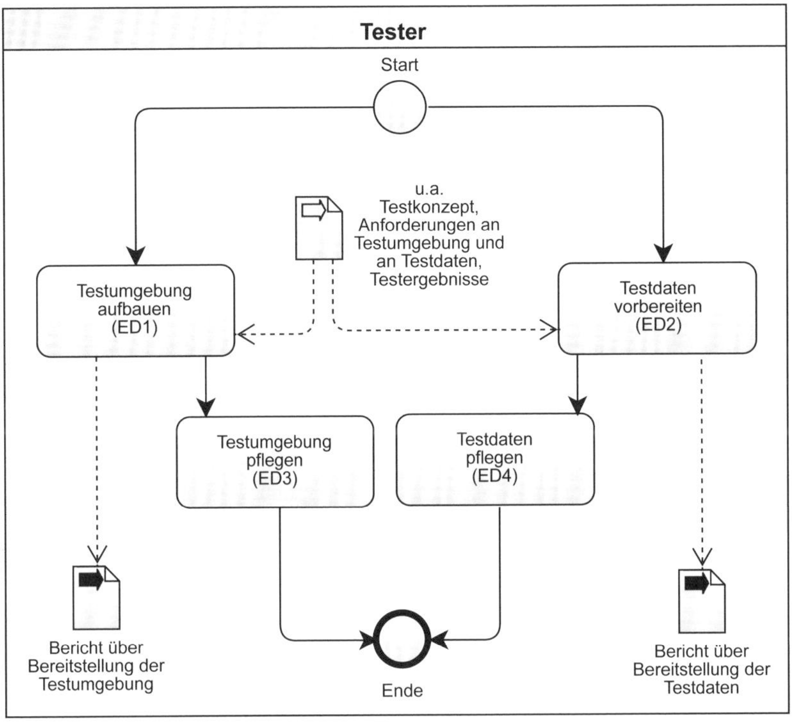

Abbildung 4-11
Prozess für Testumgebungs- und Testdatenmanagement nach ISO 29119-2 [68]

Der Prozess besteht aus vier Aktivitäten, von denen sich je zwei auf die Testumgebung und auf die Testdaten beziehen:

Dokumente für Testdaten und Testumgebung

1. **Testumgebung aufbauen (ED1)**
   Die Grundlage für diese Tätigkeiten ist erst einmal das Testkonzept. Zunächst müssen die Anforderungen erfasst werden, die aufgrund der Risikobetrachtung, der identifizierten Themen, Testobjekte und dergleichen an die Testdaten und die Testumgebung gestellt werden müssen.
   Diese Anforderungen werden dokumentiert. Der Dokumententyp, der aus Sicht der Norm hier vorgesehen ist, nennt sich »Anforderungen an die Testumgebung« (siehe Abschnitt 5.8.1).
   Darüber hinaus sind diese Anforderungen natürlich umzusetzen: Die Testumgebung muss erzeugt und bereitgestellt werden.
   Auch für diese Bereitstellung wird eine Dokumentation oder ein Bericht erwartet: der »Bericht über Bereitstellung der Testumgebung« (siehe Abschnitt 5.8.3).

Falls es Unterschiede zwischen einer Testumgebung und der Produktivumgebung gibt – was in den meisten Fällen zutreffen wird –, so wird erwartet, dass sich diese Unterschiede in dem Bericht über Bereitstellung der Testumgebung wiederfinden.

2. **Testdaten vorbereiten (ED2)**
   Auch für die Beschreibung der Testdaten hat die Norm einen Dokumententyp vorgesehen – die »Anforderungen an Testdaten« (siehe Abschnitt 5.8.2).

   Wenn die Testdaten entsprechend diesen Anforderungen vorbereitet wurde, wird dies durch den »Bericht über Bereitstellung der Testdaten« (ebenfalls Abschnitt 5.8.3) belegt.

3. **Testumgebung pflegen (ED3) und Testdaten pflegen (ED4)**
   Erstellen der Testumgebung und Testdaten ist nur die halbe Miete; die nächste Herausforderung besteht darin, beides aktuell und verfügbar zu halten. Dies soll im Rahmen dieser beiden Aktivitäten sichergestellt werden.

   Neben den eigentlichen Tätigkeiten, die dazu notwendig sind (und individuell sehr unterschiedlich ausfallen können), gehört es hier dazu, die betroffenen Personen über den Zustand der Testumgebung, die Verfügbarkeit und eventuell auch über die Änderungen daran auf dem Laufenden zu halten.

4.4.3 Testdurchführungsprozess

Nach so viel Vorbereitung wollen die Tests nun endlich auch ausgeführt werden. Der Testdurchführungsprozess (engl. »test execution process«) ist so gestaltet, dass er für eine oder gleich für mehrere Testprozeduren einmal durchgeführt wird. In den meisten Projekten gibt es zeitlich hintereinander mehrere Testzyklen – dann kann der Prozess mehrfach durchlaufen werden.

Er kann in unterschiedlichen Teststufen oder Testarten einzeln angewendet werden. Schließlich gibt es für jede Teststufe oder Testart üblicherweise mindestens eine Testprozedur.

Abbildung 4-12 zeigt eine Skizze des Testdurchführungprozesses mit seinen Aktivitäten. In der Praxis kann die Reihenfolge der Aktivitäten abgewandelt werden. So kann etwa die Testdurchführung abgebrochen oder Teile wiederholt werden.

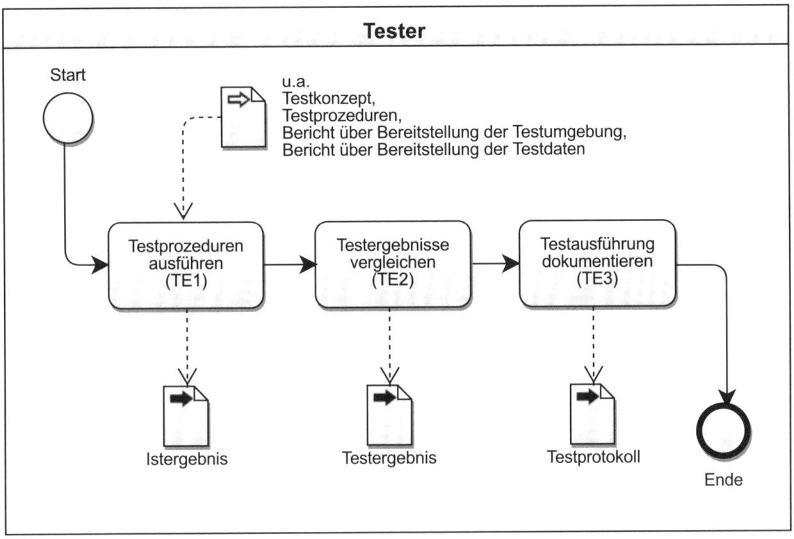

Abbildung 4-12 *Testdurchführungsprozess nach ISO 29119-2 [68]*

1. **Testprozedur(en) ausführen (TE1)**
   Die Testprozeduren, die mehrere Testfälle umfassen, werden ausgeführt. Es werden die Dinge umgesetzt, die in den vorangegangenen Prozessen vorbereitet wurden.

   Für jede einzelne Testdurchführung werden die Istergebnisse beobachtet und dokumentiert.

Testergebnisse

Die Norm unterscheidet in Bezug auf die Ergebnisse eines Tests zwischen drei unterschiedlichen Begriffen:

- Sollergebnis (engl. »expected results«): Der Wert, die Werte, der Zustand ... – den das Testobjekt laut Testbasis hoffentlich liefern wird (auch: »Sollwert«, »Soll«).
- Istergebnis (engl. »actual results«): Der Wert, die Werte, der Zustand ... – den man während der Testdurchführung beobachtet und der anders sein kann als geplant (auch: »Istwert«, »Ist«).
- Testergebnis (engl. »test result«): Die Antwort auf die Frage, ob bestanden oder nicht (»passed« oder »failed«), je nachdem, ob Sollergebnis und Istergebnis übereinstimmen[4] oder nicht.

Wenn wir umgangssprachlich von »Testergebnissen« sprechen, beziehen wir uns meist auf die letzten beiden Begriffe.

Dokumentation Bezüglich der Dokumentation gibt es Spielräume: Im Zusammenhang mit explorativem Testen wird möglicherweise auf die Dokumentation verzichtet. Falls aber dokumentiert wird, dann geschieht das nicht zwangsweise in einem Textverarbeitungsprogramm – es ist ausdrücklich erlaubt, hierzu Werkzeuge, wie z.B. ein Testmanagementwerkzeug, zu verwenden!

2. **Testergebnisse vergleichen (TE2)**
   Auf der Suche nach dem Testergebnis wird verglichen, ob die Sollergebnisse (meist in der Testspezifikation dokumentiert, eine Ausnahme kann es z.B. beim explorativen Testen und generell beim ungeskripteten Testen geben) mit den Istergebnissen übereinstimmen[4]. Abhängig vom Ergebnis dieses Vergleichs wird das Testergebnis entweder mit »bestanden« oder mit »nicht bestanden« festgelegt.

   An dieser Stelle gibt es eine Schnittstelle zum Fehlermeldeprozess (Abschnitt 4.4.4). Bestätigt sich, dass ein neuer Fehlerzustand festgestellt wurde, dann wird eine neue Fehlermeldung erfasst – im Fall eines Fehlernachtests, bei dem sich das Verhalten (hoffentlich zum Besseren) geändert hat, wird eine Fehlermeldung aktualisiert, manchmal aber auch eine neue Fehlermeldung erstellt.
3. **Testdurchführung dokumentieren (TE3)**
   Abschließend folgt die Dokumentation der Testergebnisse. Wie das geschieht, steht im Testkonzept – üblicherweise erfolgt die Dokumentation im Testprotokoll.

4.4.4 Fehlermeldeprozess

Der letzte Prozess im Reigen der Prozesse beim dynamischen Testen ist der Fehlermeldeprozess (engl. »test incident reporting process«). Er ist in Abbildung 4-13 skizziert.

[4]Genauer: ob die Bestehens-/Fehlschlagkriterien erfüllt sind; beispielsweise kann definiert sein, dass das Istergebnis in einem Intervall liegen muss. Vergleiche auch metamorphes Testen in Abschnitt 6.2.11.

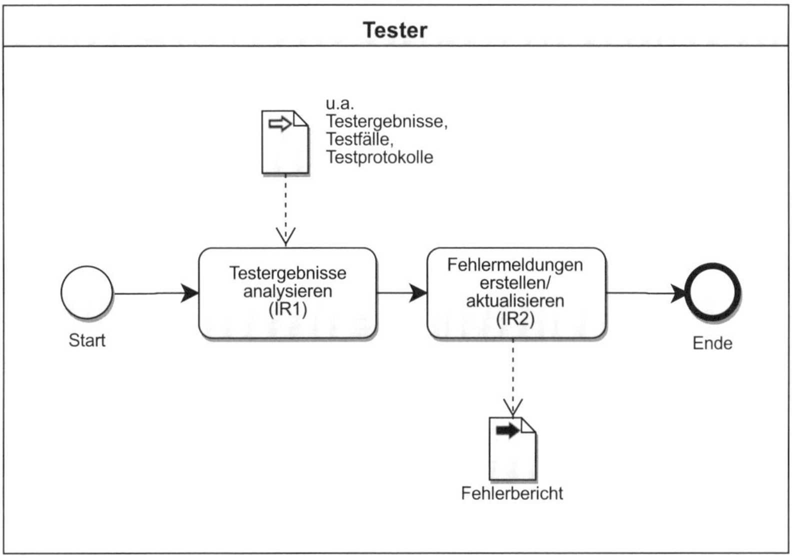

Abbildung 4-13 *Fehlermeldeprozess nach ISO 29119-2 [68]*

Der Fehlermeldeprozess setzt sich aus zwei Aktivitäten zusammen:

1. **Testergebnisse analysieren (IR1)**
   Bei der Analyse der Testergebnisse kann man zwei Fälle unterscheiden:

   - Das Testergebnis kann eine bereits erfasste Fehlermeldung betreffen: Dann muss diese Fehlermeldung entsprechend den neuen Erkenntnissen aktualisiert werden.
   - Falls es um eine neue Fehlerwirkung geht, zu dem es noch keine Fehlermeldung gibt, dann wird üblicherweise entschieden, eine neue Fehlermeldung zu erstellen.

   Der zweite Teil ist kein reiner Automatismus: Es kann auch entschieden werden, dass keine Fehlermeldung erstellt werden soll – entweder weil es sich um eine Kleinigkeit handelt, die direkt behoben werden kann und eine Nachverfolgung nicht rechtfertigt, oder weil im Rahmen der Analyse festgestellt wird, dass es sich entgegen der ursprünglichen Annahme doch um keinen Fehler handelt.

   Ob es die Option gibt, im Fall einer erkannten Abweichung auf eine Fehlermeldung zu verzichten, hängt von den Vorgaben ab. Im Allgemeinen ist man aber gut beraten, solche Fehlerwirkungen grundsätzlich zu dokumentieren. Schließlich erzeugen wir mit dem Softwaretest in erster Linie Informationen und wissen auch deren Wert zu schätzen. Welche Fehler wann gefunden werden, ist ein Teil dieser Informationen und kann in der Auswertung interessante

Schlüsse zulassen – zum Beispiel über die Qualität des Testobjekts und ob eine Freigabe deshalb ratsam ist.

Agiles Umfeld

Es wird aber anerkannt, dass heute in manchen Entwicklungsmodellen, gerade im agilen Umfeld, durch sehr enge Kommunikation zwischen den Teammitgliedern der Bedarf nach Dokumentation geringer ist und auch auf dokumentierte Fehlermeldungen in bestimmten Situationen verzichtet wird.

Während Tester dazu neigen, ihren Erfolg (auch) an der Anzahl der gefundenen Fehler zu messen, sind auf der anderen Seite Entwicklern Fehlermeldungen eher unangenehm – aber eigentlich grundlos: Dass Fehler nicht ganz vermieden werden können, ist doch eine Binsenweisheit! Jeder behobene Fehler ist aber ein Beleg für die erfolgreiche Arbeit der Entwickler.

> Fehlermeldungen sind positiv, sie belegen die Erfolge der Tester und – nach Behebung – auch der Entwickler.

2. **Fehlermeldung erstellen/aktualisieren (IR2)**
   Abhängig von dem Ergebnis aus IR1 wird nun die betreffende Fehlermeldung angepasst oder erfasst (oder evtl. auch nicht erfasst). Was hier getan wird, soll für die betroffenen Personen erkennbar sein: Die Stakeholder müssen wissen, welche Fehlermeldung geändert oder neu erfasst wurde.

   In den meisten Fällen wird dieser Informationspflicht dadurch entsprochen, dass man Fehlermeldungen mit einer geeigneten Fehlerdatenbank (engl. »defect tracking tool«) verfolgt. Mit den in gängigen Werkzeugen enthaltenen Mechanismen können betroffene Personen beispielsweise über Statusänderungen von Fehlermeldungen, die sie direkt betreffen, automatisch per E-Mail oder auf anderem Weg in Kenntnis gesetzt werden.

5 Inhalt ISO 29119 – Teil 3: Testdokumentation

Testdokumentation – das war lange Zeit so gut wie das einzige Gebiet, bei dem Softwaretestern die Existenz eines unterstützenden Standards – seinerzeit IEEE 829 [84] – bewusst war.

Heute wird das Thema Testdokumentation durch ISO/IEC/IEEE 29119-3 adressiert. Einen Überblick über die Inhalte der ISO 29119-3 vermittelt Abbildung 5-1. Wie schon bei Abbildung 4-1 auf Seite 58 markieren auch hier die stärkeren Umrandungen der etwas heller gehaltenen Kästen die normativen Teile. Der Anhang wäre demnach nichtnormativ – was auch beinahe zutrifft, nämlich für die Anhänge B bis T –, die Ausnahme ist Anhang A mit der Festlegung, welche Informationsattribute der Dokumente verpflichtend und welche optional sind.

Anhang A ist normativ.

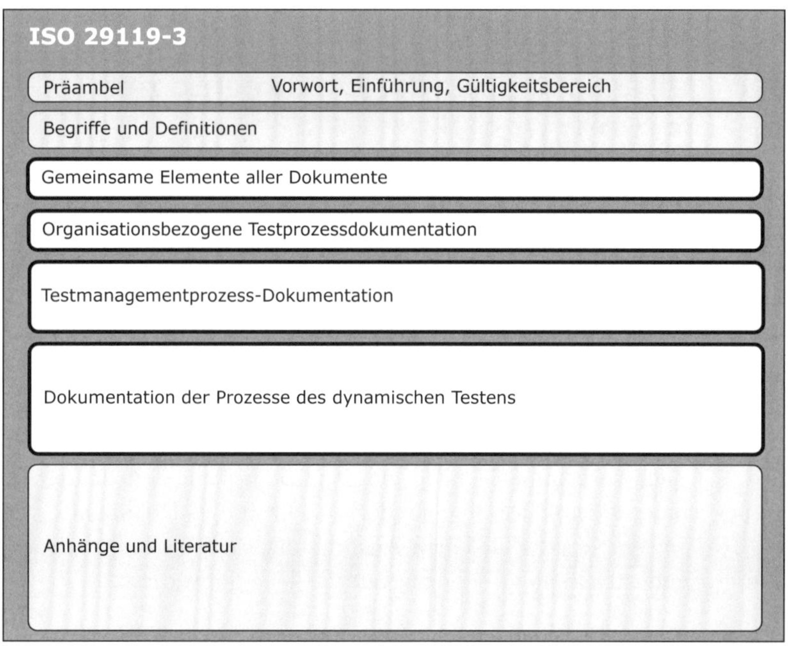

Abbildung 5-1
Überblick über die Inhalte von ISO 29119-3

Teil 3 der ISO 29119 kann ein guter Anfangspunkt für diejenigen sein, die eine Umsetzung der Normenreihe ISO 29119 in Betracht ziehen: Denn viele finden das Thema Dokumente zugänglicher als beispielsweise die Prozesse aus Teil 2 (Testprozesse) der Reihe.

Testdokumentation ist ein Gebiet, in dem die Hilfestellung durch Standards eigentlich immer willkommen war. Denn ungeachtet der Fragestellung, ob jemand gerne oder nicht so gerne dokumentiert – sofern man es dann jedenfalls tut, stellt sich immer die Frage nach dem »Wie« und nach »wie viel« – was also ist zu dokumentieren? Und habe ich etwas Wesentliches vergessen? Hier hilft eine Norm.

Trotz aller Hilfe, die bereits der Standard IEEE 829 gab, fühlte sich nicht jeder gleichermaßen unterstützt. Manches war dann doch verwirrend. Dazu zählt die Einführung der mehrstufigen Dokumente seit der Ausgabe von 2008 (Master Test Plan, Level Test Plan, ...), bei denen manchen nicht klar war, ob man diese nun laut Standard verwenden *muss* oder nicht, sowie die Aufteilung von Inhalten auf benannte Dokumente (Test Design Specification, Test Case Specification, ...), bei der die Frage offenblieb, ob denn nun für jedes dieser Dokumente auch eine Datei zu erstellen wäre.

Pragmatisch hat sich das schon immer beantworten lassen. Aber eben nicht ohne individuelle Interpretation der jeweiligen Normabschnitte. ISO 29119 ist hier jedenfalls klarer und lässt den Leser mit derartigen Fragestellungen nicht mehr allein, sondern beantwortet sie explizit.

5.1 Übersicht über die Dokumente der ISO 29119-3

Die Dokumente, wie sie jetzt laut ISO 29119-3 [69] definiert sind, lassen sich 1:1 aus den Prozessbeschreibungen laut ISO 29119-2 ableiten (vgl. Kap. 4). Dementsprechend kann man auch die Dokumente in die drei Themenblöcke »Dokumente zum organisationsbezogenen Testprozess«, »Testmanagementdokumente« und »Dokumente zum dynamischen Testen« einordnen. Der Zusammenhang zwischen den Dokumenten ist in Abbildung 5-2 dargestellt.

Dokumente kann, muss es aber nicht mehrfach geben.

Fast alle diese Dokumente können dabei in einem gelebten Testprozess mehrfach vorkommen – nicht nur, weil sie wie ein Bericht iterativ immer wieder erzeugt werden, sondern auch, weil es Dokumente wie ein Testkonzept in verschiedenen Ausprägungen geben *kann*, z.B. als übergreifendes Dokument oder für verschiedene Subprozesse.

Eine Ausnahme stellt die Testrichtlinie dar, die es üblicherweise nur einmal geben wird, da sie die grundsätzliche Position der Organisation zum Testen zum Ausdruck bringt.

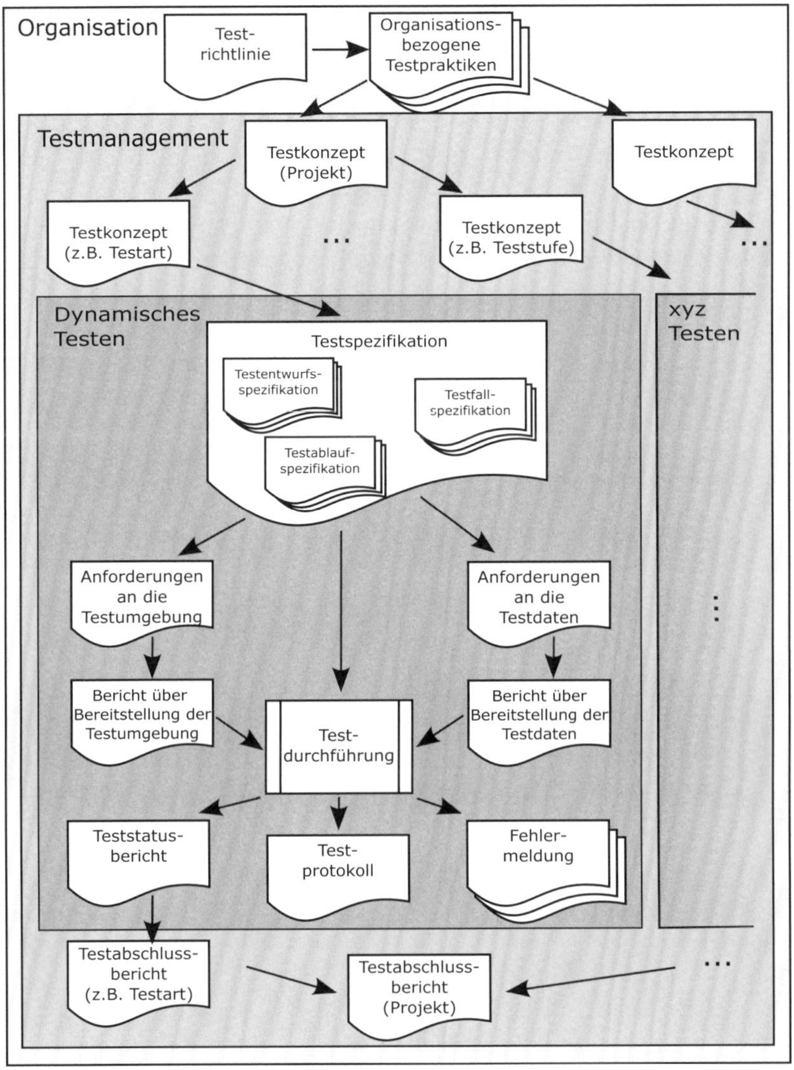

Abbildung 5-2 *Zusammenhang der Testdokumente der ISO 29119-3*

Die Dokumente der Reihenfolge nach in Abbildung 5-2 von oben nach unten:

Es beginnt auf der Ebene der Organisation. Das primäre Dokument ist die Testrichtlinie (Abschnitt 5.4). Zu dieser passend wird nun eine (oder mehrere) auf die Organisation bezogene Aufstellung von Testpraktiken entwickelt und dokumentiert (Abschnitt 5.5).

Auf der Testmanagementebene geht es weiter: Üblicherweise gibt es ein projektbezogenes Testkonzept (Abschnitt 5.6). Da es mehrere Projekte geben wird, werden auch mehrere individuell unterschiedliche Testkonzepte für diese unterschiedlichen Projekte existieren.

Hierarchische Testkonzepte

Es ist möglich, dass (vor allem bei kleineren Projekten) keine weiteren Testkonzepte benötigt werden. Falls aber doch, dann kann es hier hierarchisch weitergehen: Weitere untergeordnete Testkonzepte entstehen für unterschiedliche Teilaufgaben im Test, insbesondere für Testarten und Teststufen. In Abbildung 5-2 ist das durch einen weiteren Kasten »xyz Testen« angedeutet, der stellvertretend für eine Anzahl weiterer Instanzen der Testprozesse und der daraus resultierenden Dokumente stehen kann. Das kann dynamisches Testen beispielsweise für eine bestimmte Teststufe betreffen; es ist aber auch vorstellbar, das Konzept im Hinblick auf statisches Testen zu erweitern. Das übergeordnete Testkonzept – die Bezeichnung »Master Test Plan« aus der IEEE 829 ist immer noch gängig – bildet dann gewissermaßen die Klammer um die einzelnen untergeordneten Testkonzepte.

> Spezielle Testkonzepte kann es beispielsweise geben in Form von:
>
> - Lasttestkonzept
> - Gebrauchstauglichkeitstestkonzept
> - Komponententestkonzept
> - Systemtestkonzept
> - Regressionstestkonzept
> - ...

Dass es in Abbildung 5-2 gerade zwei Ebenen gibt, soll keine Einschränkung sein: In den meisten Fällen wird das reichen, wenn aber nicht, dürfen es gerne auch mehr werden!

Testspezifikation in drei Dokumenten

Auf der nächsten Ebene, beim dynamischen Testen, ist das nächste Dokument in der logischen Reihenfolge die Testspezifikation, die sich in die Testmodellspezifikation (Abschnitt 5.7.1), die Testfallspezifikation (Abschnitt 5.7.2) und die Testablaufspezifikation (Abschnitt 5.7.3) zerlegen lässt.

Es ist eine ausdrückliche Aussage von ISO 29119-3, dass diese drei Dokumente gemeinsam die Testspezifikation bilden. Sie können dementsprechend auch in einem gemeinsamen »physikalischen« Dokument, etwa einer Datei, erfasst sein.

In der Folge werden weitere Dokumente benötigt: Anforderungen an die Testumgebung (Abschnitt 5.8.1) ergeben sich aus den bisherigen Dokumenten, zuletzt aus der Testspezifikation; das Gleiche gilt für die Anforderungen an die Testdaten (Abschnitt 5.8.2).

Dann hoffen wir, um mit der Testdurchführung beginnen zu können, auf die Mitteilung, dass Testumgebungen (Abschnitt 5.8.3) und Testdaten (Abschnitt 5.8.3) entsprechend den Anforderungen vorbereitet wurden und bereitstehen.

Die Testdurchführung mit allen notwendigen Details und Beobachtungen wird im Testprotokoll (Abschnitt 5.9.1) dokumentiert.

Nach der Testdurchführung – oder regelmäßig während der Phase der Testdurchführung – wird es einen Teststatusbericht (Abschnitt 5.9.2) geben.

Und für die gefundenen Fehler werden Fehlerberichte erfasst (Abschnitt 5.10.3). Von solchen Fehlerberichten kann es eine ganze Anzahl geben.

Abschließend gibt es nun noch auf der Testmanagementebene Testabschlussberichte (Abschnitt 5.9.3). Diese Berichte kann es wie die Testkonzepte mehrstufig geben – die Testabschlussberichte können sich analog wieder auf eine Testart oder Teststufe beziehen – oder auf das gesamte Projekt.

5.2 Allgemeine Struktur der Dokumente

Alle in ISO 29119-3 beschriebenen Dokumente teilen sich einen grundsätzlich einheitlichen Aufbau. Das ist kein Zufall: Grundlegende Inhalte von Dokumenten unterschiedlichen Typus sind in ISO/IEC/IEEE 15289 [54] beschrieben, und daran orientiert sich auch ISO 29119-3.

Da es einen gemeinsamen Aufbau gibt, wird er hier für alle Dokumente gemeinsam erläutert – wenn es später an den Inhalt der einzelnen Dokumente geht, reicht für den gemeinsamen Teil dann ein Platzhalter aus. Das macht die Norm übrigens genauso[1] in Kapitel 5.

Der Aufbau der Testdokumente wird im folgenden Kasten im Überblick gezeigt und im Text näher erläutert.

Dokumentenlenkung

Vieles, was hier im allgemeinen Teil beschrieben ist, wird im Qualitätsmanagement sonst gerne mit dem Begriff »Dokumentenlenkung« umschrieben und ist vielen Lesern sicher vertraut. Falls bereits ein Qualitätsmanagementsystem vorhanden ist und gelebt wird, muss nicht groß umgedacht werden!

[1] Eine kleine, aber sehr nützliche Verbesserung in der zweiten Auflage der Norm!

Aufbau der Dokumente

- Gemeinsame Elemente
  - Eindeutige Identifizierung des Dokuments
  - Herausgebende Organisation
  - Freigebende Stelle
  - Änderungshistorie
  - Status
  - Einführung
  - Gültigkeitsbereich
  - Referenzen
  - Glossar
- Spezifischer Hauptteil

Sehen wir uns die gemeinsamen Elemente im Detail an:

- **Eindeutige Identifizierung des Dokuments (engl. »unique identifier«):** Die Identifizierung erfolgt beispielsweise durch einen eindeutigen Namen, zusammen mit Versionsnummer und Datum.
- **Herausgebende Organisation (engl. »issuing organization«):** Die Firma, Abteilung oder eine andere Organisation innerhalb des Unternehmens, die für dieses Dokument verantwortlich ist, wird hier angegeben.
- **Freigebende Stelle (engl. »approval authority«):** Hier wird dokumentiert, wer das Dokument zur Verwendung freigibt oder freigegeben hat.
- **Änderungshistorie (engl. »change history«):** Welche Änderungen gab es in der Geschichte des Dokuments zu welchem Zeitpunkt, durch wen und warum?
- **Einführung (engl. »introduction«):** Es geht um das Dokument selbst, hier soll die Struktur erkennbar sein, wofür oder für wen es gedacht ist, in welchem Kontext und worauf es sich genau bezieht.

- **Gültigkeitsbereich (engl. »scope«):** Hier ist dokumentiert, worauf sich der Einfluss des Dokuments eigentlich erstreckt, wofür es also gültig ist. Umgekehrt sollte hier eine Abgrenzung stattfinden, was ausdrücklich nicht mehr Thema sein oder im Einflussbereich des vorliegenden Dokuments liegen soll.
- **Referenzen (engl. »references«):** Dieser Abschnitt beschreibt, welche anderen Quellen entweder zur Erstellung des vorliegenden Dokuments verwendet wurden oder benötigt werden, um dieses Dokument lesen und verwenden zu können.
- **Glossar (engl. »glossary«):** Hier finden sich Begriffsdefinitionen, die nötig sind, um ein präzises Verständnis vom Text des Dokuments zu gewinnen. Glossare in jedem einzelnen Dokument sind nicht unbedingt sinnvoll: Oft wird ein zentrales Glossar gepflegt, das für viele Dokumente gemeinsam genutzt werden kann und ausreicht. Dann genügt es auch, an dieser Stelle einen Verweis auf das zentrale Glossar einzufügen.

Das also haben alle durch die Norm definierten Dokumente gemeinsam. Im Hauptteil finden sich die eigentlichen Inhalte der Dokumente, und hier endet naturgemäß die einheitliche Struktur: Die Inhalte sind individuell nach Dokumententyp unterschiedlich.

Ist das nicht furchtbar umständlich, gerade, wenn es sich bei dem »Dokument« nur um einen kurzen Informationsschnipsel handelt, eine Fehlermeldung oder einen einzelnen Testfall von vielen? Zur Beruhigung: In solchen Fällen kann man den allgemeinen Teil oft vereinfachen. Beispiele dafür, wie das geht, finden sich im Anhang der Norm.

5.3 Inhalt und Form

Einige Sorgen künftiger Anwender der ISO 29119-3 betreffen die inhaltliche Aufteilung und Form der Dokumente.

Gerade wer bereits viel Arbeit und Mühe in den Aufbau seiner eigenen Dokumentenstrukturen gesteckt hat, über erprobte und bewährte Vorlagen verfügt und diese publiziert hat und dann auch noch erreicht hat, dass sie gelesen und verwendet werden, der sieht wenig Nutzen darin, alles gemäß der Norm umzustellen. Umgekehrt ist zudem die Gefahr erkennbar, dass ein Großteil der bereits investierten Anstrengungen und erreichten Erfolge infrage gestellt würde, wenn man nun wegen des Ziels, Konformität mit ISO 29119-3 zu erreichen, umfangreiche Änderungen vornehmen würde.

Den häufigsten dieser Befürchtungen lässt sich aber ganz einfach begegnen:

Struktur

- *Muss ich jetzt die Inhalte so strukturieren wie in der Norm?*
  Nein. Es geht darum, die wesentlichen Inhalte der Norm abzubilden, wie das aber aufgeteilt wird, steht dem Anwender frei.

Anzahl der Dokumente

- *Muss ich nun genauso viele Dokumente haben, wie in der Norm stehen?*
  Falls damit gemeint ist, genauso viele einzelne Dateien – nein. Schließlich geht es hier um den Inhalt, nicht um die Form oder Struktur des physikalischen Mediums.

Sprache

- *Muss ich nun all die (englischen) Begriffe verwenden, die mein Team nicht kennt?*
  Nein. Die Begriffe – z.B. die Namen der Dokumente – können übertragen werden, eingespielte eigene Begriffe können verwendet werden, wenn die Bedeutung passt. Und die Begriffe dürfen auch in die Landessprache übertragen werden.

Testmanagementwerkzeuge

- *Muss ich denn jetzt zurück in die Steinzeit und dokumentenbasiert arbeiten statt mit einem modernen Testmanagementwerkzeug?*
  Keine Sorge. Die notwendigen Informationsattribute müssen erfasst sein und auffindbar sein – wenn man das mit einer Datenbank oder einem anderen Werkzeug besser schafft als mit klassischen dateibasierten Dokumenten – wunderbar!

  Ein Export aus den Datenbanken in ein traditionelles Dokument, wie es in der Vergangenheit manchmal üblich war, um Konformität zu zeigen, ist aus Sicht von ISO 29119-3 nicht erforderlich.

Angemessene Dokumentation

- *Bedeutet das aber nicht auf jeden Fall einen unglaublichen Overhead an Dokumentation?*
  Nur das muss dokumentiert werden, was nötig ist. Letztendlich gilt hier wieder das Schlagwort »risikoorientiert«: Was nach einer Betrachtung der Risiken als unnötig bewertet wird, kann wegfallen. Wenn dadurch Dinge wegfallen, die laut Norm gefordert sind, dann können Anpassungen per Tailoring (individuell angepasste Konformität) erfolgen.

Zusammenfassend kann man festhalten:

> Der Norm geht es um die Inhalte, nicht um die Form. Es wird anerkannt, dass unterschiedliche Situationen auch spezifische Ansprüche an die Form mit sich bringen.

5.4 Testrichtlinie

Die Testrichtlinie (engl. »test policy« – der Begriff wird im Deutschen auch gerne als Lehnwort beibehalten) ist ein Dokument, das den Standpunkt des Unternehmens – bzw. der Unternehmensleitung – zum Softwaretest zum Ausdruck bringt.

Neben dem allgemeinen Teil gibt es folgende Inhalte:

1. Testziele
2. Testprozess
3. Struktur der Testorganisation
4. Ausbildung der Tester
5. Ethische Aspekte
6. Standards
7. Andere relevante Vorgaben
8. Bewertung des Mehrwerts beim Testen
9. Archivierung und Wiederverwendung von Testartefakten
10. Testprozessverbesserung

Da die Testrichtlinie für alle denkbaren Fälle in der Organisation zutreffen soll, ist sie als Dokument auf einer relativ allgemeinen Ebene angesiedelt. Natürlich besteht hier die Gefahr, dass eine Testrichtlinie sehr unverbindlich wird und daher als »bla-bla« abgetan und nicht ernst genommen wird. Das sollte vermieden werden, denn die Testrichtlinie ist – ähnlich wie andere High-Level-Dokumente, beispielsweise eine Qualitätsrichtlinie – eine echte Chance, im Unternehmen den Standpunkt der Geschäftsleitung zum Thema klarzumachen und zu motivieren. Dazu müssen die Inhalte gut durchdacht, ernst gemeint und einhaltbar sein – sodass sie auch befolgt werden können.

Testrichtlinie als Chance

Im Zusammenhang mit dem Gliederungspunkt »Standards« könnte man sich vorstellen, dass festgelegt wird, welche Standards oder Normen prinzipiell und immer beim Testen einzuhalten sind – naheliegenderweise die Reihe ISO 29119, andere Standards können aber je nach Branche mindestens genauso wichtig sein.

Aber es muss nicht eine solche dogmatische Verankerung stattfinden: Genauso kann hier differenziert werden, *wann* nun *welche* Standards in *welchem* Umfang eingesetzt werden sollen.

Ganz besonders spannend ist der schwierige Gliederungspunkt »Bewertung des Mehrwerts beim Testen«. Testen ist keine Beschäftigungstherapie, sondern verfolgt einen Zweck (der unter Punkt 1 »Testziele«

beschrieben wird). Also soll Testen einen Mehrwert erzeugen – aber wie kann man bewerten, ob er erreicht wird? Soll versucht werden, das zu quantifizieren, und wenn ja, wie? Das sind die Fragen, die hier angesprochen werden können.

Mehrwert des Testens

Testen soll einen Mehrwert gegenüber dem Nichttesten bieten. Klassische Beispiele für eine Betrachtung des Mehrwerts sind:

- Kostensenkung: Quantifizierung über Hochrechnung der potenziellen Kosten der Fehler (differenziert nach Fehlerklasse) in der Annahme, dass sie ohne Test nicht oder später gefunden würden
- Höhere Qualität: Quantifizierung über die Anzahl störender Fehler im Produktivbetrieb
- Bessere Anwenderzufriedenheit: Quantifizierung durch Befragung der Anwender (z.B. mit einem Fragebogen)

Die Quantifizierung wird meist erschwert durch fehlende Referenzwerte für die Situation »ohne Test«, die mit der Situation »mit Test« verglichen werden soll.
Alternativ kann ein Vergleich des Mehrwerts unterschiedlicher Testansätze oder Testtiefen stattfinden.

5.5 Organisationsbezogene Testpraktiken

Die organisationsbezogenen Testpraktiken (engl. »organizational test practices«) stellen die Weiterführung der Testrichtlinie dar. Allerdings wird es hier konkreter, und die Inhalte bewegen sich in eine zunehmend technische Richtung.

Die Gliederung umfasst – neben allgemeinen Inhalten – folgende Elemente:

- Übergreifende organisatorische Festlegungen der Testpraktiken
  - Herangehensweise zum Risikomanagement
  - Auswahl und Priorisierung der Tests
  - Testdokumentation und Berichte
  - Testautomatisierung und Werkzeuge
  - Konfigurationsmanagement der Testartefakte
  - Fehlermanagement

  - Teststufen
  - Testarten
  - Regeln und Richtlinien für Abweichungen von diesen organisationsbezogenen Testpraktiken

- Für alle einzelnen zu betrachtenden Teststufen und Testarten (die oben definiert wurden):
  - Eingangs- und Ausgangskriterien
  - Testendekriterien
  - Testdokumentation und Berichte
  - Grad der Unabhängigkeit
  - Testverfahren
  - Testdaten
  - Testumgebung
  - Zu erhebende Metriken
  - Fehlernachtests und Regressionstests

Dabei ist erwähnenswert, dass die Inhalte des zweiten Blocks mehrfach, d.h. für jede angepeilte Teststufe oder Testart, vorkommen werden – und sie dabei zum Teil auch noch Inhalte des ersten Teils (beispielsweise für »Testdokumentation und Berichte«) erneut aufgreifen.

Aber es ist offensichtlich, dass einige Dinge je nach Thema unterschiedlich gehandhabt werden. Ein Beispiel stellt der »Grad der Unabhängigkeit« dar:

Unabhängigkeit

Bei der Planung eines Modultests ist man möglicherweise mit einem geringeren Grad der Unabhängigkeit einverstanden und sieht vor, dass Entwickler selbst Testfälle schreiben. Das ist, zugegeben, nicht das Optimum, und laut Lehrbuch möchte man das vermeiden, insbesondere wenn Entwickler auch noch die Testfälle für ihren eigenen Code erstellen. Objektivität kann man dann nicht zu 100 % erwarten. Trotzdem kann es aus organisatorischen Gründen – vielleicht, weil ein Test-First-Ansatz angewendet wird – als sinnvoll angesehen werden, so vorzugehen.

Das kann dann für die Teststufe Systemtest ganz anders aussehen: Hier will man vielleicht die Unabhängigkeit zwischen Test und Entwicklung betonen und legt den Grad der Unabhängigkeit daher ganz anders fest.

Ähnliche Beispiele lassen sich für die anderen Gliederungspunkte finden: So sehen die Testendekriterien für einen Gebrauchstauglichkeitstest sicher ganz anders aus als für einen Last- und Performanztest.

Risikomanagement

Beim Punkt »Herangehensweise zum Risikomanagement« kann man auf die Frage kommen, ob hier nicht der Betrachtungsbereich des Themas Softwaretest verlassen wird. Es geht hier aber nicht um ein ganz allgemeines Risikomanagement, sondern darum, wie Risikomanagement aus Sicht des Testens zu betreiben ist bzw. wie die Anbindung an ein möglicherweise (hoffentlich) vorhandenes übergreifendes Risikomanagement aussehen soll.

Ähnlich sieht es bei Konfigurationsmanagement und Fehlermanagement aus. Gerade bei Letzterem kann man häufig beobachten, dass es dankbar in die Obhut des Bereichs »Test« gegeben wird – es sei denn, es gibt schon eine Instanz in der Organisation, die das Thema betreut.

5.6 Testkonzept

Das Testkonzept (engl. »test plan«) ist ein Ergebnis des Testplanungsprozesses und das erste Dokument in dieser Reihe, das projektspezifisch ist.

Das hat zur Folge, dass die Inhalte jetzt sehr konkret und individuell werden, verglichen mit den Dokumenten aus dem Organisationsbereich. Laut Norm könnte man zwar auch projektübergreifende Testkonzepte erstellen – das ist aber in den meisten Fällen nicht empfehlenswert. Man sollte sich mit dem Testkonzept wirklich an den individuellen Bedürfnissen der Projekte orientieren.

Gestuftes Testkonzept

Das Testkonzept an sich gibt es nicht; ein einziges Testkonzept kann für das ganze Projekt ausreichend sein, aber in vielen Fällen folgt aus der Komplexität oder Größe des Projekts, dass es sinnvoller ist, mehrere verschiedene (Teil-)Testkonzepte zu pflegen. Dann gibt es ein (es könnten auch mehrere sein!) übergreifendes Testkonzept (in IEEE 829 hieß das »master test plan«) und zusätzlich spezifische Testkonzepte, beispielsweise für die notwendigen Teststufen oder Testarten.

Wie das geschnitten wird – welche Teststufen und Testarten es im Test also gibt und wie diese einzelnen Dokumenten zugeordnet werden –, ist eine wichtige Gestaltungsaufgabe für das Testmanagement! Diese Aufteilung wird im übergeordneten Testkonzept dokumentiert.

Allgemein sieht die Norm – neben den immer vorkommenden einleitenden Abschnitten – folgende Inhalte vor:

- Kontext des Testens
  - Projekt(e), Teststufen und Testarten
  - Testobjekte
  - Umfang der Tests (Scope)
  - Testbasis

- Annahmen und Einschränkungen
- Stakeholder
- Kommunikation
- Aufstellung der Risiken (Projekt- und Produktrisiken)
- Teststrategie
  - Teststufen
  - Testarten
  - Durch den Test zu erstellende Ergebnisse
  - Testverfahren
  - Eingangs- und Ausgangskriterien
  - Testendekriterien
  - Grad der Unabhängigkeit
  - Zu erfassende Metriken
  - Anforderungen an die Testdaten
  - Anforderungen an die Testumgebung
  - Fehlernachtest
  - Regressionstests
  - Unterbrechungs- und Wiederaufnahmekriterien
  - Abweichungen von den organisationsbezogenen Testpraktiken
- Testaktivitäten und Schätzungen
- Personal
  - Rollen und Verantwortlichkeiten
  - Bedarf an Personalaufbau
  - Ausbildungsbedarf
- Zeitplan

Ein Testkonzept enthält neben organisatorischen Festlegungen als sehr zentralen Bestandteil eine Beschreibung der Teststrategie auf der betreffenden Ebene – im übergreifenden Testkonzept also für das gesamte Projekt, sonst für den einzelnen Subprozess.

Dabei tauchen offensichtlich dieselben Punkte immer wieder auf – die zum Teil auch schon auf der Ebene der organisationsbezogenen Testpraktiken angesprochen wurden. Das hat seine Richtigkeit: Zwar muss das, was schon auf höherer Ebene beschrieben wurde und noch zutrifft, auf der niedrigeren Ebene nicht erneut beschrieben werden. Eine Konkretisierung wird aber häufig notwendig sein, da z.B. auf

Organisationsebene der Detailgrad der Beschreibung, welche Teststufen und Testarten vorgesehen sind, notwendigerweise beschränkt ist.

Außer einer Verfeinerung können diese wiederkehrenden Abschnitte auch beschreiben, was und warum etwas anders umgesetzt wird, als es im übergeordneten Dokument angedacht war.

5.7 Testspezifikation

Eine Testspezifikation besteht aus drei Teildokumenten:

1. **Testmodellspezifikation**
   - Testmodelle
2. **Testfallspezifikation**
   - Testüberdeckungselemente
   - Testfälle
3. **Testablaufspezifikation**
   - Testprozeduren

Diese Aufteilung der Testspezifikation in drei Dokumente hat Tradition, sie ist in ähnlicher Weise schon in IEEE 829 [84] vorgenommen worden. Es ist aber auf den ersten Blick irritierend: Warum sind so viele Dokumente nötig, reicht denn nicht einfach ein Dokument »Testspezifikation« aus?

Tatsächlich soll durch diese Aufteilung auch gar nicht zum Ausdruck gebracht werden, dass hier getrennte Dokumente – im Sinne von Dateien – erzeugt werden *müssen*. Ein einzelnes Dokument, das die notwendigen Informationsattribute enthält, ist genauso akzeptabel. Allerdings skizzieren die drei Dokumente mit ihren Inhalten auch ein Vorgehen, wie man eine Testspezifikation sinnvollerweise erzeugt.

Eine gemeinsame Besonderheit haben diese Dokumente verglichen mit den anderen Dokumenten in ISO 29119-3: Im Rahmen der Einführung enthalten sie zusätzlich zu den üblichen Punkten die Option, Konventionen zur Notation festzulegen – wie also Testmodelle, Testüberdeckungselemente etc. zu beschreiben sind.

Diese Konventionen können aber genauso gut an übergeordneter Stelle, z.B. in einem Dokument auf Organisationsebene, festgehalten sein.

5.7.1 Testmodellspezifikation

Das Erstellen der Testmodellspezifikation ist der erste Schritt auf dem Weg zu den Testfällen.

Die Gliederung einer Testmodellspezifikation nach ISO 29119-3 enthält folgende Elemente:

- **Testmodelle** (engl. »test models«)
  - ID
  - Ziel
  - Priorität
  - Spezifische Teststrategie (oder Teil der Teststrategie)
  - Testmodell
  - Rückverfolgbarkeit

Testmodell

Testmodelle werden ausgehend von der Testbasis erstellt. Sie können je nach Testverfahren sehr unterschiedlich aussehen – Text, Grafiken, Tabellen, all das ist möglich.

Jedes einzelne Testmodell bildet einen Teilaspekt des Testobjekts ab; das Ziel ist, dass alle Testmodelle gemeinsam vollständig überdecken, was aufgrund der Risikobetrachtung zu testen ist.

> **Wo sind die Testbedingungen?**
>
> Viele Jahre hat uns der Begriff »Testbedingung« (engl.: »test condition«) begleitet, einige würden sagen, gequält.
> Der Begriff ist insbesondere in der deutschen Übersetzung nicht sehr intuitiv, aber das Gleiche scheint auch für englische Muttersprachler für »test condition« zu gelten. Daher hat man sich in der zweiten Auflage der ISO 29119 (Teile 1–4) dazu entschieden, auf diesen erklärungsbedürftigen Begriff zu verzichten.
> Liest man den Abschnitt vor diesem Kasten, so wird deutlich, dass die Testbedingungen – wenn man sie im Sinne des ISTQB® als testbaren Aspekt versteht – implizit immer noch Teil der Betrachtung sind.

Testmodelle im modellbasierten Test

Obwohl viele unwillkürlich bei »Testmodell« an modellbasierten Test denken werden, ist das hier nicht zwingend gemeint. Genau genommen, stellen Testmodelle im modellbasierten Test einen Spezialfall dar: Hier sind es *formale* Testmodelle. Das ist die Voraussetzung dafür, dass sie maschinenlesbar sind und dass automatisiert Testfälle aus den Modellen abgeleitet werden können. Unter »modellbasiertem Testen« versteht man also die automatisierte Ableitung von Testfällen aus Modellen, gerne gefolgt von der automatisierten Ausführung der Testfälle.

Auch wenn modellbasiertes Testen im obigen Sinne nicht verwendet wird, ist das Testmodell immer die Grundlage für die Ableitung von Testfällen.

Testmodelle werden in Teil 4 der ISO 29119 (Testverfahren [70]) intensiv verwendet. Hier ist für jedes einzelne darin enthaltene Testverfahren beschrieben, was für ein Testmodell jeweils zugrunde liegt (vgl. Kap. 6).

5.7.2 Testfallspezifikation

Nach der Erstellung der Testmodellspezifikation kann die Testfallspezifikation in Angriff genommen werden.

Sie enthält folgende Bestandteile:

- **Testüberdeckungselemente** (engl. »test coverage items«)
  - ID
  - Beschreibung
  - Priorität
  - Rückverfolgbarkeit
- **Testfälle** (engl. »test cases«)
  - ID
  - Ziel
  - Priorität
  - Rückverfolgbarkeit
  - Vorbedingung
  - Eingabewerte
  - Sollergebnisse

Testüberdeckungselemente

Zunächst werden die Testüberdeckungselemente identifiziert. Die Testüberdeckungselemente geben vor, was von den im nächsten Schritt zu erstellenden Testfällen zu überdecken ist[2].

Entscheidungen hier werden von der Risikobetrachtung beeinflusst, da über die Festlegung der Testüberdeckungselemente die Intensität des Tests gesteuert wird.

Testfälle

Nach der Festlegung der Testüberdeckungselemente – passend zu dem jeweiligen Testverfahren – folgt die Ausarbeitung der Testfälle so, dass der gewünschte Überdeckungsgrad sichergestellt ist.

[2]Beispiele zu den Überdeckungselementen finden sich in Abschnitt 6.1.2.

Skalierbarkeit der Testverfahren

Im Grunde gilt für jedes beliebige Testverfahren, dass es unterschiedlich intensiv anwendbar ist. Ein Testdesigner kann beispielsweise beim Einsatz der Äquivalenzklassenbildung einen Wert oder mehrere Werte pro Äquivalenzklasse auswählen oder unterschiedliche Strategien zur Wertekombination einsetzen.
Das trifft auch auf andere Testverfahren zu: Die Grenzwertanalyse kann mehr oder weniger Werte pro Grenze vorsehen, der zustandsbasierte Test unterschiedlich intensive Überdeckungsgrade (Zustände, Übergänge, Sequenzen nach Chow [7]) nutzen.
Damit lässt sich durch den Testdesigner risikobasiert die Intensität der Tests anpassen.

Bei der Gliederung fällt auf, dass einiges mehrfach vorkommt: so z.B. die Priorität oder die Rückverfolgbarkeit. Während die Rückverfolgbarkeit über alle Dokumente durchgehend geführt werden muss, ist die Priorität ein Beispiel dafür, wie zwar individuell gesteuert werden kann, aber nicht muss: In Bezug auf dasselbe Testüberdeckungselement könnte es mehrere Testfälle geben, die entweder die gleiche Priorität zugewiesen bekommen wie das Testüberdeckungselement oder aber verschiedene Prioritäten, da ein Testfall als wesentlicher eingestuft wird als die anderen.

Anforderungen der Norm zu übertreffen ist erlaubt.

Während die Vorbedingungen als Bestandteil der Testfälle aufgeführt sind, vermissen manche die Nachbedingungen. Aber selbstredend steht es jedem Anwender der Norm frei, Nachbedingungen als Extrapunkt aufzunehmen; die Norm hingegen sieht den Aspekt bereits mit dem Punkt »Sollergebnisse« abgedeckt.

5.7.3 Testablaufspezifikation

Der dritte Bestandteil einer Testspezifikation ist die Testablaufspezifikation. Sobald die Testfälle festgelegt sind, fehlt zunächst noch die Information, welche Testfälle zusammen und in welcher Reihenfolge ausgeführt werden sollen.

Die Testablaufspezifikation enthält laut ISO 29119-3 folgende Bestandteile:

- **Testprozeduren** (Testabläufe, engl. »test procedures«)
  - ID
  - Ziel
  - Priorität
  - Vorbereitung (engl. »start up«)
  - Auszuführende Testfälle (in definierter Reihenfolge)
  - Bezug auf andere Testprozeduren
  - Aufräumarbeiten (engl. »stop and wrap up«)

Testprozeduren

Mit den Testprozeduren (auch: Testabläufe) werden Gruppen von Testfällen gebildet, die aus Sicht der Testdesigner gemeinsam ausgeführt werden sollen[3]. Dafür kann es ganz unterschiedliche Gründe geben, beispielsweise:

Testprozeduren zu unterschiedlichem Zweck

- **Effizienz**: Testfälle schaffen Vorbedingungen für andere Testfälle.
- **Abhängigkeiten**: Die Testfälle bauen möglicherweise aufeinander auf und ergeben nur in einer bestimmten Zusammenstellung Sinn.
- **Zeitliche und organisatorische Aspekte**: Bestimmte Testfälle sollen zu bestimmten Zeiten ausgeführt werden, etwa in einem Testzyklus oder an einem Tag.
- **Inhaltliche Aspekte**: Die Testfälle gehören logisch zusammen.
- **Zielsetzung**: Die Testfälle werden zu einem bestimmten Ziel gemeinsam ausgeführt, z.B. für einen Smoke-Test, Regressionstest oder Fehlernachtest.

Es kann daher durchaus sinnvoll sein, dass manche Testfälle in mehreren Testprozeduren vorkommen.

Innerhalb der Testprozeduren wird eine Reihenfolge der Tests festgelegt. Diese feste Reihenfolge kann aus unterschiedlichen Gründen wichtig sein:

- Die feste Reihenfolge erlaubt eine exakte Wiederholung des Ablaufs, was beispielsweise die Reproduzierbarkeit von Fehlerzuständen fördert.
- Eine Abhängigkeit zwischen den Testfällen erfordert eine definierte Reihenfolge.

---

[3] In der Norm gibt es keine Differenzierung mehr zwischen Testfallmenge (oder Testsuite) und Testprozedur.

- Als Arbeitserleichterung: Während der Testdurchführung ist es bei manuellen Tests oft effizienter, wenn die Tester (wenn auch vielleicht triviale) Entscheidungen, wie etwa die Reihenfolge der Tests, in der häufig sehr begrenzten Zeit nicht treffen müssen.

Zu den Testprozeduren gehört natürlich auch das »Drumherum«: Welche Vorbereitungen sind zu treffen und was für Aufräumarbeiten sind notwendig? Zwei Beispiele hierzu:

- Aufgrund ihrer Zielrichtung für eine Testprozedur als Ganzes kann eine bestimmte Konfiguration (z.B. bestimmter Browser, Größe des Arbeitsspeichers) der Testumgebung erforderlich sein, unabhängig von den Vorbedingungen der einzelnen Testfälle.
- Aufräumarbeiten können das Zurücksetzen einer Datenbank auf einen definierten Zustand beinhalten, nachdem die Daten darin durch die Testfälle der Testprozedur stark verändert wurden.

5.7.4 Testspezifikation in integrierter Form

Für viele ist es ein unangenehmer Gedanke, die Testspezifikation so, wie sie oben dargestellt wurde und laut Norm strukturiert ist, in drei Teile (Dokumente) aufzuteilen. Das ist aber auch kein Erfordernis (vgl. Abschnitt 5.3).

> Die Norm erlaubt ausdrücklich, die Informationen in einem Dokument zusammenzufassen.

Ein Vorschlag, wie das geschehen kann, wird hier vorgestellt.

Vorab noch zur Erinnerung ein Hinweis, der bereits in Abschnitt 5.3 erwähnt wurde: Wer lieber mit Datenbanken oder Testmanagementwerkzeugen arbeitet, kann das gerne tun! Entscheidend ist nicht, in welcher Form die Information gespeichert wird, sondern dass alle notwendigen, wichtigen (per Norm: normativen) Informationsattribute erfasst und bei Bedarf wiederauffindbar sind. Eine Darstellung der normativen und daher erforderlichen Elemente findet sich im Anhang A der ISO 29119-3 [69].

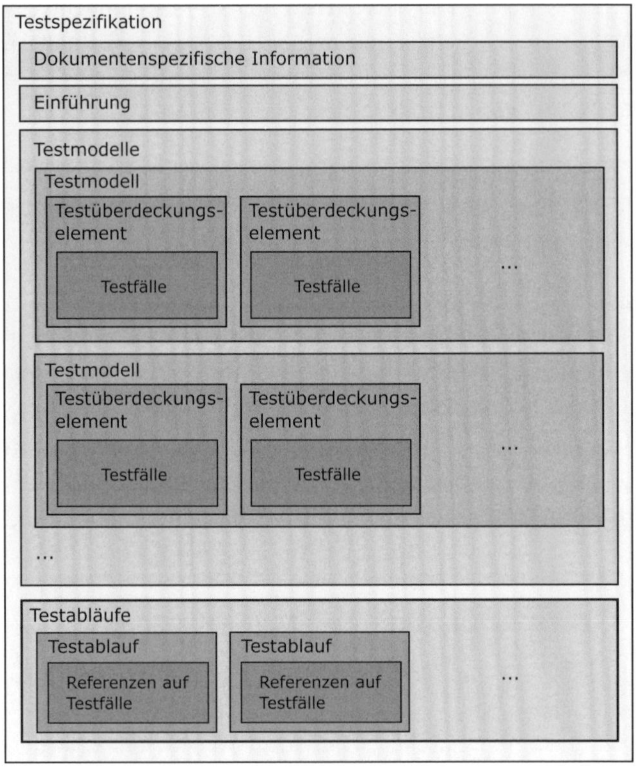

Abbildung 5-3 *Integrierte Testspezifikation aus den drei Teildokumenten nach ISO 29119-3*

Abbildung 5-3 skizziert eine Struktur, die alle drei Testspezifikationen zu einer integrierten Testspezifikation zusammenführt. Das ist natürlich nur *ein* Beispiel dafür, wie eine solche Spezifikation aufgebaut werden kann.

Nach der dokumentenspezifischen Information und der Einführung folgt ein Abschnitt, der die Testmodelle enthält. Zu den Testmodellen gehören die Testüberdeckungselemente und schließlich die Testfälle. Bis hierhin ist der Aufbau hierarchisch.

Die dann folgenden Testabläufe brechen aus der Hierarchie aus, da sie die Testfälle aus dem gesamten Querschnitt aller Testmodelle enthalten können.

5.8 Testumgebung und Testdaten

Bezüglich Testumgebung und Testdaten beschreibt die ISO 29119-3 vier Dokumente.

5.8.1 Anforderungen an die Testumgebung

Der Testumgebung wird oft zu wenig Aufmerksamkeit gewidmet. Explizit geplant wird sie selten. Die ISO 29119 ändert das.

In der ISO 29119-3 werden für jedes Elemente der Testumgebung folgende Informationsattribute erwartet:

- **Testumgebungselement**
  - ID
  - Beschreibung
  - Verantwortlichkeit
  - Zeitraum für den Bedarf

Testumgebungen: einfaches oder ausuferndes Thema

Das sieht möglicherweise überraschend einfach aus. Viel mehr ins Detail gehen kann man aber kaum, wenn der konkrete Fall nicht bekannt ist: Testumgebungen können in Umfang und Komplexität äußerst unterschiedlich sein!

Typische Testumgebungselemente sind:

- Hardware
- Laufzeitumgebung oder Betriebssystem
- Treiber
- Netzwerkinfrastruktur
- Sekundär benötigte Software
- Werkzeuge
- Zugang zu externen Systemen
- ...

Und zu guter Letzt wird auch das Testobjekt Teil der Testumgebung.

Nicht jeder braucht alles – und dann ist ein Embedded System in Einschichtarchitektur, in dem der Fokus eher auf Hardware liegt und vielleicht auch Messgeräte und Emulatoren gebraucht werden, einfach ganz anders als ein kaufmännisches Mehrschichtsystem, bestehend aus Clients, Servern, Datenbanken und vielem mehr.

Was aber gebraucht wird, muss so beschrieben sein, dass die Verantwortlichen wissen, was bis wann zu tun ist!

5.8.2 Anforderungen an Testdaten

Ähnlich wie die Testumgebung können auch die Testdaten eine große Herausforderung sein. Die Norm sieht folgende Inhalte vor:

- ID
- Beschreibung
- Verantwortlichkeit
- Zeitraum für den Bedarf
- Notwendigkeit, Daten zurückzusetzen
- Archivierung oder Löschung

Die Testdaten selbst sind auch fallweise eher einfach zu handhaben oder eine äußerst herausfordernde Thematik. Man kann die Testdaten in zwei Gruppen aufteilen:

1. Primäre Testdaten – die Daten, die während des Testablaufs die Eingaben bestimmen und meist in der Testfallspezifikation enthalten sind.
2. Sekundäre Testdaten – die Daten, die Grundlage für den Testablauf sind und manchmal sehr umfangreich sein können – beispielsweise Konfigurationen oder Inhalte von Datenbanken.

Im Fokus der Anforderungen an die Testdaten sind üblicherweise die sekundären Testdaten.

Die Herausforderungen können in der Menge der Daten liegen, darin, sie zu sichern oder wiederherzustellen, in komplexen logischen Zusammenhängen, in Spezialaspekten wie Zeitreisen[4] oder in der Bereitstellung sehr spezieller Daten.

In diesem Zusammenhang sind zentrale Fragen zu beantworten und zu dokumentieren, wie beispielsweise die Frage, ob die Daten entweder für einen festgelegten Zeitraum zu archivieren (Nachweispflichten) oder im entgegengesetzten Fall unbedingt zu vernichten sind (Vertraulichkeit und Datenschutz).

[4]Zeitreisen: Manchmal muss die natürliche Alterung von Daten – die in der Praxis durch jahrzehntelange Bearbeitung, etwa durch regelmäßige Batchläufe, stattfindet – für den Test simuliert werden, u.a. durch gezielte koordinierte Manipulation von Uhrzeit/Datum der Server. Das kann sehr aufwendig werden und hat auch seine Grenzen.

5.8.3 Bericht über Bereitstellung der Testumgebung und Bericht über Bereitstellung der Testdaten

Für die beiden Themen – Testumgebung und Testdaten – reicht es nicht aus, Anforderungen zu erstellen, was diesbezüglich benötigt wird, sondern zum entscheidenden Zeitpunkt wird die Rückmeldung erwartet, dass alles bereit ist.

Für beide Fälle gibt es je einen Bericht, den Bericht über Bereitstellung der Testumgebung (engl. »test environment readiness report«) und den Bericht über Bereitstellung der Testdaten (engl. »test data readiness report«), die jeweils strukturell gleich sind:

- ID
- Beschreibung des Status

Hier geht es in erster Linie um eine Mitteilung, dass Umgebung oder Testdaten genutzt werden können.

5.9 Testberichte

Im Verlauf des Projekts entstehen zu verschiedenen Zeiten und zu unterschiedlichen Zwecken mehrere Arten von Berichten:

- Testprotokoll
- Teststatusbericht
- Testabschlussbericht

In den folgenden Abschnitten sind die vorgesehenen Inhalte zu finden, und es wird klar, wann und warum welcher der Berichte gebraucht wird.

5.9.1 Testprotokoll

Das Testprotokoll (engl. »test execution log«) dient dazu, den Testlauf nachvollziehbar zu machen. Dazu wird im Detail festgehalten, was während des Testablaufs aufgefallen ist.

Die folgende Struktur kann für jedes festgehaltene Ereignis benötigt werden:

- Überblick
- ID
- Zeitpunkt

- Beschreibung
- Auswirkungen

Daher gibt es hier auch eine ID – hiermit können die einzelnen Einträge des Protokolls unterschieden werden.

Ein Testprotokoll liest sich nicht unbedingt spannend: Aber es ist eine Notwendigkeit, wenn man wissen oder nachweisen möchte, was genau beim Testen geschehen ist.

5.9.2 Teststatusbericht

Der Teststatusbericht (engl. »test status report«) hat folgende Inhalte:

- Teststatus
- Berichtszeitraum
- Fortschritt in Bezug auf das Testkonzept
- Blockierende Faktoren
- Testmetriken
- Neue und geänderte Risiken
- Vorgesehene Tests

Ein Teststatusbericht soll einen Überblick über die aktuelle Situation beim Testen geben. Er wird während des Projektverlaufs regelmäßig angefertigt und kann, je nach Phase, den Fokus auf den Fortschritt der Testspezifikation oder auch mehr auf den Fortschritt beim Testen setzen.

Im Abschnitt »Vorgesehene Tests« geht es dann um die Inhalte, die für den anstehenden Berichtszeitraum geplant sind.

5.9.3 Testabschlussbericht

Im Testabschlussbericht (engl. »test completion report«) werden folgende Inhalte erwartet:

- Zusammenfassung der ausgeführten Tests
- Abweichungen gegenüber den geplanten Tests
- Auswertung der Testendekriterien
- Blockierende Faktoren
- Testmetriken
- Verbleibende Risiken

- Ergebnisse aus dem Testablauf
- Wiederverwendbare Testelemente
- Lessons Learned

Die Funktion dieses Berichts ist, wie der Name schon andeutet, eine ganz andere als beim Teststatusbericht: Den Testabschlussbericht gibt es zum Ende einer Testphase oder eines Projekts und er soll einen Überblick über die Errungenschaften des bisherigen Projektverlaufs in Bezug auf den Test geben: Was wurde also insgesamt geschafft, was noch nicht?

Testmetriken

Testen beweist seinen Wert darin, Information zu erzeugen. Zu dieser Information gehört die Auswertung der festgelegten Testmetriken. Dazu kann die Fehleranzahl, die Entwicklung der Fehlerbehebung und daraus abgeleitet eine Bewertung der Produktqualität gehören. Dieser Bericht ist die zentrale Stelle, an der diese Information an die Stakeholder weitergegeben wird.

Auf Basis dieser Information werden Entscheidungen getroffen, beispielsweise bezüglich der Freigabe des Testobjekts. Damit wird auch klar, dass es hier einen hohen Anspruch an die Verständlichkeit des Berichts geben muss: Es kann nicht davon ausgegangen werden, dass etwa ein Manager, der ihn liest, denselben technischen Hintergrund hat wie die Autoren. Daher gilt: Nicht nur die reinen Fakten schreiben, sondern auch erklären, was daraus abgeleitet werden kann!

5.10 Ergebnisse

5.10.1 Istergebnisse

Die Istergebnisse (auch: »tatsächliche Ergebnisse«; engl. »actual results«) beschreiben, was bei der Testdurchführung entweder übereinstimmend mit den Sollergebnissen, die in der Testfallspezifikation beschrieben sind, oder eben abweichend davon als Ausgabe oder Reaktion des Testobjekts beobachtet wurde.

Diese Istergebnisse können entweder Werte, Zustände, Zustandsänderungen oder vieles andere mehr sein, das vom Testdesigner als signifikant für eine korrekte Reaktion des Testobjekts auf die vorgenommene Stimulation durch die Testdaten eines Testfalls angenommen wurde.

Hier handelt es sich eigentlich nicht um ein eigenes Dokument, es ist vielmehr die Aufzeichnung über die Beobachtung aus der Testdurchführung, die in der Regel im Testprotokoll erfasst wird.

5.10.2 Testergebnis

Das Testergebnis (engl. »test result«) ist ebenso wie die Istergebnisse kein Dokument im eigentlichen Sinne, sondern stellt eine Aufzeichnung über die Information dar, ob ein Test erfolgreich war. Damit ist die Information gemeint, die je nach Geschmack als

bestanden	–	nicht bestanden
o.k.	–	nicht o.k.
passed	–	failed

bezeichnet wird. Dieses Ergebnis wird normalerweise im Testprotokoll, manchmal zusätzlich entweder im Rahmen eines anderen Dokuments (z.B. zusammengefasst im Teststatusbericht) oder mit einem Werkzeug erfasst.

Die Entscheidung, ob bestanden oder nicht bestanden wurde, wird davon abgeleitet, ob die Sollergebnisse eines Testfalls (in ausreichendem Maße) mit den Istergebnissen übereinstimmen.

Wenn es auch nicht mit der Definition laut ISO übereinstimmt, so wird umgangssprachlich oft der Begriff »Testergebnisse« übergreifend für die verschiedenen Arten der Ergebnisse, also Istergebnisse, das Testergebnis im engeren Sinne und auch Fehlermeldungen, verwendet.

5.10.3 Fehlerbericht

Das prominenteste sichtbare Ergebnis des Softwaretests sind gefundene Fehler[5], die in Form eines Fehlerberichts (auch: Fehlermeldung; engl. »incident report«) dokumentiert werden.
Die Informationen, die ISO 29119-3 in Bezug auf einen Fehlerbericht erwartet, sind mindestens diese:

- Datum und Uhrzeit
- Erfasser
- Kontext
- Beschreibung
- Schweregrad laut Erfasser
- Priorität laut Erfasser
- Risiko
- Status

[5] Es geht hier um Auffälligkeiten während der Tests, die streng genommen meist Fehlerwirkungen sind, aber manchmal auch Fehlerzustände sein können.

Wieso »mindestens«? Weil im Laufe des Lebenszyklus eines Fehlers natürlich noch viele weitere Informationen dazukommen können, so wie auch die Einstufung nach Schweregrad und Priorität des Fehlers sich nach Begutachtung durch weitere Personen nach dem Ersterfasser sehr wohl ändern kann.

Begriff »Fehler«: politisch korrekt?

Der Begriff »Fehler« wird je nach Fehlerkultur im Team oder Unternehmen gerne vermieden und durch unverfänglichere Begriffe wie »Auffälligkeit« oder »Problem« ersetzt. Der Grund dafür ist, dass man eine »negative« Formulierung möglichst vermeiden und die Entwickler nicht unnötig brüskieren möchte. Auch weil ein vermeintlicher »Fehler« sich manchmal als gar keiner entpuppt – etwa aufgrund eines Irrtums oder Missverständnisses des Testers.
Dieses Bemühen um korrekte Formulierungen wird hiermit ausdrücklich anerkannt. Der Name ändert aber nichts an der Natur der Sache ...
Und wir sind hier unter uns – und schreiben daher einfach im Testerjargon von Fehlern.

Die hier genannten Inhalte sind sicher nicht alles, was einem zur Erfassung von Fehlern einfallen kann und was auch sinnvoll ist. Wie immer gilt: Ergänzungen sind erlaubt! Weniger als das führt jedoch in fast allen Fällen zu unzureichenden Fehlermeldungen.
Fehler kann man auf die unterschiedlichste Weise erfassen – in Dokumenten, auf Notizzetteln und leider häufig auch in Excel-Tabellen. Der beste Weg dürften aber Werkzeuge wie Fehlerdatenbanken sein, und natürlich ist das laut Norm auch erlaubt!

Sinn und Unsinn von Fehlermeldungen

Das Schreiben von Fehlermeldungen ist zumindest im agilen Umfeld nicht ganz unumstritten. Ausgehend von einer engen Kommunikation zwischen Entwicklern und Testern kann man sich vorstellen, dass eine Behebung unmittelbar erfolgt – und der Erfolg durch einen neuen, automatisierten Testfall sichergestellt wird. Der Fehler kann sich dann nicht unbemerkt wieder einschleichen.

Eine dokumentierte Fehlermeldung wird dann als überflüssig und – wenn man die Kommunikation darauf beschränkt – als Kommunikationshindernis aufgefasst (vgl. dazu auch die Diskussion in »Testen in agilen Projekten« [15], Abschnitt 3.8.2).

Umgekehrt ist eine Fehlermeldung ein asynchrones Kommunikationsmittel, das es erlaubt, die Arbeit der Tester von der Arbeit der Entwickler zu entkoppeln – die Tester müssen die Entwickler nicht in ihrer Konzentration unterbrechen. Zudem bieten die gesammelten Fehlermeldungen die Möglichkeit, Auswertungen vorzunehmen, Prognosen zu wagen und die Arbeitserfolge aller – bei der Fehlersuche und -behebung – zu dokumentieren.

6 Inhalt ISO 29119 – Teil 4: Testverfahren

6.1 Überblick

In ISO/IEC/IEEE 29119-4 werden Testverfahren beschrieben, die im Rahmen des Testentwurfs- und -realisierungsprozesses aus ISO 29119, Teil 2 (Testprozesse) bei der Ableitung von Testfällen verwendet werden können. Die Testverfahren werden nicht nur vorgestellt, sondern es wird auch gezeigt, wie sie in die Aktivitäten des Prozesses einzuordnen sind und wie zu den einzelnen Testverfahren passende Überdeckungsmaße auf einheitliche Weise definiert werden können.

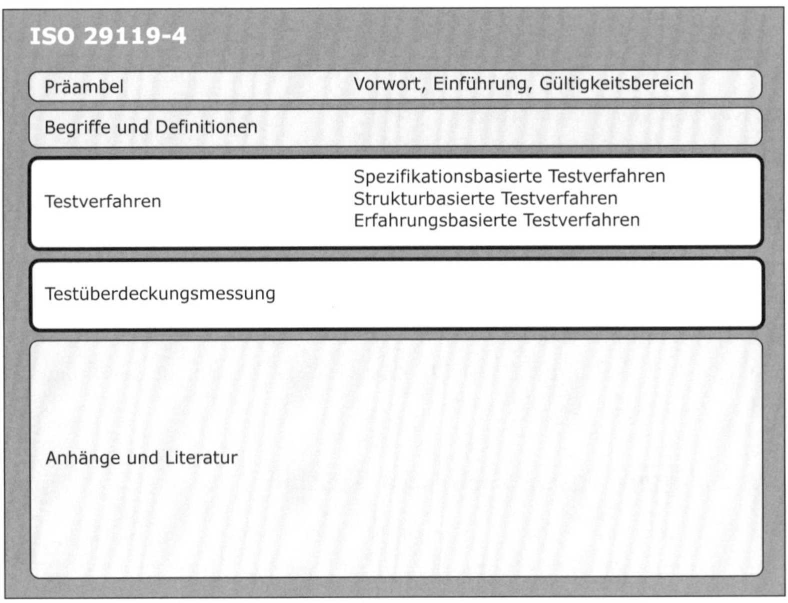

Abbildung 6-1
Überblick über die Inhalte von ISO 29119-4

Eine Übersicht über die Inhalte der ISO 29119-4 vermittelt Abbildung 6-1. Wie bei den vorangegangenen Überblicksbildern zu den anderen Teilen der Norm markieren auch hier die stärkeren Umrandungen der etwas heller gehaltenen Kästen die normativen Teile.

6.1.1 Verständnis des Begriffs Testverfahren

Die Norm ISO 29119-4 behandelt Testverfahren (engl. »test design technique«) für den dynamischen Test. Der Begriff »Testverfahren« (auch »Testtechniken«, »Testmethoden« und »Testentwurfsverfahren«) wird dabei sehr spezifisch interpretiert (übertragen ins Deutsche nach [36], übereinstimmend mit [68]):

> **Definition nach SE-VOCAB [36]**
>
> **Testverfahren:** Verfahren zur Erstellung oder Auswahl eines Testmodells, zur Identifizierung von Testüberdeckungselementen und zur Ableitung der jeweiligen Testfälle

Damit ist ein Testverfahren etwas, das beim systematischen Entwurf von Testfällen hilft.

In der Konsequenz sind Ansätze, die für sich betrachtet nicht zu Testfällen führen, sondern eher einen Rahmen bieten, kein Teil der Betrachtung durch ISO 29119-4 – selbst wenn sie anderweitig als Testverfahren bezeichnet werden (vgl. Abschnitt 3.3.2). Dazu zählen Ansätze wie:

- Keyword-Driven Testing
- Explorativer Test
- Modellbasiertes Testen

Abgrenzung Testverfahren

Einige dieser Ansätze werden in ISO 29119-1 (Allgemeine Konzepte) behandelt, einige wiederum sogar detailliert in separaten Normen. Das ergibt Sinn: Es handelt sich jeweils um eine bestimmte Herangehensweise an bestimmte Aspekte des Testens, bei der in der Folge oft Testverfahren eingesetzt werden.

6.1.2 Vom Testmodell zum Testfall

Testmodell

Die Norm gibt vor, dass der Weg zu den Testfällen bei den Testmodellen startet und über die Testüberdeckungselemente führt. Aber was sind eigentlich Testmodelle?

Die Definition im ersten Teil der Normenreihe sagt:

> **Definition nach ISO 29119-1 [65]**
>
> **test model:** representation of the test item, which allows the testing to be focused on particular characteristics or qualities

Ein Testmodell steht also stellvertretend für ausgewählte Eigenschaften des Testobjekts und dient dazu, diese Eigenschaften zu testen.

Allgemein betrachtet, ist laut Stachowiak [22] ein Modell eine vereinfachte Repräsentation (Verkürzung) von etwas anderem (Abbildung) für einen bestimmten Zweck (Pragmatik). Das lässt sich eins zu eins auf das Testmodell übertragen:

Abbildung: Das Testmodell bezieht sich auf die Spezifikation des Testobjekts, auf eine User Story, auf ein größeres Modell oder vielleicht auch auf eine Vorstellung davon, was das Testobjekt leisten soll.

Verkürzung: Es wird ein Teilaspekt abgebildet, der (neben anderen Teilaspekten) getestet werden soll.

Pragmatik: Das Testmodell ist spezifisch für das Testen erstellt und in der Regel ist es bereits auf ein bestimmtes Testverfahren ausgerichtet.

Wenn man in der Analysephase (im Testentwurfs- und -realisierungsprozess in TD2, siehe Abschnitt 4.4.1) feststellt, dass es etwas gibt, was getestet werden muss, erstellt man zunächst gedanklich und dann explizit schriftlich oder grafisch ein Modell, das dieses Etwas darstellt und so weit vereinfacht, dass man damit arbeiten kann. Hypothetisch könnte ein Testmodell das Testobjekt vollständig repräsentieren – sozusagen durch Verzicht auf die Verkürzung –, aber wenn das möglich wäre, dann wäre das Modell ziemlich sicher zu komplex, um damit noch arbeiten zu können. Also: »divide et impera«, teile und herrsche.

Testmodelle können im ersten Wurf auch zu groß geraten: Dann teilen wir weiter und erstellen aus dem zu großen Modell mehrere kleinere.

Es hängt von der Beschaffenheit der Testmodelle ab, wie weiter zu verfahren ist: In der Regel implizieren die Testmodelle unmittelbar die Testverfahren. Man kann es aber auch umdrehen: Für einen zu testenden Teilaspekt passt ein bestimmtes Testverfahren, dann erstellen wir ein passendes Testmodell.

Beispiele für Testmodelle – Kontext: Geldautomat

- »Zustandsmodell für den Auszahlungsprozess«: Es gibt sehr viele Varianten – das Modell sollte noch vereinfacht werden.
- »Zustandsmodell Auszahlung institutseigenes Girokonto«: Verfeinerung des obigen Testmodells, dieses Modell könnte überschaubar genug sein.
- »Äquivalenzklassen mit gültiger/ungültiger PIN/Kartenkombination«: Zu jeder Äquivalenzklasse sind Testfälle ableitbar.

Manche Testmodelle sind wirklich sehr einfach, und es gibt nicht viel Spielraum, unterschiedliche Testfälle abzuleiten. Bei anderen schon – man kann mehr oder weniger viele Testfälle finden und mehr oder weniger intensiv testen.

Noch mehr Beispiele für Testmodelle

- »Die Betriebszustände einer Alarmanlage als Zustandsautomat«: Testfälle können mit einem zustandsbasierten Test abgeleitet werden.
- »Akzeptanzkriterium: Die Ausgabe als PDF muss die Daten der vorherigen Eingabe beinhalten«: Testfälle können anforderungsbasiert abgeleitet werden.
- »Akzeptanzkriterium: Die Ausgabe als PDF muss dem vorgegebenen Layout entsprechen«: Auch hier passt anforderungsbasiertes Testen.
- »Akzeptanzkriterium: Die Antwortzeit der (definierten) Anfrage ist kürzer als 3 Sekunden«: Ein Fall für einen Performanztest. Es handelt sich zwar nicht um ein Testverfahren im engeren Sinne, dennoch liegt ein Testmodell zugrunde. In der Norm wird der Performanztest in Anhang A.2.10 behandelt.

Welche Testmodelle den einzelnen Testverfahren zugrunde liegen, gibt die Norm für jedes einzelne dieser Testverfahren an!

Sind die Testmodelle gefunden, kann der nächste Schritt auf dem Weg zu Testfällen erfolgen: Testüberdeckungselemente werden gesucht. Dazu kommt man idealerweise[1] unter Verwendung von passenden Testverfahren. Anhand der Testüberdeckungselemente kann dann definiert werden, wann eine vollständige Testüberdeckung als erreicht gelten soll.

Vollständigkeit nicht im Sinne von »genug«, sondern von »minimal notwendig«

Beispiele für Testüberdeckungselemente

- Das Testmodell ist eine Äquivalenzklassenzerlegung: Jede Äquivalenzklasse ist ein Testüberdeckungselement.
- Das Testmodell ist ein Zustandsautomat: Je nach gewünschter Testtiefe (abhängig vom Risiko, festgelegt durch die Teststrategie im Testkonzept) sind Testüberdeckungselemente einzelne Zustände, Übergänge zwischen den Zuständen oder bestimmte Sequenzen von Übergängen.
- Das Testmodell wird durch die identifizierten Grenzen der Wertebereiche aus einer Grenzwertanalyse gebildet: Wie beim Zustandsautomaten ist auch hier eine unterschiedliche Wahl der Testtiefe möglich – somit können Testüberdeckungselemente hier entweder die zwei Grenzwerte (erster Wert innerhalb und erster Wert außerhalb des Bereichs an dieser Grenze) oder zusätzlich noch die Nachbarwerte dieser Grenzwerte sein.

Wie bei den Testmodellen gilt auch hier: Für jedes Testverfahren nennt die Norm typische Testüberdeckungselemente.

Damit kann dann im weiteren Verlauf beobachtet werden, wie weit die Realisierung oder später die Durchführung der Testfälle fortgeschritten ist.

Testüberdeckungselemente haben also eine Doppelfunktion: Sie werden einerseits beim Testentwurf verwendet, um gezielt die gewünschte Testüberdeckung zu erreichen, andererseits bei der Teststeuerung zur Fortschrittsmessung genutzt.

[1] Ideal, weil die Verwendung von Testverfahren Fehler vermeidet und Zeit spart. Aber als Tester muss man wach genug sein, zu erkennen, wenn mehr als Schema-F nötig ist.

> **Und wenn das nicht reicht?**
>
> Was ist, wenn jetzt aber etwas nicht als Testüberdeckungselement auftaucht, weil vielleicht das Testverfahren das Element nicht automatisch aufführt?
> Dass etwas übersehen wird, ist natürlich nie auszuschließen, sollte aber bitte nicht auf das Testverfahren zurückzuführen sein: Jeder Aspekt, der kreativen Testern in den Sinn kommt, kann hier einbezogen werden und stellt einfach ein weiteres Testmodell oder eine Facette davon dar.
> Mitdenken ist jederzeit erwünscht!

6.1.3 Testverfahren und die Prozesse aus Teil 2

Es gibt einen engen Bezug zwischen den Testverfahren aus Teil 4 und dem Testentwurfs- und -realisierungsprozess aus Teil 2 (vgl. Abschnitt 4.4.1).

Abbildung 6-2 *Testverfahren im Testentwurfs- und -realisierungsprozess laut ISO 29119-2 [68]*

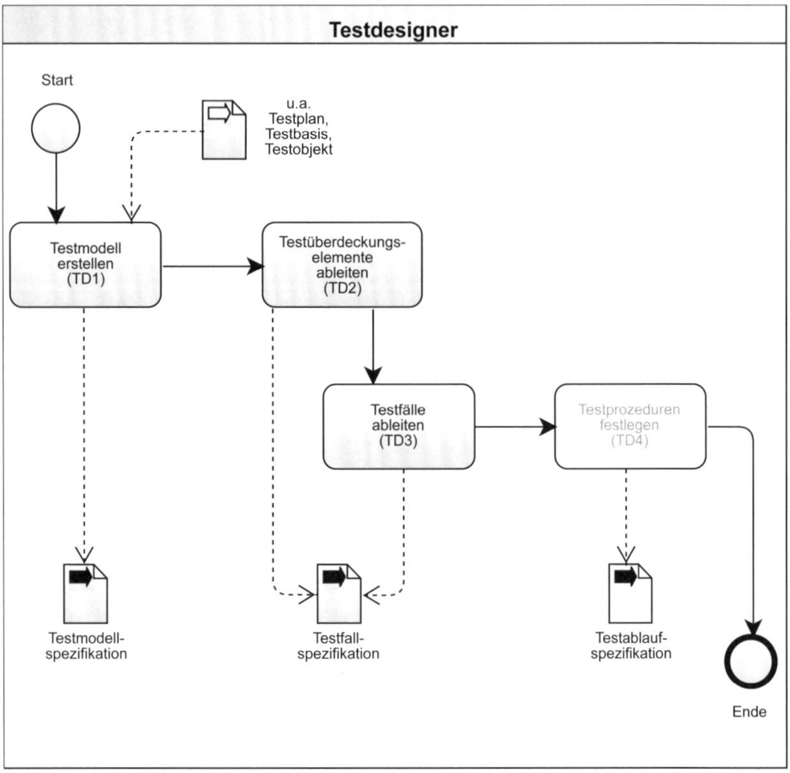

Die drei Aktivitäten »Testmodell erstellen«, »Testüberdeckungselemente ableiten« und »Testfälle ableiten« werden direkt durch die Anwendung von Testverfahren aus Teil 4 der Normenreihe umgesetzt.

Abbildung 6-2 zeigt diese drei Aktivitäten (dunkel hervorgehoben) noch einmal in ihrem Zusammenhang. Vorausgesetzt wird eine Analyse der Testbasis, die zu den Testmodellen führt. Die Testmodelle sind die Grundlage für die Anwendung der Testverfahren. Nach diesen drei Aktivitäten werden die Testprozeduren zusammengestellt. Diese Aktivität liegt nicht mehr im Fokus der hier beschriebenen Testverfahren. Sie erfolgt im Anschluss an die Anwendung der Testverfahren – entweder manuell oder eventuell auch automatisiert, beispielsweise durch einen geeigneten modellbasierten Ansatz.

Die Beschreibung aller in der Norm enthaltener Testverfahren ist anhand dieser drei Aktivitäten gegliedert.

6.1.4 Testverfahren und die Dokumente aus Teil 3

Was an Ergebnissen durch die Testverfahren anhand des Testentwurfs- und -realisierungsprozesses entsteht, soll auch gemäß ISO 29119-3 (Testdokumentation) dokumentiert werden.

Die beiden Dokumente, die hier am meisten durch die inhaltliche Arbeit anhand der Testverfahren geprägt werden, sind die Testmodellspezifikation (vgl. Abschnitt 5.7.1) und die Testfallspezifikation (vgl. Abschnitt 5.7.2).

In der Testmodellspezifikation werden die Testmodelle dokumentiert und in der Testfallspezifikation neben den Testüberdeckungselementen auch die eigentlichen Testfälle.

Die Testfallspezifikation enthält die Details der Testfälle.

Was die Testfälle angeht, so enthalten sie laut Teil 3 der Norm [69] u.a. Vorbedingung, Eingabewerte und Sollergebnisse – klassische Informationsattribute eines Testfalls, die mit der Anwendung eines Testverfahrens ermittelt und dann in der Testfallspezifikation beschrieben werden.

6.1.5 Übersicht über die Testverfahren nach ISO 29119-4

Der vierte Teil der Normenreihe ISO 29119 führt eine Vielzahl von Testverfahren auf, die in der Praxis mehr oder weniger üblich sind, sich jedenfalls bewährt haben und in weiterführender Literatur fundiert beschrieben sind. Der Anspruch der Norm ist hier nicht, ein umfassendes Kompendium zu bieten. Es kann durchaus sein, dass es weitere wichtige und in der Praxis benötigte Testverfahren gibt, die hier nicht aufge-

Mehr Information

Es ist sehr sinnvoll, neben den primär für die Durchführung des Testfalls benötigten Informationen auch zu dokumentieren, wie der Testfall ermittelt wurde. Dazu gehört, welches Testverfahren eingesetzt wurde und – je nachdem – welche Äquivalenzklassen, Zustandsautomaten und andere Zwischenergebnisse ermittelt wurden – auch, warum Entscheidungen etwa im Hinblick auf die Testtiefe genau so gefällt wurden. Solche Information kann sehr gut unter dem Punkt Testmodelle oder unter dem Punkt Testüberdeckungselemente abgelegt werden.

führt sind. Natürlich dürfen (ja, sollen!) solche weiteren Testverfahren eingesetzt werden, wenn es zielführend ist.

Einen Überblick über die bereits sehr umfassende Liste der hier aufgeführten Testverfahren geben die Tabellen 6-1 und 6-2.

Tabelle 6-1 *Aufstellung der Testverfahren nach ISO 29119-4 (1 von 2)*

Kategorie	Bezeichnung laut Norm	Deutsche Bezeichnung
Spezifikations-basierte Testverfahren	Equivalence partitioning	Äquivalenzklassenbildung
	Classification tree method	Klassifikationsbaum-verfahren
	Boundary value analysis	Grenzwertanalyse
	Syntax testing	Syntaxtest
	Combinatorial test design techniques	Kombinatorischer Test
	Decision table testing	Entscheidungstabellentest
	Cause effect graphing	Ursache-Wirkungs-Graph-Analyse
	State transition testing	Zustandsbasierter Test
	Scenario testing	Szenariotest
	Random testing	Zufallstest
	Metamorphic testing	Metamorpher Test
	Requirements based testing	Anforderungsbasierter Test

Tabelle 6-2
Aufstellung der Testverfahren nach ISO 29119-4 (2 von 2)

Kategorie	Bezeichnung laut Norm	Deutsche Bezeichnung
Struktur-basierte Testverfahren	Statement testing	Anweisungstest
	Branch testing	Zweigtest
	Decision testing	Entscheidungstest
	Branch condition testing	Bedingungstest
	Branch condition combination testing	Mehrfachbedingungstest
	Modified condition decision coverage (MCDC) testing	Modifizierter Bedingungs-/ Entscheidungstest
	Data flow testing	Datenflusstest
Erfahrungs-basierte Testverfahren	Error guessing	Fehlererwartungsmethode

Zu einigen dieser hier aufgeführten Testverfahren werden in der Norm noch Unterformen oder Varianten genannt, die hier durch ihren Oberbegriff repräsentiert sind.

Manche der Testverfahren stehen für sich, andere setzt man am besten in Kombination mit weiteren Testverfahren ein.

Beispiel

Die Grenzwertanalyse (vgl. Abschnitt 6.2.3) kann sehr gut allein verwendet werden.
Kombinatorisches Testen hingegen benötigt etwas, was kombiniert werden soll – typischerweise Werte von Parametern: Wenn das nicht pauschal alle Werte sein sollen, funktioniert kombinatorisches Testen daher zur Auswahl der Werte sehr gut zusammen mit anderen Verfahren, wie z.B. mit der Anwendung der Äquivalenzklassenbildung (vgl. Abschnitt 6.2.5).

Eine Kombination der unterschiedlichen Verfahren ist natürlich möglich und kann auch über die Grenzen der Kategorien (spezifikationsbasierte, strukturbasierte, erfahrungsbasierte Testverfahren) vorgenommen werden.

Zu jedem dieser Testverfahren bietet ISO 29119-4:

- Eine Zuordnung, was für ein Testmodell zu dem Testverfahren passt (Beispiel Äquivalenzklassenbildung: hier sind die Äquivalenzklassen das Testmodell)
- Einen oder mehrere Vorschläge für Testüberdeckungselemente
- Eine Erklärung, wie Testfälle abzuleiten sind
- Eine Einordnung in die Aktivitäten des Testentwurfs- und -realisierungsprozesses
- Und besonders nützlich für die Praxis: im Anhang detaillierte Beispiele

Da die Norm in der Erläuterung der Testverfahren zum Teil sehr knapp ist, werden diese Testverfahren in den folgenden Abschnitten im Einzelnen kurz besprochen. Dabei liegt der Schwerpunkt auf der Zielrichtung und den zugrunde liegenden Ideen.

Zu jedem Testverfahren ist ein Kasten mit der Überschrift »Vereinfacht gesagt ...« angegeben, der eine Charakterisierung des jeweiligen Testverfahrens enthält. Diese Kästen vereinfachen bewusst, um die Grundidee herauszuarbeiten – sie beschreiben die Verfahren nicht vollständig!

Beispiele im Anhang der Norm

Wer sich eingehender mit den Testverfahren beschäftigen möchte, kann in der Literatur, beispielsweise bei Spillner/Linz [20], Liggesmeyer [14], Schneider [19], Riedemann [17], Beizer [3], Jonassen Hass [13] oder Myers [16], oder in einer der bei den jeweiligen Testverfahren genannten Literaturstellen mehr erfahren – und auch in der Norm [70] selbst, die in den Anhängen B, C und D Anwendungsrichtlinien und umfangreiche Beispiele zur Anwendung all dieser Testverfahren bietet.

Es ist kein Zufall, dass dieser Anhang mehr als zwei Drittel der Norm ausmacht; dieses Angebot sollte man nicht ausschlagen!

6.2 Spezifikationsbasierte Testverfahren

6.2.1 Äquivalenzklassenbildung

Äquivalenzklassenbildung (engl. »equivalence partitioning«) ist wahrscheinlich das am weitesten verbreitete Testverfahren, da es sowohl in sehr vielen Fällen einsetzbar ist als auch dem natürlichen Denken vieler Tester nahekommt.

> Äquivalenzklassen kann man mit Fokus auf Eingaben, Ausgaben oder eine Kombination von beidem bilden.

Ein Testdesigner stellt aufgrund der verfügbaren Testbasis Annahmen[2] auf, dass bestimmte Klassen von Eingabewerten ein gleichartiges Verhalten des Testobjekts zur Folge haben oder – wenn man von den Ergebnissen ausgeht – dass bestimmten Klassen von Ausgabewerten ein gleichartiges Verhalten des Testobjekts vorangeht. Diese Klassen von Werten werden als Äquivalenzklassen bezeichnet.

> **Vereinfacht gesagt ...**
>
> ... geht es bei Äquivalenzklassen darum, sich zu fragen:
> Was macht einen Unterschied?
> Was für unterschiedliche Fälle gibt es im Testobjekt, die ich im Test berücksichtigen muss?

Das zugeordnete Verhalten ist dann entweder korrekt – im Sinne der Spezifikation – oder fehlerhaft. Soweit die Annahme bezüglich des gleichartigen Verhaltens zutrifft, reicht dann jeweils ein Vertreter (Repräsentant) einer Klasse aus, um herauszufinden, ob sich das Testobjekt für diese Äquivalenzklasse korrekt verhält.

Die Bestimmung der Äquivalenzklassen wird idealerweise auf Basis einer Spezifikation, die auf den Anforderungen beruht, machmal aber auch direkt auf der Basis von Anforderungen durchgeführt.

---

[2] Die Analyse, die auf Basis der vorliegenden Informationen zu diesen Annahmen und damit zu einem Modell des Testobjekts führt, ist die kreative Leistung der Tester bei diesem Verfahren.

6.2.2 Klassifikationsbaumverfahren

Das Klassifikationsbaumverfahren (engl. »classification tree method«) wurde in Arbeiten von Grimm, Grochtmann und Wegener (vgl. u.a. [11] und [28]) beschrieben.

Ein wesentlicher Bestandteil des Verfahrens ist die Darstellung von Klassifikationen (der Eingabewerte) mittels einer Baumstruktur. Bei den Klassifikationen kann es sich um Äquivalenzklassen handeln, aber die Darstellung ist nicht notwendigerweise darauf beschränkt. So kann man in einer Baumdarstellung beispielsweise zusätzlich zu Äquivalenzklassen auch konkrete Werte, etwa aus einer Grenzwertanalyse, mit einbeziehen.

Allerdings ist ein Grundgedanke dabei, dass die Klassifikationen disjunkt sein sollen, sich also inhaltlich nicht überschneiden sollen.

Die Darstellung mittels einer Baumstruktur ist für viele Menschen ein Hilfsmittel, das den Sachverhalt übersichtlicher und leichter verständlich macht. Das kann hilfreich sein, gerade wenn es um eine Beurteilung der Analyse oder später um die Wartung der Testfälle geht.

Vereinfacht gesagt ...

... bietet das Klassifikationsbaumverfahren einen Weg, Äquivalenzklassen (oder andere Klassifikationen) unterschiedlicher Parameter für eine Situation übersichtlich darzustellen und anschließend systematisch Testfälle aus Kombinationen der Repräsentanten abzuleiten.

Sobald die Baumstruktur vorhanden ist, die beispielsweise für mehrere Parameter gültige und ungültige Äquivalenzklassen darstellt, können über eine zugeordnete Tabelle (je nach Beschaffenheit des Baumes: konkrete oder abstrakte) Testfälle zusammengestellt werden.

Mit entsprechender Werkzeugunterstützung (kommerzielle Werkzeuge sind verfügbar) ist es nicht nur möglich, die Baumstruktur zu bearbeiten, sondern auch das Ableiten der Testfälle unter Berücksichtigung einer vordefinierten Kombinationsregel kann automatisiert werden.

6.2.3 Grenzwertanalyse

Voraussetzung: Ordnung des Wertebereichs

Die Grenzwertanalyse (auch »GWA«, engl.»boundary value analysis«) basiert auf der Beobachtung, dass Fehler immer wieder an Stellen im Testobjekt auftreten, an denen Grenzen von Wertebereichen betrachtet werden müssen. Dazu müssen Wertebereiche natürlich erkennbare Grenzen haben, es muss ein kleinstes und größtes oder erstes und letztes Element geben.

Eine solche Ordnung kann auf ganz unterschiedliche Weise existieren. Einige Beispiele hierfür sind:

- Bei Zahlenbereichen: kleinster und größter Wert des Intervalls
- Bei Listen: erster und letzter Wert der Liste
- Bei Listen, andere Betrachtung: Anzahl der Elemente – leere Liste, maximal große Liste
- Bei Größenangaben: kleinstes und größtes Element
- Bei Geldbeträgen: kleinster und größter Betrag

> **Vereinfacht gesagt ...**
>
> ... werden bei der Grenzwertanalyse die Grenzen von Wertebereichen betrachtet und dort Eingabewerte für Testfälle gesucht, da man hier gute Aussichten hat, Fehler zu finden.

Zwei oder drei Grenzwerte

In der Literatur wie auch in der Praxis findet man zwei grundsätzlich unterschiedliche Betrachtungen der Grenzwertanalyse: Entweder werden zwei Werte pro Grenze betrachtet oder drei Werte pro Grenze.

- Variante 1 – Zwei Werte pro Grenze: Es wird der Grenzwert selbst (das kleinste oder größte Element innerhalb der betrachteten Wertemenge) betrachtet und zusätzlich der erste greifbare Wert neben dem Grenzwert, der nicht mehr innerhalb der Wertemenge liegt.
- Variante 2 – Drei Werte pro Grenze: Zusätzlich zu den Werten aus Variante 1 wird der nächste fassbare Nachbarwert des Grenzwerts betrachtet, der innerhalb der Wertemenge liegt.

Die Norm legt nicht fest, ob oder unter welchen Umständen Variante 1 oder Variante 2 eingesetzt werden soll, sondern überlässt diese Entscheidung dem Testdesigner. Die Entscheidung soll risikobasiert und angepasst an die Umstände vorgenommen werden.

Grenzwertanalyse ist ein Testverfahren, das oft in einem Atemzug mit Äquivalenzklassenbildung genannt wird, da es sich anbietet, auf die gefundenen Äquivalenzklassen angewendet zu werden. Streng genommen sind beide unabhängig voneinander. In der Praxis setzt man aber, sofern die Äquivalenzklassen geeignet sind (wenn Grenzen erkennbar sind), gerne beide gemeinsam ein.

6.2.4 Syntaxtest

Beim Syntaxtest (engl. »syntax testing«, vgl. auch [3] und [13]) handelt es sich um ein Testverfahren, das weniger die eigentliche Funktion des Testobjekts als das Format der Eingaben untersucht.

Ausgegangen wird von einer formalen Beschreibung der Werte, die beispielsweise als Eingabe einer Variablen oder als Nachrichtenelemente eines Kommunikationsprotokolls zulässig sind. Diese formale Beschreibung (Grammatik) kann als Extended Backus-Naur Form (EBNF) vorliegen. Darauf basierend werden, abhängig von der benötigten Testtiefe, Kriterien definiert, wie die verschiedenen Sprachelemente mit Testfällen zu überdecken sind. Diesen Kriterien entsprechend werden Sprachelemente abgeleitet und in den Test einbezogen, die

EBNF

- in ausreichender Weise die gültigen Werte darstellen und der Grammatik entsprechen und
- in ausreichender Weise ungültige Werte darstellen, also Regelelemente der Grammatik verletzen.

Erstere müssen im Rahmen der Testdurchführung anstandslos verarbeitet werden, letztere sollten (im Allgemeinen) mit einer Fehlerbehandlung abgefangen oder mit einer Fehlermeldung vom Testobjekt zurückgewiesen werden.

Für die Festlegung der Testtiefe beim Syntaxtest macht die Norm Vorschläge, was sinnvollerweise als Minimum gewählt werden kann.

> **Vereinfacht gesagt ...**
>
> ... wird mit dem Syntaxtest geprüft, ob durch ein Muster vorgegebene gültige Eingaben akzeptiert und ungültige Eingaben abgewiesen werden.

Syntaxtest kann gerade im Hinblick auf Robustheit und Sicherheit eine große Rolle spielen, wenn beispielsweise sichergestellt werden soll, dass durch eine gezielte Fehleingabe kein Fehlverhalten des Testobjekts auslösbar ist, das eine nicht vorgesehene Benutzung erlaubt.

6.2.5 Kombinatorischer Test

Bei der Betrachtung einzelner Parameter oder einzelner Eingabewerte eines Testobjekts – vielleicht ermittelt durch Äquzivalenzklassenbildung oder Grenzwertanalyse – stößt man immer wieder auf eine Problematik: Diese einzelnen für den Test notwendigen Werte sind zwar schön und gut, aber für sich betrachtet im Test oft nicht alleine einsetzbar: Das Testobjekt erwartet meist nicht nur einen einzelnen Parameter, der gerade so schön analysiert und aufbereitet wurde, sondern gleichzeitig mehrere, manchmal viele Werte.

Beispiel: Kombinationsverfahren und Äquivalenzklassenanalyse

Wenn Äquivalenzklassen für mehrere (gemeinsam in Testfällen vorkommende) Parameter einzeln gebildet werden, kann kombiniert werden: Zu jedem Parameter werden Äquivalenzklassen erstellt und Repräsentanten ausgewählt.
Kombinationen werden nun gebildet, indem zu jedem der Parameter jeweils einer seiner Repräsentanten ausgewählt wird. Mit einer solchen Zusammenstellung der Repräsentanten ergibt sich die Grundlage für einen Testfall.
Abhängig von der Anzahl der Parameter und Äquivalenzklassen gibt es möglicherweise sehr viele unterschiedliche Kombinationen. Durch das ausgewählte Kombinationsverfahren wird festgelegt, welche davon verwendet werden, wie also kombiniert wird. Daraus ergibt sich eine mehr oder weniger große Anzahl von Testfällen und ein unterschiedlich intensiver Test.

Daher ist es nötig, um sinnvolle und vor allen Dingen durchführbare Testfälle zu erhalten, die ermittelten Repräsentanten mehrerer unterschiedlicher Parameter zu kombinieren (siehe auch [8]). Hierfür schlägt die Norm verschiedene Ansätze vor:

- **Volle Kombinatorik** (engl. »all combinations testing«): Alle denkbaren Kombinationen werden gebildet.
- **Paarweises Testen** (engl. »pair-wise testing«): Es werden nur so viele Kombinationen gebildet, dass alle möglichen Paarungen der Repräsentanten von jeweils zwei Parametern überdeckt werden.

- **Einfache Kombinatorik** (engl. »each choice«): Es wird nur sichergestellt, dass alle Repräsentanten aller Parameter vorkommen.
- **Basiskombinatorik** (engl. »base choice«): Jeder Parameter bekommt einen »Basiswert« aus seinen Repräsentanten zugewiesen (z.B. der in der Praxis wichtigste Wert); für die Definition der Testfälle wird dann für alle Parameter der Basiswert festgelegt, bis auf einen Parameter, bei dem variiert wird.

Vereinfacht gesagt ...

... werden die Varianten des kombinatorischen Testverfahrens (Kombinationsstrategien) genutzt, um die einzelnen durch andere Testverfahren ermittelten Werte zu nützlichen Testfällen zusammenzufügen. Mit unterschiedlichem Aufwand kann dabei auch eine unterschiedliche Intensität des Testens erreicht werden.

6.2.6 Entscheidungstabellentest

Entscheidungstabellen (engl. »decision table testing« – schon in Myers [16] beschrieben) sind vor allem dann hilfreich, wenn ein komplexes Zusammenspiel von Bedingungen und damit verknüpften Aktionen getestet werden soll. Für eine bestimmte Konstellation von Bedingungen ist dann gefordert, dass genau ein bestimmter zugeordneter Satz von Aktionen durch das Testobjekt ausgeführt werden soll.

Diese Konstellationen werden in einer Tabelle spaltenweise notiert – jede Spalte enthält einen Satz von Bedingungen und die dazugehörigen erwarteten Aktionen. Eine solche Tabelle kann, da nur endlich viele verschiedene Bedingungen betrachtet werden, grundsätzlich vollständig erstellt werden. Dann wird für alle erdenklichen Kombinationen von Bedingungen (den Eingaben an das Testobjekt) ersichtlich, welche Aktionen (die Ausgaben des Testobjekts) erwartet werden.

Vollständigkeit

Bei den »Bedingungen« handelt es sich um logische Aussagen, die mit »trifft zu« oder »trifft nicht zu« (oder »true« bzw. »false«) bewertet werden können. Bei den »Aktionen« handelt es sich um durch das Testobjekt ausgelöste Aktivitäten oder Ausgaben, die entweder stattfinden oder auch nicht – also ebenfalls »eintreten« oder »nicht eintreten« können.

Aus jeder Spalte kann nun ein Testfall abgeleitet werden, indem die Bedingungen als die Eingaben an das Testobjekt verstanden werden und die Aktionen die Sollergebnisse darstellen.

Vereinfacht gesagt ...

... bietet der Entscheidungstabellentest einen Weg, Testfälle für Situationen mit komplexen regelbasierten Zusammenhängen zu finden.

Eine vollständige Entscheidungstabelle kann sehr umfangreich werden. Daher ist es üblich, einzelne oder mehrere Bedingungen in einer Spalte mit einem »don't care« zu bewerten, was üblicherweise mit einem Strich »–« notiert wird. Damit wird zum Ausdruck gebracht, dass die betreffende Bedingung entweder für das Ergebnis unbedeutend (irrelevant) oder in der Situation nicht beantwortbar ist (nicht zutreffend). In beiden Fällen ersetzt eine solche Spalte mehrere »normale« Spalten ohne »don't care«.

Die Folge ist somit einerseits, dass man mit weniger Spalten – also weniger Testfällen – auskommt, dass aber andererseits auch Testfälle wegfallen, die möglicherweise sehr wichtig wären (Beispiel: Von zwei möglichen Fällen, die eine Fehlermeldung erzeugen, wird nur einer geprüft).

Die Reduktion der Zahl der Testfälle passiert hier im Grunde dadurch, dass man bei gleichem Ergebnis (gleichen Aktionen) auf Testfälle verzichtet. Diese Strategie ist nicht ungefährlich, und als Testdesigner sollte man sich dessen bewusst sein, wenn Spalten reduziert werden sollen oder aus Aufwandsgründen reduziert werden müssen.

6.2.7 Ursache-Wirkungs-Graph-Analyse

Die Ursache-Wirkungs-Graph-Analyse (engl. »cause effect graphing«) ist in ähnlichen Situationen anwendbar wie der Entscheidungstabellentest. Auch hier wird mit Entscheidungstabellen gearbeitet. Sie stehen aber nicht am Anfang der Betrachtung, sondern werden erst im Laufe der Anwendung dieses Testverfahrens erzeugt.

Ausgangspunkt für die Anwendung der Ursache-Wirkungs-Graph-Analyse ist der namengebende Ursache-Wirkungs-Graph. Hier werden die möglichen Ursachen (Eingaben, entsprechen den Bedingungen beim Entscheidungstabellentest), die ein unterschiedliches Verhalten des Testobjekts zur Folge haben können, den Wirkungen (Ausgaben, entsprechen den Aktionen beim Entscheidungstabellentest) gegenübergestellt und durch grafische Elemente die Beziehungen zwischen den Ursachen und Wirkungen dargestellt.

Diese Beziehungen sind logische Verknüpfungen wie Und-Verknüpfung, Oder-Verknüpfung, Implikation und Negation, die deshalb einen Sinn ergeben, weil jeder Ursache für eine Situation ein Wahrheitswert (»wahr« oder »falsch«) zugeordnet werden kann.

Präzise Darstellung durch Ursache-Wirkungs-Graph

Die Erstellung dieses Ursache-Wirkungs-Graphen ist eine Modellierungstätigkeit, und der fertige Graph ist ein Modell[3], das einen Ausschnitt aus dem gewünschten Verhalten des Testobjekts beschreibt. Bereits im Rahmen der Modellierung können – sozusagen als Bonus – Ungenauigkeiten oder Widersprüche in der zugrunde liegenden Testbasis gefunden werden.

Der fertige Ursache-Wirkungs-Graph stellt eine formale, eindeutige und präzise Beschreibung des Sollverhaltens dar.

Hiermit entsteht zweifacher Nutzen:

1. Es liegt eine genaue Grundlage für die weitere Ableitung von Testfällen vor, die als Nebeneffekt für ein Review ausgezeichnet geeignet ist.
2. Für viele (nicht für alle!) Menschen ist eine grafische Darstellung anschaulicher und macht einen komplexen Sachverhalt besser verständlich.

Gleichzeitig ist die Erstellung des Ursache-Wirkungs-Graphen aber auch ein Hindernis für die Anwendung des Verfahrens, da viele Testdesigner den Aufwand und die vermeintlich damit verbundene Schwierigkeit scheuen und daher lieber auf den Entscheidungstabellentest ausweichen.

Vereinfacht gesagt ...

... wird mit der Ursache-Wirkungs-Graph-Analyse über die Erstellung eines Graphen ein komplexer logischer Zusammenhang sichtbar gemacht und anschließend werden aus dem Graphen Testfälle abgeleitet.

[3] Jedem Testverfahren liegt ja ein Testmodell zugrunde; beim Ursache-Wirkungs-Graphen steht es noch mehr im Vordergrund als bei den meisten anderen Verfahren.

Sobald der Ursache-Wirkungs-Graph erstellt ist, kann das weitere Vorgehen relativ mechanisch erfolgen: Der Graph wird in eine Entscheidungstabelle umgewandelt und daraus werden Testfälle abgeleitet.

Wie beim Entscheidungstabellentest ist es auch hier möglich, die Anzahl der Testfälle zu reduzieren. Die Strategie beruht aber darauf, auf Basis der logischen Zusammenhänge diejenigen Testfälle zu bevorzugen, die mit höherer Wahrscheinlichkeit Fehler finden. Dadurch wird risikobasiertes Testen besser unterstützt als durch eine Anwendung des Entscheidungstabellentests, bei dem Testfälle mit gleichen Sollwerten zusammengefasst werden.

6.2.8 Zustandsbasierter Test

Beim zustandsbasierten Test (engl. »state transition testing«, vgl. [8] und [7]) wird ein Schwerpunkt auf das zeitliche Verhalten oder die Reihenfolge, in der Aktivitäten passieren, gelegt.

Zu diesem Zweck wird auch hier das Testmodell grafisch[4] modelliert und meist in der Form eines endlichen Automaten bzw. eines Zustandsdiagramms dargestellt. In dem Zustandsdiagramm ist für jeden Zustand ersichtlich, unter welchen Bedingungen oder beim Eintreten welchen Ereignisses welcher andere Zustand erreichbar ist. Durch Bildung von Ketten von Zustandsübergängen (oder analog: von Folgen von Zuständen) werden Testfälle gebildet.

Die Norm schlägt vier unterschiedliche Überdeckungskriterien zur Definition der Testüberdeckungselemente vor:

1. Jeder Zustand soll überdeckt werden.
2. Jeder Übergang soll überdeckt werden.
3. Jeder Übergang soll überdeckt werden, zusätzlich werden nicht vorgesehene (»ungültige«) Übergänge mit einbezogen, im Sinne eines Robustheitstests.
4. Ketten einer vorgegebenen Länge von n+1 Übergängen (»n-switch coverage«) sollen überdeckt werden (vgl. auch Chow [7]).

Zustandsbasierter Test wird gerne eingesetzt, wenn es um Steuerungssysteme oder Automaten geht, kann aber auch für ganz andere Testobjekte, beispielsweise zum Testen von prozessbasierten Systemen (auch für Geschäftsprozesse) oder Assistentensystemen (festgelegte Folgen von Eingabemasken), sehr nützlich sein – allgemein dann, wenn das Systemverhalten von der Historie zurückliegender Systemreaktionen beeinflusst wird.

---

[4] Statt der grafischen Form kann auch eine Tabelle verwendet werden.

Vereinfacht gesagt ...

... wird beim zustandsbasierten Test geprüft, ob das Testobjekt entweder abhängig von der Reihenfolge von Eingaben unterschiedlich das Richtige tut oder, genau im Gegenteil, unabhängig von der Reihenfolge immer richtig das Gleiche tut.

6.2.9 Szenariotest

Szenariotest (engl. »scenario testing«, auch: »use case testing«, vgl. [1], [13]) kann als Überbegriff für verschiedene Varianten des Testens verstanden werden, bei denen es darum geht, eine Folge von Interaktionen zwischen dem Testobjekt und anderen Systemen oder auch Anwendern zu beschreiben und daraus Testfälle abzuleiten.

Vertreter des Szenariotests sind somit:

1. Anwendungsfallbasierter Test (engl. »use case testing«)
2. Geschäftsprozessbasierter Test
3. Transaktionsbasierter Test

Bei all diesen Vertretern werden aus Abläufen, die nicht streng linear sein müssen und auch Varianten enthalten können, Sequenzen von Aktionen gebildet, die dann zu Testfällen führen. Diese Sequenzen können Grenzen (inhaltlicher Natur oder zwischen Systemen und Teilsystemen) überschreiten, die normalerweise den Fokus einschränken, wenn Testen auf die fachlichen Teilaspekte fokussiert ist. Dadurch können sie zu sehr interessanten Testfällen führen.

Vereinfacht gesagt ...

... werden beim Szenariotest Testfälle aus bekannten Abläufen gebildet.

Szenariotests werden gerne bei End-to-End-Tests oder im Rahmen von Systemintegrationstests verwendet.

6.2.10 Zufallstest

Der Begriff »Zufallstest« (engl. »random testing«, vgl. [20], [13]) kann erst einmal irritieren. Wenn so viel Mühe und Papier darauf verwendet wird, Normen und Bücher zu schreiben, in denen man ermutigt wird, in allen Dimensionen systematisch zu arbeiten – wieso soll dann mit einem Mal der Test dem Zufall überlassen bleiben?

Die Empfehlung besteht nicht darin, Testfälle komplett zufällig zu ermitteln. Zufällig ermittelte Werte können aber die systematisch ermittelten Testfälle sehr sinnvoll ergänzen.

Vereinfacht gesagt ...

... kann die zufällige Auswahl von Repräsentanten für den Test dazu führen, dass Testfälle und damit auch Fehler gefunden werden, auf die ein Tester sonst nicht gekommen wäre.

Objektivierung durch Zufall

Ein klassisches Beispiel für die Verwendung von zufällig ermittelten Werten wäre der Einsatz in Verbindung mit der Äquivalenzklassenbildung. Innerhalb der Äquivalenzklasse ist man frei in der Wahl der Repräsentanten. Die Auswahl kann daher besser einem unbeeinflusst arbeitenden Zufallsgenerator überlassen werden als der menschlichen Willkür. Das führt nicht notwendigerweise zu einer geringeren Definiertheit und damit einer schlechteren Wiederholbarkeit des Testfalls: Schließlich kann der zufällig ermittelte Wert dokumentiert werden.

Andere beispielhafte Anwendungsbereiche des Zufallstests sind Zuverlässigkeitstests und Last- und Performanztests.

Ein grundlegendes Problem des Zufallstests wird in der Norm angesprochen: Sofern man nicht den Zufallstest mit einem anderen, systematischen Testverfahren kombiniert, ist unklar, wie Testüberdeckungselemente definiert werden sollen. Somit kann auch keine Testüberdeckung ermittelt werden.

6.2.11 Metamorpher Test

Unter einem »metamorphen Test« (engl. »metamorphic testing«, mehr dazu in [6], [12] und bei [18]) versteht man ein Testverfahren, das seine Stärken insbesondere bei komplexen Testobjekten entfaltet, wenn die Bestimmung der erwarteten Ergebnisse vorab schwierig oder gar unmöglich ist. Daher hat das Verfahren im Zusammenhang mit Testobjekten, die stark auf künstliche Intelligenz (KI) setzen, erheblich an Bedeutung gewonnen.

Testen von KI

Wenn also das Ergebnis eines Testfalls aufgrund von nicht kontrollierbaren Vorbedingungen oder aufgrund eines – zumindest aus menschlicher Sicht – nichtdeterministischen Systems nicht präzise vorhersehbar ist, dann nutzt man beim metamorphen Testen die Kenntnis über bekannte oder geforderte Zusammenhänge zwischen Ergebnissen, die sich aus unterschiedlichen Daten ergeben – sogenannte metamorphe Relationen.

Metamorphe Relationen

> Eine metamorphe Relation beschreibt für ein Testobjekt, wie eine Änderung der Eingangsdaten bei einem Testfall die Ergebnisse beeinflusst – oder auch, ob sie diese nicht beeinflusst.

Ein Beispiel: Nehmen wir an, unser Testobjekt ist eine Anwendung zur Identifikation von Pflanzen. Die Anwendung soll aus der Vielzahl der möglichen und bekannten Kriterien die optimale – also kleinste – Menge von Kriterien ermitteln, anhand derer eine eindeutige Bestimmung für eine Menge von dem System bekannten Pflanzen möglich ist. Es wird schwierig sein, nachzuvollziehen, ob das durch einen Testfall gelieferte Ergebnis tatsächlich optimal ist. Was wir allerdings erwarten dürfen ist, dass bei einer verkleinerten Menge zu erkennender unterschiedlicher Arten höchstens genauso viele Kriterien benötigt werden, wie bei einer ursprünglich größeren Menge. Wir führen also den Testfall wenigstens zweimal mit unterschiedlichen Daten durch:

1. Beim ersten Mal (Ausgangstestfall) mit der vollständigen Menge an zu erkennenden Arten. Als Ergebnis erhalten wir eine Menge von Kriterien mit der Mächtigkeit[5] M_1.
2. Beim zweiten Mal (abgeleiteter Testfall) reduzieren wir die Anzahl der zu erkennenden Arten. Als Ergebnis erhalten wir wiederum eine Menge von Kriterien (die aber nun ganz andere Kriterien enthalten könnte) mit der Mächtigkeit M_2.

Wir wissen nun, dass zum Bestehen des Tests die folgende Beziehung zwischen den Mächtigkeiten – die metamorphe Relation – erfüllt sein muss:

$$M_2 \leq M_1$$

Trifft das zu, dann haben wir einen Hinweis darauf, dass unser Testobjekt richtig arbeitet. Etwas Wasser in den Wein: Durch Bestehen in einigen Fällen ist noch nicht gesagt, dass die gleiche Relation für alle denkbaren Mengen erfüllt sein wird. Und: Für einen soliden Test werden wir mehr als eine metamorphe Relation benötigen. Das ist im Grunde nicht anders als beim Testen mit anderen Verfahren. Eine einzelne Stichprobe reicht selten.

[5] Anzahl der Elemente

Vereinfacht gesagt ...

... vergleicht man bei metamorphen Tests die Ergebnisse unterschiedlicher Testausführungen miteinander, anstatt die Ergebnisse eines Testfalls mit vorher festgelegten Sollwerten zu vergleichen. Überprüft wird, ob die Ergebnisse im Verhältnis zueinander schlüssig sind.

Metamorpher Test kann *die* Lösung sein, wenn traditionelle Testverfahren mit vorher festgelegten Sollergebnissen nicht anwendbar sind.

6.2.12 Anforderungsbasierter Test

Beim anforderungsbasierten Test (engl. »requirements based testing«) wird verlangt, dass jeder atomaren Anforderung – die also nicht weiter zerlegbar ist – wenigstens ein Testfall zugeordnet wird. Eigentlich sollte ja jeder Testfall auf eine Anforderung zurückzuführen sein. Die explizite Zuordnung der Testfälle zu Anforderungen können wir auch bei jedem anderen Testverfahren fordern. Umgekehrt aber ist nicht bei jeder Anforderung der Einsatz der anderen hier aufgeführten Testverfahren möglich oder sinnvoll. Manche Anforderungen sind dafür zu einfach oder das Risiko ist niedrig.

Dann kann es reichen, die Überprüfung einer jeden Anforderung durch je mindestens einen Testfall nachzuweisen. In manchen Fällen – bei ganz geringen Risiken und wenig Ressourcen – wird für eine atomare Anforderung sogar bewusst (und dokumentiert) auf den Test verzichtet.

Vereinfacht gesagt ...

... werden beim anforderungsbasierten Testen die Testfälle direkt von den atomaren Anforderungen[6] abgeleitet.

[6] Anforderungen sind in der Praxis meistens nicht atomar – sie müssen dann erst noch verfeinert werden, z.B. durch Definition von Abnahmekriterien.

6.3 Strukturbasierte Testverfahren

6.3.1 Anweisungstest

Die Zielsetzung beim Anweisungstest (engl. »statement testing«) ist es, jede ausführbare Anweisung des Testobjekts im Rahmen der Testdurchführung auch zur Ausführung zu bringen. Um das zu erreichen, werden jeweils Testfälle gesucht, die Anweisungen zur Ausführung bringen, die mit den bisherigen Testfällen noch nicht ausgeführt wurden.

Maßzahl: Anweisungsüberdeckung

Zur Veranschaulichung wird in diesem Zusammenhang gerne ein Kontrollflussgraph verwendet, der den Programmcode des Testobjekts vereinfacht und übersichtlich repräsentiert. Werkzeuge helfen, nach der Durchführung von Tests den jeweils erreichten Überdeckungsgrad zu ermitteln.

Vereinfacht gesagt ...

... soll beim Anweisungstest jede Anweisung im Sourcecode mindestens einmal ausgeführt werden.

Obgleich es sinnvoll, vernünftig und wünschenswert scheint, einen Anweisungstest vollständig durchzuführen (wenn eine Anweisung da ist, dann hat sie einen Zweck – also soll sie im Test bestätigen, dass sie den Zweck erfüllen kann), ist der Aufwand dafür in der Praxis oft erheblich.

6.3.2 Zweigtest

Anders als beim Anweisungstest ist beim Zweigtest (engl. »branch testing«) die Zielsetzung, jeden Zweig innerhalb des Kontrollflussgraphen zu durchlaufen. Ein Zweig ist dabei eine Kante im Graphen, also die Verbindung zwischen zwei Knoten.

Maßzahl: Zweigüberdeckung

Was ist hier der Mehrwert? Wenn alle Kanten durch Testfälle überdeckt sind, so sind automatisch auch alle Entscheidungsausgänge überdeckt. Das ist beim Anweisungstest nicht der Fall.

Vereinfacht gesagt ...

... soll beim Zweigtest jede Verbindung zwischen zwei Knoten im Kontrollflussgraphen ausgeführt werden.

Ein Nachteil soll nicht unerwähnt bleiben: Die Messung der Zweigüberdeckung ist nicht eindeutig, wenn sie auf unterschiedlich erzeugten Kontrollflussgraphen basiert.

6.3.3 Entscheidungstest

Im Grunde ist die Zielsetzung beim Entscheidungstest (engl. »decision testing«) dieselbe wie beim Zweigtest: Alle Verbindungen zwischen den Knoten sollen letztendlich überdeckt werden. Es werden hier aber nicht alle Zweige im Detail betrachtet, sondern nur die Entscheidungsausgänge – der Rest ergibt sich dann automatisch.

> **Vereinfacht gesagt ...**
>
> ... soll beim Entscheidungstest jedes mögliche Ergebnis jeder Entscheidung, also »wahr« und »falsch«, im Test ausgeführt werden.

Bei den Entscheidungen handelt es sich um einfache Fallunterscheidungen (if – then – else), um Abfragen in Schleifen, bedingte Sprünge und jede andere Art von Entscheidungen, die unterschiedliche Abläufe des Testobjekts nach sich ziehen können.

6.3.4 Bedingungstest

Einfache Kombinatorik der Teilausdrücke

Beim Bedingungstest (engl. »branch condition testing«) werden ebenfalls die Entscheidungen ins Zentrum der Betrachtung gerückt – allerdings liegt der Fokus nicht auf dem Ergebnis der Entscheidung, sondern darauf, welche Bestandteile der Bedingung, die zu einer Entscheidung führen wird, diese Entscheidung beeinflussen können. Jeder einzelne Teil der Bedingung, der die booleschen Werte »wahr« und »falsch« einnehmen kann und selbst nicht mehr anhand boolescher Operatoren zerlegbar ist (atomarer Teilausdruck), soll im Test insgesamt auch diese beiden Werte einnehmen.

> **Vereinfacht gesagt ...**
>
> ... sollen beim Bedingungstest alle Teilausdrücke beide Wahrheitswerte einnehmen.

Vorgaben dazu, wie die Wahrheitswerte mehrerer Teilausdrücke in Kombination im Test vorkommen sollen, gibt es nicht. Demnach reichen in vielen Fällen pro Bedingung zwei Testfälle. Das ist nicht unbedingt befriedigend, da hiermit Testfälle entstehen können, bei denen ein Fehler – oder eine Veränderung – an einem Teil des Ausdrucks nicht unbedingt zu einer Änderung des Ergebnisses führt. Somit könnten Fehler unentdeckt bleiben.

Maßzahl: Bedingungsüberdeckung

Trotzdem sollte der Aufwand nicht unterschätzt werden: Vollständig überdeckt ist das Testobjekt im Sinne des Bedingungstests erst dann, wenn zu *jeder* Bedingung alle Teilausdrücke jeden Wahrheitswert eingenommen haben.

6.3.5 Mehrfachbedingungstest

Volle Kombinatorik der Teilausdrücke

Der Mehrfachbedingungstest (engl. »branch condition combination testing«) führt die Idee des Bedingungstests weiter – man könnte auch sagen, er verschärft sie –, indem nicht nur jeder Wahrheitswert in jedem Bestandteil aller Bedingungen eingenommen werden soll, sondern auch alle Kombinationen daraus.

Daraus ergibt sich unter Umständen eine sehr große Anzahl von Testfällen: Bei einer Anzahl von n unabhängigen atomaren Teilbedingungen werden 2^n Testfälle für die betreffende Bedingung benötigt – kein Spaß.

Vereinfacht gesagt ...

... sollen beim Mehrfachbedingungstest alle Teilausdrücke in allen Kombinationen jeden Wahrheitswert einnehmen.

6.3.6 Modifizierter Bedingungs-/Entscheidungstest

Einfluss der Teilausdrücke auf das Ergebnis

Der modifizierte Bedingungs-/Entscheidungstest (engl. »modified condition decision coverage testing«, auch im Deutschen oft der Einfachheit halber mit der Abkürzung MCDC bezeichnet) sucht einen Kompromiss zwischen dem Bedingungstest, der zwar einfach, aber in der Aussagekraft unbefriedigend ist, und dem Mehrfachbedingungstest, der zwar in der Aussage überzeugen kann, aber in der Praxis meist viel zu aufwendig ist.

Die Idee dahinter ist, dass man für jeden atomaren Teilausdruck einen Testfall ermittelt, bei dem eine Änderung dieses atomaren Teilausdrucks (etwa durch einen Fehler) auch eine Änderung des Gesamtergebnisses des Ausdrucks bewirken kann, und zwar sowohl eine Änderung von »wahr« nach »falsch« als auch von »falsch« nach »wahr«.

> **Vereinfacht gesagt ...**
>
> ... sollen beim modifizierten Bedingungs-/Entscheidungstest Testfälle so gesucht werden, dass jeder Teilausdruck Einfluss auf beide möglichen Ergebnisse der Entscheidung – wahr und falsch – nehmen kann.

6.3.7 Datenflusstest

Definition und Verwendung von Variablen

Beim Datenflusstest (engl. »data flow testing«, vgl. [14]) geht es darum, dass Variablen im Programmfluss des Testobjekts einerseits an einer oder mehreren Stellen definiert (kurz »def« für engl. »define«) werden – also einen Wert erhalten – und andererseits auch an einer oder mehreren Stellen verwendet werden (engl. »use«).

Diese Verwendung kann zudem noch auf verschiedene Weise geschehen:

1. Zum einen, um einer anderen Variablen einen Wert zuzuweisen oder für eine Berechnung – hier spricht man von »c-use« (»c« für »computational«).
2. Zum anderen kann sich die Verwendung auf eine Entscheidung oder ein Prädikat beziehen – dann spricht man von »p-use« (»p« für »predicative«).

Daraus ergibt sich, dass man Paare von Definition und Verwendung (Use) aller Variablen bilden kann, die jeweils als Anfang (Definition) und Ende (Use) eines Pfadabschnitts durch den Kontrollflussgraphen verstanden werden können, die sogenannten DU-Pfade (engl. »DU-path«, von »Definition« und »Use«). Mit allen diesen Paaren erhält man auch alle denkbaren Kombinationen von Definitionen und den beiden Arten der Verwendung. Und das ist aus Testsicht natürlich interessant: Denn wer garantiert uns, wenn eine Definition mit einer bestimmten Verwendung korrekt zusammenspielt, dass sie das auch mit allen anderen tut? Und umgekehrt: Funktionieren auch alle Verwendungen einer Variablen, unabhängig davon, von wo sie ihren Wert bezieht?

Um diese Frage zu beantworten, soll man laut Datenflusstest Testfälle so suchen, dass die entsprechenden Pfadabschnitte zwischen Definition und Verwendung der Variablen zur Ausführung kommen.

Je nachdem, worauf man nun seinen Schwerpunkt auf Basis dieser Grundidee legt, gibt es noch mehrere Varianten, die in der Norm genannt werden:

- »All-definitions testing«: Es sollen alle Definitionen aller Variablen durch Testfälle überdeckt werden.
- »All-C-uses testing«: Es sollen alle Verwendungen aller Variablen für Berechnungen oder Wertzuweisungen durch Testfälle überdeckt werden.
- »All-P-uses testing«: Es sollen alle Verwendungen aller Variablen für Entscheidungen (prädikative Verwendung) durch Testfälle überdeckt werden.
- »All-uses testing«: Es soll jedes Paar von Definition und Verwendung jeder Variablen durch wenigstens einen Testfall überdeckt werden.
- »All-DU-paths testing«: Es soll jeder Pfad (ohne Schleifen) für jedes Paar von Definition und Verwendung jeder Variablen durch wenigstens einen Testfall überdeckt werden.

So bestechend die Grundidee beim Datenflusstest auch ist – spätestens bei der Dreifachkaskade von »jedes« beim All-DU-Paths Testing dämmert es: Das wird aufwendig. Das gilt bedauerlicherweise mehr oder weniger für alle Facetten des Datenflusstestens. Schließlich reicht es nicht, die Pfadabschnitte zu ermitteln, die man im Test überdecken müsste.

> **Vereinfacht gesagt ...**
>
> ... wird beim Datenflusstest darauf abgezielt, dass die Testfälle in einem festgelegten Umfang die Zusammenhänge zwischen dem Entstehen eines Wertes und seiner Verwendung überdecken.

Zusätzlich braucht man auch für jeden dieser Pfadabschnitte die Daten, mit denen das Testobjekt an seiner Schnittstelle gefüttert werden muss, damit man diesen Pfadabschnitt erreicht und durchläuft – das ist gerade bei größeren Testobjekten keine triviale Aufgabe.

Schließlich ist dies hier aber immer noch ein dynamischer Test – man verliert es bei all diesen statisch wirkenden Analyseschritten gerne aus den Augen – und die ermittelten Tests sollen letztendlich am laufenden Testobjekt ausgeführt werden.

Kurz: Wer einen Datenflusstest einsetzt, wird das nur dann tun, wenn das Risiko, das in den Codeelementen liegt, die einem Datenflusstest zu unterziehen sind, den Aufwand rechtfertigt.

6.4 Erfahrungsbasierte Testverfahren

Die Fehlererwartungsmethode[7] (engl. »error guessing«) ist der einzige erfahrungsbasierte Ansatz, der in der Norm als Testverfahren aufgeführt wird.

6.4.1 Fehlererwartungsmethode

Die Fehlererwartungsmethode sticht aus der Menge erfahrungsbasierter Ansätze hervor, da hier eine Systematisierung der sonst eher schwer fassbaren Erfahrungen von Testern versucht wird. Der Kerngedanke ist, eine Aufstellung von denkbaren Fehlern zu erzeugen, die im Testobjekt erwartet werden können.

Welche potenziellen Fehler in so eine Aufstellung eingehen, und damit in die Qualität und Schlagkraft dieser Aufstellung, hängt natürlich stark von der Person ab, die sie erstellt. Hier spielen die persönlichen Erfahrungen (im Softwaretest, aber nicht nur dort) mit herein, fachliches Wissen über die Anwendung und Hintergrundwissen über Zusammenhänge im Umfeld. Ein bedeutender Beitrag ergibt sich meist aus der Kenntnis von Fehlern, die in der Vergangenheit aufgetreten sind und im aktuellen Testobjekt erneut zu erwarten sind.

Typische Fehler

Checkliste

Über den Weg einer Aufstellung oder Checkliste wird die Abhängigkeit der Qualität von einzelnen Personen reduziert. Die Verschriftlichung der zugrunde liegenden Ideen erweitert die Nutzbarkeit auf mehrere Personen, die Listen können reviewt und in diesem Zuge korrigiert oder erweitert werden, und natürlich können auch von vornherein mehrere Personen bei der Erstellung der Liste potenzieller Fehler mitwirken und so ihr geballtes Wissen zusammenlegen.

Auf Basis der nun vorhandenen Aufstellung denkbarer Fehler werden anschließend Testfälle gesucht, die genau darauf abzielen, ein Auftreten dieser Fehler herbeizuführen.

---

[7] Nach ISTQB®-Glossar wäre die Übersetzung »Intuitive Testfallermittlung«; die dazugehörige Definition entspricht aber weniger dem Verständnis der Norm als das gängige Verständnis des Begriffs »Fehlererwartungsmethode«.

Vereinfacht gesagt ...

... versucht man mit der Fehlererwartungsmethode systematisch Testfälle zu erstellen, um Fehler zu finden, die bereits im selben oder in einem anderen Umfeld aufgetreten sind, oder Fehler, die aus anderen Gründen zu befürchten oder zu erwarten sind.

Im Erfolgsfall reduziert die Fehlererwartungsmethode die Fälle, in denen Außenstehende beim Auftreten von Fehlern im Betrieb sonst sagen würden: »Auf den Fehler hätte man aber doch kommen können!«

6.5 Testen von Qualitätsmerkmalen

Bezug zum Risiko

Ausgangspunkt bei der Suche nach Testfällen sind in der Praxis nicht unbedingt die bisher beschriebenen Testverfahren, sondern häufig wird bei der abstrakten Überlegung »Was wollen wir eigentlich testen?« damit begonnen, dass die denkbaren Qualitätsmerkmale auf ihre Bedeutung für das Testobjekt abgeklopft werden.

Eine Aufstellung von produktbezogenen Qualitätsmerkmalen bietet die ISO 25010:2011[8] [62]. Die Übersicht hierzu ist in Abbildung 6-3 dargestellt.

Abbildung 6-3 *Modell der Qualitätsmerkmale laut Figure 4 in ISO/IEC 25010 von 2011 [62]*

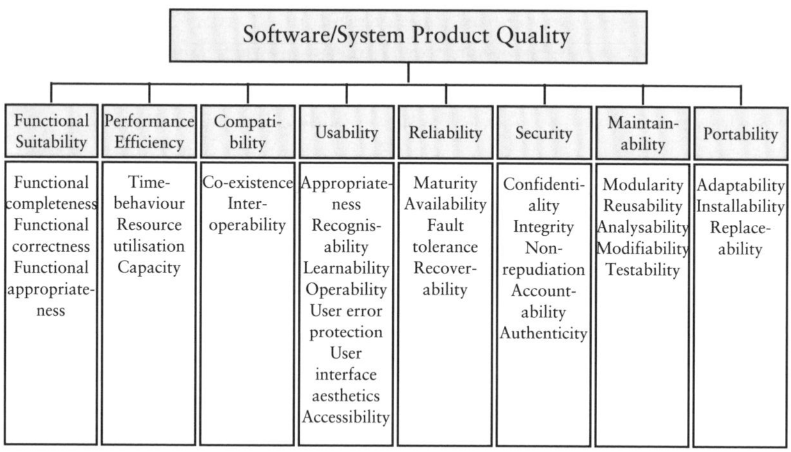

[8] Nach der Veröffentlichung der ISO 29119-4 im Jahr 2021 wurde die ISO/IEC 25010-2023 [63] neu aufgelegt. Sie bringt ein überarbeitetes Modell der Qualitätsmerkmale mit, das in unserer Testnorm noch nicht berücksichtigt werden konnte.

Dieses Modell von Qualitätsmerkmalen wird von ISO 29119-4 genutzt, und es werden die in Tabelle 6-3 gezeigten Testarten daraus abgeleitet und jeweils erläutert.

Tabelle 6-3
Testarten aus Anhang A.2 der ISO 29119-4 [70]

Testart englisch	Testart deutsch	Bemerkung
Accessibility testing	Zugänglichkeitstest	Können z. B. blinde Personen die Software nutzen?
Compatibility testing	Kompatibilitätstest	Keine Störung anderer Software
Conversion testing	Konvertierungstest	Überführung von einem Format in ein anderes
Disaster recovery testing	Katastrophen-bewältigungstest	Kann ein Stand-by-System übernehmen?
Functional testing	Funktionales Testen	Tut die Software, *was* sie soll?
Installability testing	Installationstest	Installation & Deinstallation
Interoperability testing	Interoperabilitätstest	Zusammenarbeit mit anderen Systemen
Localization testing	Lokalisierungstest	Regionale Besonderheiten
Maintainability testing	Wartbarkeitstest	Aufwände für Wartung gering?
Performance-related testing	Performanz-bezogener Test	Belastung und Antwortzeiten
Portability-testing	Portabilitätstest	Einfach zu übertragen?
Procedure testing	Ablaufbasierter Test	Passen die Handbücher?
Reliability testing	Zuverlässigkeitstest	Dauerhaftes Funktionieren?
Security testing	Zugriffssicherheitstest	Sichere Daten?
Usability testing	Gebrauchstauglichkeitstest	Zufriedene Benutzer

In Anhang A.3 der ISO 29119-4 erfolgt eine Abbildung von den hier genannten Testarten auf die Qualitätsmerkmale und Untermerkmale laut ISO 25010.

Die Bemerkungen in Tabelle 6-3 zu jeder Testart sollen zum Verständnis beitragen, worauf der Fokus bei den einzelnen Testarten liegt. Die Norm geht hier ins Detail und gibt zu jeder dieser Testarten Hinweise, was beim Testen zu berücksichtigen ist.

6.6 Überdeckungsmessung

Allgemeines Modell

Zur Messung der Testüberdeckung bietet die Norm ISO 29119-4 in Bezug auf die enthaltenen Testverfahren ein einheitliches Modell, nach dem die Testüberdeckung ermittelt werden kann. Dieses Modell kann bei Bedarf auf weitere, nicht in der Norm enthaltene Testverfahren übertragen werden, wenn entschieden wird, dass solche für ein Projekt nötig sind.

Das Modell basiert auf folgender grundlegender Formel:

$$Testüberdeckung = \left(\frac{N}{T} * 100\right)\%$$

Dies bezieht sich jeweils auf die Testüberdeckung eines Testverfahrens, für das zuvor die beiden Kennzahlen N und T ermittelt wurden, die folgende Bedeutung haben:

- N: Die Anzahl der Testüberdeckungselemente, die bereits durch die Ausführung von Testfällen überdeckt wurden.
- T: Die Anzahl der Testüberdeckungselemente, die durch das jeweilige Testverfahren insgesamt ermittelt wurden.

Ermittlung der Zahlen N und T

Die Ermittlung der Werte für N und T geschieht zwar prinzipiell immer auf die gleiche Weise, aber bei einigen Testverfahren lohnt es sich, genauer hinzusehen, da es Feinheiten gibt (z.B. n-switch coverage beim zustandsbasierten Test) oder, schlimmer noch, keine Überdeckung ermittelbar ist (z.B. Zufallstest).

Natürlich lässt sich dasselbe Prinzip auch auf andere Weise anwenden: Beispielsweise kann auf gleiche Weise ermittelt werden, wie weit der Fertigstellungsfortschritt der Testfälle ist oder wie weit die zugehörige Implementierung einer Testautomatisierung gediehen ist – und zwar immer dadurch, dass man die erreichte Zahl der Testüberdeckungselemente in Relation setzt zur Gesamtzahl.

Auch eine Aggregation der Überdeckungswerte über die Grenzen der einzelnen Verfahren ist natürlich möglich, und meist wird man das auch wollen, um eine Gesamtüberdeckung angeben zu können. Dabei ist allerdings zu berücksichtigen, dass die unterschiedlichen Testüberdeckungselemente nicht direkt vergleichbar sind – so ist es beispielsweise ein großer Unterschied, ob eine Äquivalenzklasse überdeckt wurde oder ein Pfadabschnitt beim Datenflusstest. Weder der dazugehörige Aufwand ist direkt vergleichbar noch ist die Aussagekraft aufeinander abbildbar. Wenn man trotzdem eine Gesamtüberdeckung ermittelt, entweder durch schlichtes Addieren der einzelnen Werte für N und T oder über einen gewichteten Mittelwert (das Gewicht könnte der angenommene Aufwand sein), sollte einem bewusst sein, dass man Äpfel mit Birnen vergleicht. Das Ergebnis der Mischung ist dann mit großer Vorsicht zu genießen.

7 Inhalt ISO 29119 – Teil 5: Keyword-Driven Testing

7.1 Überblick

In der Norm ISO/IEC/IEEE 29119-5 [71] wird Keyword-Driven Testing (KDT, deutsch: »Schlüsselwortgetriebener Test«) beschrieben.

Keyword-Driven Testing (KDT) ist ein Ansatz zur Spezifikation von Tests, der sich u.a. durch gute Lesbarkeit und besondere Wartungsfreundlichkeit auszeichnet. Die Norm ISO 29119 beschreibt diesen Ansatz im Grunde für zwei Anwendergruppen:

Zielgruppen der Norm Teil 5

- Personen, die Tests spezifizieren und gestalten, also Tester, Testanalysten oder Testdesigner. Die Norm hilft ihnen beim Einsatz von Keyword-Driven Testing. Dadurch, dass ISO 29119-5 einen Überblick über die Optionen beim Keyword-Driven Testing gibt, hilft sie auch bei der Definition einer Variante von Keyword-Driven Testing für die speziellen Bedürfnisse ihres Umfelds.
- Hersteller von Frameworks, die den Anwendern bei Keyword-Driven Testing die Arbeit erleichtern und für den Einsatz von Keyword-Driven Testing Voraussetzung sind. Die Hersteller können ihre Produkte an der Norm messen, die Produkte mit dem Ergebnis (Grad der Konformität mit der Norm) bewerben und so zum Ausdruck bringen, wie weitgehend Keyword-Driven Testing unterstützt wird. Darüber hinaus können sie durch Konformität mit der Norm leichter Kompatibilität mit anderen Produkten herbeiführen.

Falls Hersteller von Werkzeugen, die Teil eines Frameworks für Keyword-Driven Testing sein können, die Norm etwa aufgrund ihrer Marktposition ignorieren, können die potenziellen Anwender problemlos selbst die Norm zur Bewertung der Werkzeuge und möglicher Alternativen nutzen.

Eine Übersicht über die Inhalte der ISO 29119-5 vermittelt Abbildung 7-1. Die stärkeren Umrandungen der etwas heller gehaltenen Kästen markieren in der Abbildung wie gehabt die normativen Teile.

Abbildung 7-1
Überblick über die Inhalte von ISO 29119-5

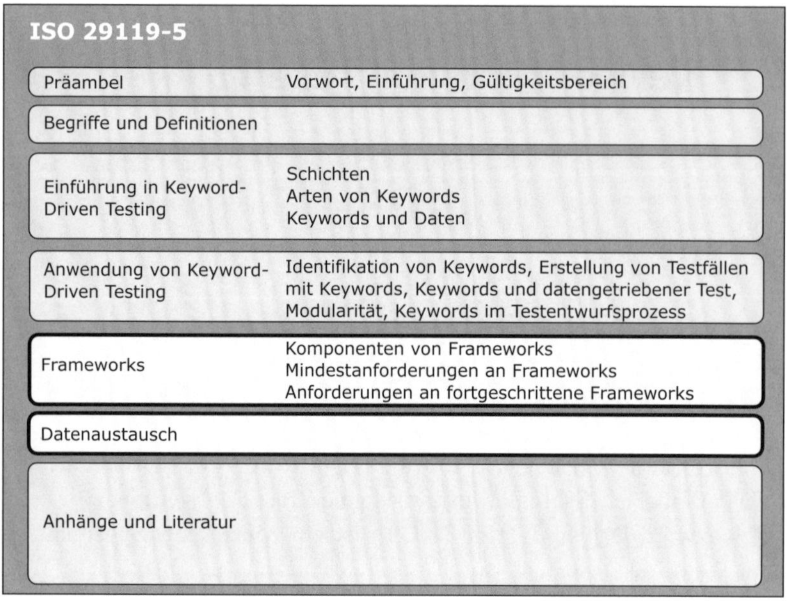

Bei Teil 5 handelt es sich hierbei um die Abschnitte über das Framework und das Thema Datenaustausch. Damit sind in erster Linie die Teile normativ gehalten, die für die Hersteller von Werkzeugen relevant sind – sofern diese anstreben, Konformität ihrer Produkte mit der ISO 29119 für sich in Anspruch zu nehmen.

Wir gehen im Folgenden auf die wichtigsten Aspekte von Keyword-Driven Testing ein, die auch die Norm anschneidet; damit ist das Thema aber bei Weitem nicht erschöpfend behandelt. Wer mehr dazu erfahren möchten, sei auf das Fachbuch über Keyword-Driven Testing [9] verwiesen, das sich dem Thema deutlich ausführlicher widmen kann, als es an dieser Stelle möglich ist.

7.2 Entstehung von Teil 5

Schon während der Entwicklung der Kernnormen der ISO 29119, die sozusagen die Essenz des Softwaretestens beschreiben, kam die Idee auf, auch einen Teil zum Thema Keyword-Driven Testing zu erstellen. Das Vorhaben wurde durchaus kritisch hinterfragt.

Es wurde die Frage gestellt, ob Keyword-Driven Testing überhaupt schon reif für die Normung wäre – würde es denn in den, wie es immer heißt, »industries« (den regionalen oder weltweiten Märkten) schon eingesetzt? Die Antwort lautete ganz klar: Ja! Denn als diese

Frage gestellt wurde, da war Keyword-Driven Testing schon 20 Jahre verfügbar, und zwar in ganz unterschiedlichen Ausprägungen.

Und doch waren die Konzepte, jedenfalls in ihrer Breite, nicht allgemein bekannt oder verstanden – und hier sollte Abhilfe geschaffen werden: um ein Verständnis für das Thema zu erleichtern, Begriffe zu vereinheitlichen und um dazu beizutragen, dass durch ein einheitliches Verständnis auch eine bessere Werkzeugunterstützung verfügbar werden kann.

Werkzeuge unterstützen Keyword-Driven Testing schon eine ganze Weile. Ein Vorreiter war die imbus TestBench, die schon sehr früh eine umfassende Unterstützung für KDT bot. Schon zuvor gab es von Logica ein Framework (»Action Words«). Und später erkannten weitere Werkzeughersteller wie seinerzeit Mercury (zwischenzeitlich unter der Flagge von HP und nun Microfocus) oder Ranorex das Potenzial und boten, alle auf ihre Weise und kaum miteinander vergleichbar, Unterstützung für Keyword-Driven Testing.

Hier liegt eine weitere Zielsetzung der Norm: Sie möchte uns Anwendern dabei helfen, objektiver zu beurteilen, in welcher Breite und Tiefe Werkzeuge Keyword-Driven Testing unterstützen.

7.3 Anwendung der ISO 29119-5

Für die Anwendung der Norm gibt es verschiedene Szenarien.

- Szenario »Ausbildung«: Sie kann als Möglichkeit verstanden werden, das Thema Keyword-Driven Testing als Vorbereitung für den Einsatz von Keyword-Driven Testing kennenzulernen.
- Szenario »Prozessverbesserung«: Sie kann dafür genutzt werden, den eigenen Einsatz von Keyword-Driven Testing zu hinterfragen. Das kann etwa im Hinblick darauf geschehen, ob die aktuelle Vorgehensweise schon alle Möglichkeiten ausschöpft, die Keyword-Driven Testing bietet – sofern sie für den eigenen Kontext hilfreich sind.
- Szenario »Werkzeugauswahl«: Sie kann dafür genutzt werden, bei der Auswahl von Werkzeugen zum Keyword-Driven Testing die infrage kommenden Werkzeuge daraufhin abzuklopfen, welches davon mit seinen Features den geplanten Einsatz am besten unterstützt.
- Szenario »Anregung des Wettbewerbs«: Und sie kann – vielleicht! – Werkzeughersteller in ihrem Wunsch nach Konformität[1] motivieren,

[1] Und wenn die Konformität nur aus Marketinggründen gesucht wird – auch recht!

mit ihren Produkten Keyword-Driven Testing in größerer Tiefe und nicht nur pro forma zu unterstützen. Das wäre ein Riesenerfolg!

7.4 Bezug zu den Teilen 1-4 der Normenreihe ISO 29119

Der fünfte Teil der Normenreihe ISO 29119 baut auf den Grundlagen der ersten vier Teile auf.

Teil 1 beschreibt allgemeine Grundlagen, die für das Verständnis von Testen immer hilfreich sind und daher auch für Teil 5; ein spezieller Zusammenhang zu Teil 5 besteht aber nicht.

Von der Verwendung der Testverfahren aus Teil 4 wird zwar ausgegangen, aber hier gibt es tatsächlich wenig Berührungspunkte – denn letztlich ist es für die Anwendung von Keyword-Driven Testing nicht entscheidend, wie man die Testfälle entworfen hat.

Der stärkste Bezug besteht zum zweiten und dritten Teil, zu den Testprozessen und der Dokumentation.

Bei den Prozessen aus Teil 2 spielt vor allem der »Testentwurfs- und -realisierungsprozess« (siehe Abschnitt 4.4.1) eine Rolle. Was im Bereich Keyword-Driven Testing beschrieben wird, ist eine spezielle Umsetzung der Aktivität TD3 (Testfälle ableiten) und ein wenig TD4 (Testprozeduren festlegen).

Die »Testfallspezifikation« (siehe Abschnitt 5.7.2) hat von allen in Teil 3 beschriebenen Dokumenten den engsten Bezug zu Keyword-Driven Testing. Schließlich finden sich darin die Testfälle, jetzt in Keyword-Notation. Betrachtet man das Thema etwas strategischer, so können aber auch andere Dokumente wichtig sein – beispielsweise das Testkonzept, denn das ist ein guter Ort, um die Verwendung von Keyword-Driven Testing zu verankern.

7.5 Gründe für Keyword-Driven Testing

Warum lohnt sich die Anwendung von Keyword-Driven Testing?

Traditionell werden Testfälle in natürlicher Sprache geschrieben. Das ist schließlich das Naheliegendste. Ein Beispiel hierfür könnte wie folgt aussehen:

> **Testfall 08/15 – Prosa, Variante 1**
>
> Um die Login-Funktion zu testen, gib in der Login-Maske als Benutzernamen »admin« und als Passwort »abcdef« ein. Nach erfolgreichem Login soll die Hauptmaske angezeigt werden.

Das kann zunächst einmal jeder verstehen und auch am Testobjekt nachvollziehen. Also ist es wohl zweckmäßig. Kein Problem.

Natürlich ist es nur ein *Beispiel*. Es gefällt Ihnen nicht, und Sie würden es anders formulieren? Natürlich, warum nicht! Es gibt so viele Möglichkeiten ... Vielleicht würden Sie den Testfall eher so schreiben wie in Variante 2?

> **Testfall 08/15 – Prosa, Variante 2**
>
> Teste das Login.
> Nimm dafür als Zugangsdaten: »admin«, »abcdef«.
> Das Login muss erfolgreich sein.
> Check: Die Hauptmaske wird angezeigt.

Vielleicht ist auch das nicht Ihr Stil. Deutlich wird aber: Es gibt jede Menge Spielraum für die Art, einen Testfall zu formulieren. Jeder Testdesigner macht es wohl ein bisschen anders. Jeder hat seinen Weg, und manche machen es etwas besser als die anderen.

Und so wie jeder den Testfall ein bisschen anders beschreibt, so kann es auch leicht passieren, dass dieser Testfall – oder dessen Geschwister aus der Feder anderer Testdesigner – von jeder Leserin und jedem Leser anders verstanden wird. Dann wird er auch ein bisschen anders ausgeführt. Und schon haben wir ein Konsistenzproblem, die Wiederholbarkeit ist nicht sichergestellt.

Wie wird z.B. das Login ausgeführt? Über Betätigung eines Buttons mit der Maus oder über die Enter-Taste? Vermutlich soll ja beides gehen, aber streng genommen sind das zwei unterschiedliche Testfälle. Wenn zwei Tester unterschiedliche Testfälle unter dem Deckmäntelchen eines einzigen Testfalls durchführen, kann man die Ergebnisse eigentlich nicht vergleichen.

Natürliche Sprache ist oft ungenau.

Dazu kommt, dass der durchführende Tester die mehr oder weniger blumige und uneinheitliche Sprache der verschiedenen Autoren interpretieren muss: Wenn es heißt, ein »User« in einer Projektverwaltung solle »entfernt« werden – soll er dann nur aus dem Projekt entfernt oder doch aus dem System gelöscht werden?

Auch wenn dergleichen nicht unbedingt so unklar sein muss wie in diesem Beispiel, kostet die notwendige Interpretation immer Zeit und Kraft.

Vereinheitlichung ist also hilfreich. Hier setzt Keyword-Driven Testing an. Ein »Keyword« oder Schlüsselwort repräsentiert eine definierte Aktion. Eine Umsetzung des Prosa-Testfalls von eben könnte so aussehen:

Testfall 08/15 – Keyword-Driven

- OpenLogin
- EnterUsername »admin«
- EnterPassword »abcdef«
- PressButton »LOGIN«
- CheckWindow »Hauptmaske«

Was ist daran jetzt so viel anders? Die Ungenauigkeit hinsichtlich des Buttons »LOGIN« hätte man auch anders eliminieren können. Stimmt schon.

Aber was hier grundsätzlich anders ist: Obwohl die Keywords alle beliebig nahe an natürlicher Sprache formuliert sind[2], sind sie doch formalisiert. Das Ziel ist, dass jeder Testschritt nur einmal in nur einem Keyword abgebildet ist. Damit hat jedes Keyword eine klare Bedeutung – die ich mir als Tester zwar vielleicht genauso erschließen muss wie beim Prosa-Testfall, aber eben nur einmal, dann ist das geklärt.

Und so sind Keyword-Driven Tests wesentlich präziser und gleichzeitig einfacher zu verstehen als Prosa-Testfälle.

Das sind nur zwei der Vorteile von Keyword-Driven Testing, die in der nachfolgenden Aufstellung aufgeführt sind:

- Höhere Präzision als Prosa
- Bessere Verständlichkeit als Prosa
- Bessere Verständlichkeit als programmierte Tests: Da werden manche widersprechen. Entwickler finden (ihren) Code meist auch sehr

[2]Gemeint ist, dass es einem freisteht, wie man die Keywords benennt. Im Beispiel werden englische Vokabeln benutzt. Selbstverständlich kann man hier jede beliebige Sprache nehmen!

gut lesbar. Aber nicht jede und jeder kann Code lesen. Mit einem durchdachten Satz von Keywords hat man eine DSL (Domain Specific Language). Diese DSL verbindet, wenn sie gut gemacht ist, die Vorteile der Formalisierung mit hoher Verständlichkeit.

- Trennung von Fachlichkeit und Technik: Gerade mit hierarchischen Keywords (mehr dazu in Abschnitt 7.6.1) ist es sehr gut möglich, Arbeitsteiligkeit zu erreichen. Fachspezialisten können spezifizieren, Techniker können die Testfälle dann implementieren. KDT dient als Schnittstelle. In manchen Umgebungen ist das ein Killerargument!
- Wiederverwendbarkeit: Jetzt kommen wir auf das Thema Testautomatisierung zurück. Das lässt sich mit Keyword-Driven Testing nämlich ganz famos umsetzen. Weil das Thema erfahrungsgemäß für viele sehr interessant ist, wird es in Kapitel 7.6.5 etwas genauer erläutert.

Oben wurde der Testfall mit Keywords gezeigt, aber in einer ziemlich informellen Schreibweise. Manchmal ist stattdessen eine tabellarische Notation hilfreich, die den Testfall formaler und technischer darstellt wie in Tabelle 7-1:

Keyword	Parameter 1	Parameter 2
`OpenLogin`		
`EnterUsername`	`admin`	
`EnterPassword`	`abcdef`	
`PressButton`	`LOGIN`	
`CheckWindow`	`Hauptmaske`	`Aktiv`

Tabelle 7-1 *Testfall 08/15 – Keyword-Driven als Tabelle*

Hier ist eine Spalte für die Keywords vorhanden und zwei Spalten für die Parameter der Keywords. Die zweite Spalte mit dem Parameter »Aktiv« (es soll geprüft werden, ob das Fenster aktiv ist) für das Keyword »CheckWindow« ist eine Ergänzung zur Verdeutlichung, dass natürlich mehr als ein oder auch zwei Parameter sinnvoll und notwendig sein können. Für jeden weiteren Parameter würden wir in dieser Darstellung eine weitere Spalte benötigen.

7.6 Keywords

Das Kernelement beim Keyword-Driven Testing sind selbstredend die »Keywords«. Und obwohl das ein selbsterklärender Begriff zu sein scheint, hat die Norm im Hinblick darauf einiges zu sagen, u.a.:

- Organisation von Keywords in hierarchischen *Schichten*
- *Klassifikation* von Keywords je nach Anwendung
- *Identifikation* von Keywords für einen bestimmten Kontext
- Keywords und *datengetriebener Test*
- Rolle von Keywords in der *Testautomatisierung*

Diese Aspekte von Keywords betrachten wir in den folgenden Abschnitten.

7.6.1 Schichten

Layer als Abstraktionsmodell

In vielen Einsatzfällen von Keyword-Driven Testing werden Keywords in mehreren Schichten als hierarchische Keywords gebildet. Das bedeutet, dass Keywords sich aus Keywords zusammensetzen. Dadurch entsteht ein Schichtenmodell. Die Norm spricht hier von »Layers«.

Man muss so nicht vorgehen – Keywords können grundsätzlich auch auf einer einzigen Abstraktionsebene angesiedelt sein. Viele Implementierungen für Keyword-Driven Testing begnügen sich damit.

Einfache Lösung

Damit kann man arbeiten, und wenn die Bedürfnisse der Anwender nicht darüber hinausgehen, ist es nicht nötig, eine komplexere Lösung zu suchen. Einfach kann einfach genug sein.

Allerdings wird das volle Potenzial des Keyword-Driven Testing nicht ausgeschöpft, wenn man sich auf eine Abstraktionsebene beschränkt:

- Arbeitsteiligkeit ist in höherem Maße möglich, wenn Fachexperten und Techniker auf unterschiedlichen Abstraktionsebenen tätig sein können.
- Die Implementierung einer Testautomatisierung wird robuster, wenn kleinere Einheiten, also kleinere Keywords, umgesetzt werden.
- Die Verständlichkeit der Keywords und der daraus entstehenden Testfälle wird aber besser, wenn die Keywords nicht zu feingranular sind. Diese beiden Punkte zusammenzubringen erfordert hierarchische Keywords, also Ebenen.
- Die Strukturierung der Keywords fällt leichter, wenn Abstraktionsebenen nutzbar sind.

Fortgeschrittenere Ansätze sehen daher vor, dass Keywords hierarchisch sein können.

> **Arbeitsteiligkeit**
>
> Was ist hier mit Arbeitsteiligkeit gemeint?
>
> In einem Team können Menschen mit sehr unterschiedlicher Qualifikation zusammenarbeiten. Nicht jeder kann notwendigerweise alles oder zumindest nicht gleich gut.
>
> Mit Arbeitsteiligkeit ist gemeint, dass beispielsweise jemand mit tiefen Kenntnissen der Fachlichkeit diese bei der Entwicklung der Testfälle anwenden kann, ohne in die Technik eintauchen zu müssen.
>
> Ergänzend dazu kann jemand anderes mit tiefgehenden technischen Kenntnissen und vielleicht ohne die Fachlichkeit wirklich zu verstehen, die Automatisierung umsetzen.
>
> Diese beiden Welten zusammenzubringen ist die Herausforderung, bei der Keyword-Driven Testing hilft.

Diese Schichten zeichnen sich einerseits dadurch aus, dass sie unterschiedlich hoch in der Abstraktionsebene des Schichtenmodells liegen – Keywords in den unterschiedlichen Schichten enthalten eben andere Keywords oder sind ihrerseits Bestandteil von Keywords.

Andererseits unterscheiden sie sich in der Bedeutungsebene: Keywords auf der einen Ebene sind eher technischer Natur, auf der anderen Ebene repräsentieren sie die Geschäftslogik.

Dieser Sachverhalt trifft auch dann zu, wenn keine Hierarchie von Keywords gebildet wird und wenn es nur eine einzige Ebene gibt.
Die Norm benennt diese Ebenen anhand ihrer Semantik folgendermaßen:

Spezifische Layer mit Semantik

- »Domain Layer«: Die Schicht der Geschäftslogik in der Sprache der Domäne. Das ist in der Regel die abstrakteste Schicht.
- »Intermediate Layer«: Eine Zwischenschicht, die der Verknüpfung anderer Schichten dient. Davon kann es keine, eine oder auch mehrere geben.
- »Test Interface Layer«: Diejenige Schicht, die den Zugriff auf die Testschnittstelle umsetzt. Die Norm bezeichnet sie als »Test Interface« – im Grunde »Point of Control/ Point of Observation« (POC/POO). Das ist in der Regel die unterste Schicht.

Ebenen von Keywords

Ergänzend zu den hier vorgestellten *Schichten* (fachlich oder technisch) kennt die Norm das Konzept von *Ebenen* (engl. »level« – atomar oder zusammengesetzt) von Keywords. Dabei geht es um die Hierarchie der Keywords. Die Konzepte sind komplementär und ergänzen sich. Eine ausführliche Betrachtung von Ebenen und Schichten findet sich in [9].

7.6.2 Klassifikation von Keywords

Keywords lassen sich nach mehreren Gesichtspunkten klassifizieren. Zwei Beispiele:

- Falls es in einem Framework mehrere Schichten von Keywords gibt, folgt daraus unmittelbar, dass es mindestens zwei Typen von Keywords gibt – solche, die aus anderen zusammengesetzt sind, und solche, für die das nicht zutrifft.
- Eine weitere Klassifikation von Keywords sieht die Norm darin, dass Keywords manchmal (nur) zu Navigationszwecken dienen, andere aber das Ziel haben, das Testergebnis zu bestimmen.

Die erste Klassifikation zielt auf die Struktur ab, die zweite auf den Inhalt. Beides kann man sich praktisch – mithilfe eines geeigneten Frameworks – zunutze machen:

- Der Editor kann für zusammengesetzte oder atomare Keywords verschiedene Optionen anbieten.
- Bei der Ausführung kann definiert werden, dass die Auswirkung eines Fehlers beim Ausführen eines Keywords zur Navigation den Testfall nicht auf »FAIL« setzt, beim Ausführen eines prüfenden Keywords aber wohl.

7.6.3 Identifikation von Keywords

Beim Thema »Identifikation von Keywords« beschäftigt sich die Norm damit, wie Keywords – abhängig vom gewählten Schichtenmodell – strukturiert werden, und damit, wie sie benannt werden (Letzteres im Anhang der Norm).

Natürlich ist das am Ende jedem selbst überlassen, aber organisationsinterne Richtlinien können hier helfen, damit nicht Kraut und Rüben entstehen. Namen sind manchmal eben nicht nur Schall und Rauch.

Einheitliche Namen können dafür sorgen, dass es weniger Dubletten gibt. Leider stellen Dubletten innerhalb des Keyword-Repositorys in den meisten Fällen zu irgendeinem Zeitpunkt ein Problem dar. Einigt man sich aber darauf (das Folgende ist ein Beispiel!), dass ein Keyword immer aus einem Verb, gefolgt von einem Substantiv besteht, und zwar in dieser Reihenfolge, dann wird nicht so leicht übersehen, dass zwei Keywords unterschiedlich heißen, aber dasselbe bedeuten.

Beispiel für Dubletten

Die Keywords »create_user« und »user_creation« bedeuten dasselbe und sind daher Dubletten.

Sieht man sie, wie hier, unmittelbar nebeneinander, ist das offensichtlich. In einer größeren alphabetisch sortierten Liste aber nicht unbedingt!

Des Weiteren spricht die Norm darüber, welche Information zu einem Keyword hinterlegt werden sollte. Das ist ein schönes Beispiel dafür, wie eine Norm unterschiedlich nutzbar ist:

- Als Anwender kann ich den Vorschlag der Norm lesen, prüfen, für gut oder schlecht befinden und davon umsetzen, was mir sinnvoll erscheint.
- Als Anwender auf der Suche nach einem Werkzeug kann ich den Vorschlag der Norm, ergänzt um meine eigenen Wünsche, als Kriterium zur Auswahl eines Werkzeugs (bietet es genug?) heranziehen.
- Als Hersteller eines Werkzeugs kann ich das Werkzeug so gestalten, dass es zumindest die Forderungen der Norm erfüllt – ergänzt um Weiteres, falls es mir sinnvoll erscheint. Dadurch kann ich mich vom Wettbewerb abheben, gleichzeitig aber mit Normkonformität punkten.

7.6.4 Keywords und datengetriebener Test

Datengetriebene Tests gibt es auch ohne Keywords, und Keyword-Driven Testing muss nicht notwendigerweise datengetrieben sein.

Trotzdem: Seine Stärken entfaltet Keyword-Driven Testing erst dann, wenn es in Verbund mit datengetriebenem Testen (Data-Driven Testing, DDT) verwendet wird. Aus diesem Grund betrachtet auch die Norm DDT als Bestandteil des Keyword-Driven Testing.

Das bedeutet nicht, dass jeder, der Keyword-Driven Testing betreiben will, notwendigerweise auch datengetrieben arbeiten muss. Aber es ist davon auszugehen, dass die meisten das wollen, und daher wird auch von den Frameworks erwartet, dass sie das unterstützen.

Tabelle 7-2
Testfall 08/15 – Keyword-Driven & DDT

Keyword	Parameter 1	Parameter 2
`OpenLogin`		
`EnterUsername`	`$USER$`	
`EnterPassword`	`$PWD$`	
`PressButton`	`LOGIN`	
`CheckWindow`	`Hauptmaske`	`Aktiv`

In Tabelle 7-2, mit den zugehörigen Testdaten in Tabelle 7-3, zeigen wir ein weiteres Mal das Beispiel eines abstrakten Testfalls für Login, nun aber um den Faktor »datengetrieben« erweitert.

Tabelle 7-3
Testdaten für Testfall 08/15 in Tabelle 7-2

Testfall-Name	$USER$	PWD
`valid1`	`admin`	`abcdef`
`valid2`	`peter`	`secret`
`valid3`	`Maria`	`%a$zlpx_37`

Jetzt sind schon zwei Tabellen zur Beschreibung des Testfalls notwendig. Aber hoppla, es ist nicht mehr ein Testfall – es sind drei verschiedene, denn mit jedem Eintrag in der Spalte »Testfall-Name« (»valid1«, »valid2« und »valid3«) erhält man, kombiniert mit den Schritten der ersten Tabelle, einen eigenen konkreten Testfall.

Und noch etwas kann man hier zeigen: Wenn wir eine vierte Zeile »invalid1« anlegen, mit ungültigen Login-Daten, dann können wir mit demselben Ablauf Positiv- und Negativtestfälle überdecken. Aber sicherlich muss dann der Ablauf flexibilisiert werden, um beide Sollreaktionen – Akzeptieren und Zurückweisen des Login-Vorgangs – prüfen zu können.

Es wird also deutlich, dass wir so eine Menge Flexibilität und Effizienz gewinnen, allerdings auf Kosten einer höheren Komplexität.

Die Vorstellung, langfristig manuell eine Vielzahl solcher Tabellen zu verwalten, die auch noch verschiedene Semantik haben (Testfälle, Daten), kann beängstigend sein. Die Schlussfolgerung ist: Eine Unterstützung durch Werkzeuge wird wohl notwendig sein.

7.6.5 Testautomatisierung mit Keywords

Testautomatisierung kennt, seitdem es sie gibt, eine große Herausforderung: die Wartbarkeit der Automatisierung. Schließlich sollen automatisierte Tests oft ausgeführt werden, damit sich der Aufwand, den man in die Automatisierung investiert hat, überhaupt lohnt. Mit dem hoffentlich langen Leben der Testautomatisierung geht einher, dass sie Änderungen am Testobjekt überdauern muss. Änderungen – Wartung – der Automatisierung müssen also einfach und billig sein.

Schlüsselfaktor Wartungskosten

Tatsächlich ist günstige Wartung *der* Schlüsselfaktor.

Was kann nun KDT dazu beitragen? Was KDT hier leistet, ist insbesondere eine Trennung der Testlogik von den Testskripten:

1. Die Testlogik ist in einem Keyword-Testskript aus Keywords zusammengesetzt abgebildet. Zur Änderung der Testlogik und sogar zum Erstellen neuer Testfälle muss die technische Implementierung nicht berührt werden.
2. Die Automatisierung ist in viele kleine Skriptbausteine aufgeteilt, die sich inhaltlich möglichst nicht überlappen. Eine technische Änderung der Testinterfaces (z.B. das User Interface, UI) erfordert daher im besten Fall nur die Anpassung eines einzigen kleinen Automatisierungsskripts. Die Testlogik bleibt unbeeinflusst.

Bei monolithischen Automatisierungsskripten pro Testfall muss bei jeder Änderung, sei es in der Testlogik oder in der Technik, immer sowohl Logik als auch Technik angefasst werden, und das oft an vielen Stellen. Das bedeutet hohen Wartungsaufwand.

Keyword-Driven Testing unterstützt durch systematische Modularisierung das Erreichen eines minimalen Wartungsaufwandes.

Das Thema Testautomatisierung ist sehr weitläufig und kann daher hier nur kurz angeschnitten werden. Wer sich damit tiefergehend beschäftigen möchten findet eine detaillierte Auseinandersetzung in dem Buch »Basiswissen Testautomatisierung« [2].

7.7 Frameworks und deren Komponenten

Ein zentraler Bestandteil der Norm ISO 29119-5 ist die Definition eines Frameworks für Keyword-Driven Testing.

Unter einem Framework verstehen wir hier eine Umgebung, in der Keyword-Driven Testing abgewickelt werden kann. Dazu gehört auch Organisatorisches, der Fokus liegt aber auf technischen Hilfsmitteln (Werkzeugen), die zusammenspielen müssen.

Dieses Framework ist so generisch wie möglich gehalten, um möglichst keine vorhandene Werkzeugkette von einer Betrachtung auszuschließen.

Zu diesem Zweck wurden Komponenten definiert, die für Keyword-Driven Testing – je nachdem, wie man es betreiben möchte – notwendig sind.

Diese Komponenten sind:

- »Keyword-Driven Editor« – um Keywords zu Testfällen zusammenzufügen
- »Decomposer« – um zusammengesetzte Keywords in ihre Schritte zu zerlegen
- »Data sequencer« – um die Daten aus dem DDT mit den Keywords zu verknüpfen
- »Manual test assistant« – zur Unterstützung der manuellen Ausführung von Testfällen
- »Tool bridge« – um die Testfälle an ein konkretes Ausführungswerkzeug zu übermitteln
- »Test execution environment and execution engine« – zur Interpretation der Testfälle und Ausführung im Ausführungswerkzeug

Das wären die aktiven Komponenten, dazu gehören noch Repositories:

- »Keyword library« – eine Ablage für die Keywords
- »Data« – eine Ablage für die Testdaten
- »Script repository« – eine Ablage für die Implementierung der Keywords für ein konkretes Ausführungswerkzeug

Zu all diesen Komponenten werden Anforderungen definiert, die man als Anwender des Keyword-Driven Testing stellen kann. Diese Anforderungen sind in zwei Gruppen aufgeteilt:

1. »Basic« – sehr grundlegende Anforderungen, braucht eigentlich jedes Framework
2. »Advanced« – Anforderungen für anspruchsvollere Umsetzungen

Wichtig für das Verständnis: Die zugrunde liegende Idee ist, dass diese Anforderungen – sofern eine Abdeckung gewünscht ist – vom Framework insgesamt erfüllt werden sollten. *Nicht* gefordert ist, dass ein einzelnes Werkzeug auf jedem Gebiet alle Anforderungen abdeckt.

Ein konkretes Tool kann also eine Komponente, mehrere Komponenten, Teile einer oder mehrerer Komponenten oder – nicht sehr realistisch, aber ein hübscher Gedanke – sämtliche Komponenten abdecken.

7.8 Datenaustausch

Der Abschnitt der Norm, der sich mit Datenaustausch beschäftigt, ist nicht sehr umfangreich, aber immerhin enthält er eine Anforderung, ist also hinsichtlich Konformität relevant. Diese eine Anforderung ist ein »Should« – also keine harte Anforderung, die erfüllt werden *muss*, aber eine dringende Empfehlung. Sie besagt, dass für Datenaustausch, wenn immer möglich, standardisierte Formate zu verwenden sind.

Hiermit soll dem Einsatz proprietärer Formate, insbesondere wenn sie zum Schutz des eigenes Werkzeugs und zur Abschottung gegenüber anderen Produkten dienen, entgegengewirkt werden. Ein konkretes Format wird an dieser Stelle (noch) nicht empfohlen; das mag sich in einer künftigen Auflage des Standards ändern.

8 Inhalt ISO 29119 – weitere Normen der Familie

Außer den bisher vorgestellten Standards, die alle vom Typ »International Standard« sind, wurden noch weitere Teile der Normenfamilie als »Technical Reports« veröffentlicht. Sie haben das Ziel, die Anwendung der Kernstandards in spezifischen Kontexten zu unterstützen.

In diesem Kapitel stellen wir diese Technical Reports kurz vor und außerdem zwei etwas entferntere Verwandte (diese wiederum International Standards), die zwar nicht die Nummer 29119 im Namen tragen, aber einen engen Bezug zu den Testnormen haben.

8.1 ISO 29119 – Teil 6: Testen in agilem Umfeld

Die ISO/IEC 29119-6 [72] wurde 2021 veröffentlicht. Der vollständige Titel lautet »ISO/IEC TR 29119-6:2021 – Software and systems engineering – Software testing – Part 6: Guidelines for the use of ISO/IEC/IEEE 29119 (all parts) in agile projects«[1].

Das Thema ist die Anwendung der ISO 29119 im agilen Umfeld: Dieser TR (Technical Report) soll es Anwendern in agilen Umgebungen erleichtern, zu verstehen, wie einfach sie agil und doch normkonform arbeiten können.

Bezug zwischen agilen Praktiken und ISO 29119

Dabei steht kein spezifisches agiles Entwicklungsmodell im Vordergrund: Die in der Norm angesprochenen agilen Praktiken sind beispielsweise in Scrum, SAFe oder XP (eXtreme Programming) gebräuchlich.

Insgesamt werden immerhin 62 solcher typischen agilen Praktiken betrachtet und in Bezug auf die Normenreihe ISO 29119, Teil 1-4 gesetzt. Eine Aufstellung dieser Praktiken findet sich in Tabelle 8-1.

[1]Im Titel steht »all parts« – gemeint sind die ersten vier Teile, die verfügbar waren, als Teil 6 erstellt wurde (Teil 5 war noch im Entstehen), mit einem klaren Schwerpunkt auf dem zweiten und dritten Teil.

Tabelle 8-1
Agile Praktiken in ISO 29119-6 [72]

Acceptance criteria	Acceptance test-driven development (ATDD)	Amplify learning
Backlog management	Behaviour-driven development (BDD)	Build integrity in
Burn-down and burn-up charts	Co-located teams	Collective code ownership
Continuous delivery and deployment	Continuous integration and continuous testing	Cross-functional team
Daily stand-up	Definition of done	Definition of ready
Eliminate waste	Empowered team	Emergent design
Epic	Fast user feedback	Feature-driven development (FDD)
Feature toggle	Frequent interaction with product owner	Increment
Informal defect management	Iteration backlog	Iteration goal
Iteration planning	Iteration review	Iteration zero
Just in time	Limit work in progress	Mood chart
Occasional test iterations	Pair programming	Parallel test iterations
Planning poker	Product backlog	Product owner
Refactoring	Relative estimation	Release planning
Retrospective meeting	Scrum master	Self-organizing teams
Short iterations	Simplicity	Story mapping
Story testing	Sustainable pace	Task board
Team charter	Team room	Team-based estimation
Technical debt	Test-driven development (TDD)	Timebox
Transparency	User story	User stories – INVEST mnemonic
User story format – role/feature/rationale	Velocity	

Für jede dieser Praktiken führt Teil 6 kurz aus, ob ein Bezug zwischen der Praktik und einem der ersten vier Teile der Norm besteht, und falls ja, welcher. Zwei Beispiele:

- »Iteration backlog«: die Festlegung, welche Backlog-Elemente in einer Iteration zur Bearbeitung vorgesehen sind. Das Iteration Backlog passt zwar zu den Prozessen aus Teil 2, es gibt aber keinen direkten Bezug.
- »Iteration planning«: im Grunde der Vorgang, in dem das Backlog für eine Iteration erstellt wird. Das passt hervorragend zum Teststrategie- und Testplanungsprozess (siehe Abschnitt 4.3.1).

Auch in Teil 6 lohnt sich ein Blick auf die Anhänge. Hier wird diskutiert,

- wie sich der Scrum Guide [44] auf die Testprozesse aus Teil 2 abbilden lässt,
- wie sich die Testprozesse aus Teil 2 auf die oben erwähnten agilen Praktiken abbilden lassen,
- in welcher Beziehung typische agile Artefakte zu den Dokumenten aus Teil 3 stehen
- und wie exemplarisch Anforderungen aus Teil 3 in einer agilen Welt abgebildet werden können.

8.2 ISO 29119 – Teil 11: Testen von auf künstlicher Intelligenz basierenden Systemen

Der Technical Report ISO/IEC 29119-11 [66], mit vollem Namen »ISO/IEC TR 29119-11:2020 – Software and systems engineering – Software testing – Part 11: Guidelines on the testing of AI-based systems« hat das Ziel, beim Testen von Systemen zu unterstützen, die ihre Funktion zu einem maßgeblichen Teil durch den Einsatz von künstlicher Intelligenz (KI) erbringen.

Er bietet zunächst eine Einführung in KI und in die allgemeinen Herausforderungen, die beim Testen von KI bestehen, um den Boden für die folgenden Abschnitte zu bereiten.

Darin werden die folgenden Themen behandelt:

- Charakteristiken von KI-basierten Systemen
- Einführung in das Testen von KI-basierten Systemen
- Einbettung des Testens von KI-basierten Systemen in den Softwareentwicklungslebenszyklus – also in unterschiedliche Teststufen

- Testen und Qualitätssicherung von Systemen, die maschinelles Lernen (ML, engl. »machine learning«) beinhalten
- Blackbox-Test von KI-basierten Systemen
- Whitebox-Test von neuronalen Netzen
- Testumgebungen für KI-basierte Systeme

In den Anhängen finden sich darüber hinaus vertiefende Informationen zu maschinellem Lernen.

Mit dem Thema Testen von KI beschäftigt sich auch das ISTQB® [40]. Wer hierzu Begleitliteratur sucht, der wird bei dem Buch »Basiswissen KI-Testen« [18] von Röttger, Runze und Dietrich fündig, in dem das Thema Testen mit KI, aber vor allem das Testen von KI-basierten Systemen umfangreich erörtert wird.

8.3 ISO 29119 – Teil 13: Testen biometrischer Systeme

Biometrische Systeme haben das Ziel, Personen möglichst eindeutig erkennen zu können. Fehler, die dabei auftreten, sind mit signifikanten Risiken verbunden, sei es bei der Absicherung von Daten vor unzulässigem Zugriff oder bei Zugangskontrollen.

Solchen Risiken ist mit angemessenem Testen zu begegnen und dabei will die ISO/IEC 29119-13 [67] (vollständige Bezeichnung: »ISO/IEC TR 29119-13:2022 – Software and systems engineering – Software testing – Part 13: Using the ISO/IEC/IEEE 29119 series in the testing of biometric systems«) unterstützen.

Unter anderem bietet der Technical Report hierzu einen Überblick über etwas mehr als zwei Dutzend Standards, die im Hinblick auf Testen biometrischer Systeme berücksichtigt werden sollten. Sehr nützlich ist weiterhin eine Liste von 110 charakteristischen Risiken bezüglich biometrischer Systeme in verschiedenen Kategorien; sie ist bestimmt nicht erschöpfend, kann aber ein ausgezeichneter Startpunkt für die Analyse eines zu testenden Systems sein.

Schließlich werden die Standards der Normenfamilie ISO 29119 mit Standards aus dem Kontext Biometrie (und deren Test) in Verbindung gebracht, u.a. (aber nicht nur) mit der Normenreihe ISO/IEC 19795. Insbesondere aufgrund dieser Mappings ist der Technical Report mit 274 Seiten recht umfangreich.

8.4 Prozessbewertung und Prozessverbesserung – oder das Assessmentmodell: ISO 33063

Das Thema »Prozessbewertung und Prozessverbesserung« erschien schon relativ früh auf der Tagesordnung der Arbeitsgruppen bei ISO.

Sowohl in der Arbeitsgruppe 26 (Software testing) als auch in der Arbeitsgruppe 10 (Process assessment) des ISO/IEC JTC1 SC7 gab es Personen, die es sinnvoll fanden, dass die gerade in Überarbeitung befindlichen Modelle zur Prozessbewertung auch im Softwaretest zum Einsatz kommen sollten, naheliegenderweise auf Basis des nun auch gerade in der Entwicklung steckenden Prozessmodells der ISO 29119-2. Es bildete sich eine gemeinsame Initiative, die als Ziel die Entwicklung einer weiteren Norm verfolgt, die als ISO/IEC 33063 [76] unter dem Titel »Information technology – Process assessment – Process assessment model for software testing« verfügbar ist.

Worum geht es hier? Nach ISO/IEC 33001 [75] werden für eine Prozessbewertung in erster Linie zwei Dinge benötigt: zum einen ein Prozessreferenzmodell (PRM), zum anderen ein Prozessassessmentmodell (PAM).

Das Referenzmodell für Softwaretesten stellt aus Sicht von ISO/IEC 33063 die Norm ISO 29119-2 dar. Es gilt als Maßstab für die Bewertung. Das Assessmentmodell wird durch ISO/IEC 33063 geliefert: Damit wird beschrieben, wie eine Bewertung eines vorliegenden Prozesses gegenüber dem Referenzmodell vorzunehmen ist, was also beispielsweise in welcher Tiefe umzusetzen ist, damit ein Assessor guten Gewissens für einen Bereich die Bewertung vornehmen kann, dass ein gewisser Reifegrad erreicht sei. Auf dieser Basis kann eine Bewertung und in der Folge auch ein Vergleich unterschiedlicher Implementierungen von Testprozessen vorgenommen werden.

Die Norm ISO/IEC 33063 ist seit Juli 2015 verfügbar.

8.5 Reviews: ISO 20246

In der Norm ISO/IEC 20246 [57] (ein internationaler Standard mit der vollständigen Bezeichnung: »ISO/IEC 20246:2017 Software and systems engineering – Work product reviews«) wird das Thema Reviews betrachtet. Reviews sind kein testspezifisches Thema, sondern sie sind quer durch die Disziplinen des Software Engineering für alle Beteiligten wichtig – selbst wenn Reviews aus Sicht der Tester als statisches Testen verstanden werden. Entsprechend reiht sich die ISO/IEC 20246 auch

Reviews brauchen alle.

nicht in den Reigen der 29119er-Familie ein, sondern hat eine nicht testspezifische Nummer.

Es handelt sich nicht um einen Nachfolger der IEEE 1028-2008 »IEEE Standard for Software Reviews and Audits« [50], sondern um eine eigenständige Norm, die sich explizit auch auf Konzepte der IEEE 1028 bezieht.

In IEEE 1028 wird eine Anzahl von Reviewarten beschrieben, die sich (mehr oder weniger deutlich) in ihren Attributen unterscheiden. Viel mehr, etwa die Beschreibung eines Prozesses für Reviews, findet sich darin nicht.

Der ISO/IEC-Standard 20246 hingegen definiert systematisch eine Anzahl an Attributen, anhand derer Reviewarten unterschieden werden können, und wendet diese sowohl auf die in IEEE 1028 beschriebenen Reviewarten als auch auf weitere gängige Arten von Reviews an.

Als Anwender kann ich anhand dieser Attribute einen für meine Situation passenden Typ von Reviews auswählen oder maßgeschneidert einen eigenen Reviewtyp definieren.

Ein weiteres zentrales Element der ISO/IEC 20246 ist die Definition eines generischen Reviewprozesses – der durchaus Spielraum für die Ausgestaltung je nach Anwendungsfall lässt.

Außerdem werden einige Reviewverfahren beschrieben, die bei der Anwendung von Reviews sehr nützlich sein können (vgl. Tab. 8-2).

Tabelle 8-2
Reviewverfahren in ISO/IEC 20246 [57]

Ad hoc reviewing	Checklist-based reviewing
Group decision making	Individual analysis
Page-by-page reviewing	Perspective-based reading (PBR)
Role-based reviewing	Scenario-based reviewing

Wieder einmal ist es eine gute Idee, sich die Anhänge genauer anzusehen. Darin gibt es nützliche Quellenangaben, Hinweise zur Dokumentation von Reviews, ausführlichere Informationen zu den Reviewtypen, zur Auswahl von Reviews und ein Mapping zur IEEE 1028.

Insgesamt erscheint die ISO 20246 deutlich praxisorientierter als die ältere IEEE 1028, die früher die wohl am meisten referenzierte Norm zu Reviews war.

Mit der ISO/IEC 20246 ist die Lücke im Hinblick auf den statischen Test, die sich bisher in der Normenreihe ISO 29119 wahrnehmen ließ, zumindest teilweise geschlossen. Der statische Test lässt sich in Reviews und in statische Analyse gliedern: Ein ISO-Standard für Letzteres fehlt bislang noch.

Teil III

Anwendungshinweise und Zukunft

9 Anwendung

In diesem Kapitel geht es darum, mit Beispielen aus der Praxis aufzuzeigen, wie die Normenfamilie genutzt werden kann. In ihrer Tätigkeit als Softwaretestspezialisten erhalten die Autoren Einblick in viele (Kunden-)Projekte und haben daraus die hier beschriebenen Beispiele ausgewählt. Mit der Verfügbarkeit der Kernnormen seit August 2013 orientierten sich nämlich einige Firmen aus ganz unterschiedlichen Gründen an der ISO 29119.

Interessanterweise ist die Herangehensweise an das Thema ebenso unterschiedlich wie der Grad der angestrebten Vollständigkeit: Einige beginnen bei den Prozessen, andere richten das Hauptaugenmerk auf die Dokumente. Allen gemein ist, dass erstaunlich schnell erste Ergebnisse erzielt werden konnten – was folgende Schlussfolgerung erlaubt:

> **Erkenntnis**
>
> Es gibt keinen schnelleren Weg zu einem belastbaren Testumfeld als die Übernahme und Adaption der Beschreibungen der jeweils benötigten Teile aus der Normenreihe ISO 29119.

Die folgenden Beispiele zeigen sowohl Szenarien, in denen Prozesse nach der Norm gestaltet wurden, als auch Beispiele für Dokumentenlösungen. Dabei wurden jedoch einige Beispiele verkürzt, da jedes eigene Schwerpunkte hat und diese sich zum Teil überschneiden.

Gemeinsam ist allen Projektbeispielen, dass sich die Verantwortlichen Gedanken um die Weiterentwicklung ihrer Testlandschaft gemacht haben. Damit sind die Gemeinsamkeiten jedoch schon erschöpft. Der Griff zu Teilen der Normenfamilie hatte in jedem Beispiel ganz andere Gründe. Die unterschiedlichen Motivationen in Verbindung zu den jeweils bestehenden Istsituationen waren ausschlaggebend für die Auswahl der Projektbeispiele. Die Verschiedenheit zeigt die vielfältigen Möglichkeiten, Nutzen aus der Norm zu ziehen. Es wird schnell deutlich, dass der Einsatz der Norm sich für die unterschiedlichsten Entwicklungsmethoden von »klassisch« bis »agil« eignet. Und es zeigt darüber hinaus, dass sich das in der Norm gebündelte Wissen durch das Tayloring ganz gezielt »extrahieren« lässt – mit ganz unterschiedlichen Ansätzen und in dosierbaren Mengen.

- Das erste der drei Beispiele »**TestCenter**« zeigt, wie nahezu linear und entlang der ISO 29119 die Testprozesse definiert werden können – mit dem Ziel einer möglichst genauen Abbildung.
- Das zweite Beispiel »**MediCo**« folgt einem anderen Ansatz – hier wurden bestehende Dokumente auf Vollständigkeit untersucht und entsprechend in ihrer Struktur ergänzt.
- Im Beispiel »**AgileDev**« wird gezeigt, wie in einem agilen Entwicklungsteam durch Tayloring der ISO 29119 der Test maßgeschneidert definiert werden kann.
- Das letzte Beispiel »**G/TABib**« behandelt, wie mit der Verschlagwortung von Testsequenzen analog zu Teil 5 der ISO 29119 unter Nutzung unterschiedlicher Testdaten ein produktivitätssteigernder Königsweg zur effizienteren Testspezifikation und der anschließenden Testautomatisierung beschritten wurde.

Alle Projektbeispiele beginnen mit einem Projektsteckbrief, der kurz und anonymisiert die Situation der Firma und deren Testumfeld beschreibt und einen Einblick in die Motivation liefert. Dieser Steckbrief geht dann über zu einer Schilderung des Vorgehens, das durch entsprechende Beschreibungen der Arbeitsergebnisse verdeutlicht wird. Diese Ergebnisse sind – jeweils zum Szenario passend – Definitionen von Prozessen und Dokumenten oder die Skizzierung eines Mappings von Normelementen zu bestehenden Artefakten.

In den Beispielen haben wir teilweise die Texte und Formulierungen der jeweiligen Firma übernommen. Das bedeutet aber auch, dass **nicht alle Begriffe in den Beispielen exakt die gleiche Bedeutung haben wie in der ISO 29119** und im Rest des Buches. Nicht immer konnte das im jeweiligen Zusammenhang separat hervorgehoben werden. Dies sollten Sie bitte im Hinterkopf behalten, wenn Sie sich jetzt mit den Anwendungsbeispielen befassen.

9.1 Projektbeispiel »TestCenter«

Wie schon eingangs erwähnt, zeigt das Beispiel »TestCenter«, wie nahezu linear und entlang der ISO 29119 die Testprozesse definiert werden können – mit dem Ziel einer möglichst genauen Abbildung. Immer wenn in diesem Beispiel in der Schreibweise »TestCenter« über Szenarien, Prozesse und Dokumente berichtet wird, handelt es sich genau um die Beschreibung dieser expliziten Kundenorganisation. »Testcenter« in der normalen Schreibweise ist nicht explizit auf das Kundenbeispiel bezogen. Das konkrete Kundenbeispiel wurde in diesem Text möglichst genau kopiert, was auch die Verwendung von Tabellenbeschriftungen oder die Hervorhebung von Texten von z.B. Prozessbegriffen oder Werkzeugen erklärt.

9.1.1 Projektsteckbrief

- **Firma**
  Die Firma ist Betreiber eines Testcenters. Unterschiedliche Kunden lassen in diesem Testcenter ihre Tests durchführen. Die Leistungen des TestCenters sind je Kunde in einem Projektvertrag festgelegt, der auch den jeweiligen Servicelevel beschreibt.
- **Testgegenstand/Testobjekt**
  Dieses Beispiel hat variable Testgegenstände: Das TestCenter bearbeitet ganz unterschiedliche Testprojekte mit jeweils projektbezogenen Serviceleveln – und somit geht es auch um verschiedenste Testobjekte. Jedes Projekt kann dabei sowohl einen anderen Testumfang, andere Risikoklassen und Schwerpunkte als auch andere Akzeptanzkriterien haben – bis hin zu unterschiedlichen Aufgaben.
- **Motivation zur Nutzung der ISO 29119**
  Für den Betreiber ist die einheitliche Gestaltung der Projektabwicklung trotz vollständig unterschiedlicher Anforderungen essenziell. Eine einheitliche Prozessgestaltung wie auch eine einheitliche Dokumentation sind für die Wirtschaftlichkeit des TestCenters von großer Bedeutung. Ein weiterer Punkt war, dass sich das TestCenter im Betrieb befand, also mit einer guten Auslastung Testprojekte abwickelte. Deshalb war eine der Prämissen, dass der operative Betrieb so wenig wie möglich gestört werden darf, um die laufenden Projekte nicht zu beeinträchtigen.
- **Testorganisation**
  Im TestCenter arbeiten heute (März 2024) rund 35 Mitarbeiter, also gut 50 Prozent mehr als noch 2015. Ungefähr 10 Mitarbeiter des Teams testen manuell, die anderen Testspezialisten program-

mieren Testautomatisierungen. Vier Testmanager kümmern sich um die organisatorischen Details sowie um die abrechnungsrelevante Dokumentation. Alle regulativen Vorgaben durch die Leitung des TestCenters wie Prozesse und Richtlinien sind in einer Intranetanwendung abgelegt und stehen so einerseits den Mitarbeitern zur Orientierung zur Verfügung und können andererseits als Textbausteine zur Beschreibung für Kunden verwendet werden.

9.1.2 Die Einführung der ISO 29119

Ziel der Führungsebene war es, das bereits seit mehreren Jahren erfolgreich arbeitende TestCenter durch die Anpassung von Prozessen und Dokumentationen zugunsten der Zukunftssicherheit zu modernisieren. Die Nutzung der neuen Normen sichert so einerseits das einheitliche Vorgehen und andererseits ist das TestCenter am Markt mit dem »normenkonformen Testen nach ISO 29119« präsentierbar und soll so Wettbewerbsvorteile schaffen.

Die **Neuauflage dieses Buches** mit dem Ziel, die **Neufassung der Norm** adäquat abzubilden, warf auch für den Leiter des TestCenters die zu klärende Frage auf, inwieweit die Festlegungen zum Zeitpunkt der Drucklegung der ersten Ausgabe dieses Buches ebenfalls angepasst werden mussten. In diesem Fall wurde entschieden, dass die Prozessbeschreibungen sowie die Dokumente weitestgehend NICHT angepasst werden sollen. Die operative Praxis hat einen bestimmten Sprachgebrauch, der bei den Mitarbeitern inzwischen gängig geworden ist. Änderungen sollen nach Entscheidung der TestCenter-Leitung nur dann umgesetzt werden, wenn dies auch operativ anderes Vorgehen bedingt. Beispielsweise wurde auf eine Umstellung der »Testbedingungen« durch den neuen Begriff des »Testmodells« in der operativen Praxis verzichtet, da hierin kein rechtfertigender Mehrwert erkannt wurde.

Ein weiterer wichtiger Eckpfeiler für die damalige Ausrichtung des TestCenters auf die ISO 29119 war es, Rücksicht auf die bestehenden **Werkzeugketten** zu nehmen. Einerseits waren über die Jahre ein bestimmtes Skillset und ein gewisser Ausbildungsstand der TestCenter-Mitarbeiter entstanden, zum anderen waren Tools z.B. für Testautomatisierung und Continuous Integration angeschafft und eingeführt, deren Ablösung hohen Aufwand bedeuten würde. Diese Situation hat sich seit der ersten Version dieses Buches grundlegend geändert, denn die Veränderungen im Toolmarkt haben auch Anpassungen der werkzeugseitigen Ausstattung des TestCenters erforderlich gemacht. Das Kernsystem für den Betrieb, das **Testmanagementwerkzeug**, ist geblieben: Die Fähigkeit des Werkzeugs zur Integration der unterschiedlichsten für den Test relevanten Systeme wie **Anforderungsmanagement**- oder **Fehlermanagement**-Systeme sowie aller möglichen **Testautomatisierungsroboter** stellte die nötige Flexibiliät für die zahlreichen divergenten Kundenprojekte sicher. So konnten z.B. Anforderungen des Kunden an sein Testobjekt in beliebigen Exportformaten angeliefert und direkt in die Testlandschaft eingebunden werden. Auch die Möglichkeiten, die jeweils technisch und organisatorisch optimal geeigneten Testautomaten verwenden zu können, stellte einen wesentlichen wirtschaftlichen Erfolgsfaktor des TestCenters dar, da auf diese Weise schnelle Umsetzungen von Testautomatisierungen gewährleistet werden konnten. Hier sind viele weitere Werkzeuge hinzugekommen, die vor allem das agile Arbeiten unterstützen. Das ständig wachsende Angebot von Open-Source-Produkten hilft, wenn die wirtschaftlichen Einsparungen durch saubere und wohldefinierte Prozesse nicht zu Einbußen an Qualität und Arbeitsgeschwindigkeit führen dürfen.

Wesentlich war auch die Vereinheitlichung der Begrifflichkeiten. Der bislang im TestCenter verwendete Sprachschatz machte sich an dem Glossar des ISTQB® Certified Tester fest. Einige Begrifflichkeiten der Norm wirkten auf das Team zunächst fremd. In einer Übersetzungstabelle wurden diese Begriffe auf ihre Entsprechungen im ISTQB®-Glossar gemappt und konnten so klar eingeordnet werden. Damit war für das Team ein Stolperstein aus dem Weg geräumt.

Der Leiter des TestCenters entschied sich ganz zu Beginn dafür, zunächst die Prozesse anzupassen und dabei »von unten nach oben« vorzugehen, also mit den existierenden Prozessen zur konkreten Testdurchführung, den »Prozessen für dynamischen Test«, zu beginnen und diese dann durch die Testmanagementprozesse zu ergänzen, die die projektspezifische Abbildung des Vorgehens sicherstellen, und erst später die organisatorischen Prozesse zu beschreiben. Hintergrund für diese Vorgehensweise war, dass das Team sich konkret und kontinuierlich mit der Testdurchführung beschäftigte und damit sehr »dicht am Thema« war. Durch entsprechende Verweise auf den Werkzeugeinsatz in der Prozessbeschreibung wurde explizit verankert, wie das zentrale Testmanagementsystem zu verwenden ist. Für die Mitarbeiter des TestCenters bedeutete dies, dass sich Begrifflichkeiten änderten, aber auch, dass sich an einigen Stellen der Prozess änderte. Durch die Anlehnung an die vorhandenen Prozesse konnte dies ohne Beeinträchtigung des Betriebs erreicht werden. In regelmäßigen Teambesprechungen wurden die aktuellen Umstellungen jeweils angekündigt und auf die gültige Beschreibung im vorhandenen Intranet verwiesen. So konnten alle Beteiligten den Überblick über den Fortschritt der Umstellung behalten. Ein neu angelegter Dokumentenzweig »TestCenter NEU – Prozesse« sorgte als Template dafür, jeden nach ISO 29119 erforderlichen Prozessschritt zu erfassen, in dem diese als Hauptüberschriften angelegt wurden:

- Organisationsbezogener Testprozess
- Testplanungsprozess
- Testüberwachung und -steuerung
- Testabschluss
- Testdesign und -spezifikation
- Testumgebung
- Testdurchführung
- Fehlerprotokollierung
- Hilfsprozesse

Die Hilfsprozesse umfassen die Teilprozesse für das Vorgehen zur automatisierten Testdurchführung (Testautomatisierung) und das Testdatenmanagement, die je nach Kundenprojekt erforderlich sein können oder nicht. In jedem Fall sollte sichergestellt sein, dass auch diese Bereiche einheitlich und stets gleich abgewickelt werden. Der Screenshot in Abbildung 9-1 zeigt die Intranet-Einstiegsseite.

Abbildung 9-1 *Intranet-Screenshot*

Es wurde festgelegt, dass jede dieser Hauptüberschriften durch eine feststehende Struktur zu beschreiben war, wobei neben einer kurzen

Einleitung die Elemente an die durch die ISO 29119 vorgegebene Struktur angelehnt wurden. Das Team verwendete folgende einheitliche Gliederung für ihre Ausarbeitung:

- Ziel
- Überblick
- Rollen
- Eingangsartefakte
- Aktivitäten und Aufgaben
- Ausgangsartefakte

Durch sprachliche Anpassungen wie »Ausgangsartefakte« statt »Ergebnisse« und die Zusammenfassung von Punkten wie »Aktivitäten und Aufgaben« konnte ein einfaches Mapping zu den bestehenden Prozessbeschreibungen erreicht werden. Aus diesen bestehenden Beschreibungen wurden nun jeweils die einzelnen Elemente schrittweise einer Analyse unterzogen. Viele der genutzten Prozessschritte konnten beibehalten werden, da sie mit der ISO 29119 konform waren. Waren Anpassungen nötig, wurden diese mit den operativen Einheiten diskutiert, entsprechend beschrieben und in einem Team-Blog dokumentiert, zumindest in den Fällen, in denen es Abweichungen vom Normentext gegeben hat. Jedes so fertiggestellte Element wurde in den neuen Dokumentationsbaum eingehängt, der so Schritt für Schritt komplettiert wurde.

Für dieses Buch sind einige dieser Beschreibungen ausgewählt und im Folgenden wiedergegeben, weil die generische Vorgehensweise gezeigt werden soll. Jede der oben angeführten Hauptüberschriften wurde nach dem gleichen Muster erzeugt und im Team abgestimmt – die Wiederholung liefert insofern keine zusätzlichen Informationen.

Auch hinsichtlich der zu verwendenden Dokumente wurden entsprechende Vorgaben definiert. Dabei wurde einerseits die allgemeine Dokumentenkontrolle analog zur Norm als »Allgemeiner Teil« vorgeschrieben, andererseits auch die einzelnen Dokumente, z.B.

- Testentwurfsspezifikation,
- Testfallspezifikation,
- Testablaufspezifikation,

beschrieben. Wert wurde auf eine einheitliche Struktur gelegt, die allerdings nicht so mächtig ausgefallen ist wie die Strukturvorgaben der Prozesse:

- Ziel oder Überblick des Dokuments
- Gliederung des Dokuments

Im Folgenden werden einige Beispiele zu Prozessbeschreibungen oder Dokumenten erläutert.

9.1.3 Beispiel Prozessbeschreibung »Testplanungsprozess«

Ziel

Der **Testplanungsprozess** hat das **Testkonzept** zum Ergebnis. Durch das Testkonzept soll der Umfang und der Ansatz des Testens beschrieben und mit allen Beteiligten abgestimmt werden, sodass die **Testumgebung** und andere Anforderungen wie **Testwerkzeuge** und **Testdaten** frühzeitig mit berücksichtigt und abgestimmt werden können.

Überblick

Das **Testkonzept** kann ganz unterschiedliche Ausprägungen haben, je nachdem, ob es sich z.B. um ein Systemtestkonzept oder ein Performanztestkonzept handelt. Die Benennung der Prozessteilschritte orientiert sich an der Norm, obwohl einige für die praktische Umsetzung im TestCenter zusammengefasst sind. Der Planungsprozess mit seinen einzelnen Planungsschritten wird meistens **iterativ** durchlaufen, bevor die endgültige Fassung vorliegt. Die Gründe dafür können unterschiedlich sein, finden sich aber meistens in einer notwendigen Anpassung der Prozessteilschritte (TP3 bis TP6) durch veränderte Anforderungen in Bezug auf das **Risiko**, die **Testziele** und **Ressourcen** wieder.

Abbildung 9-2 *Testkonzept, Screenshot aus dem Intranet*

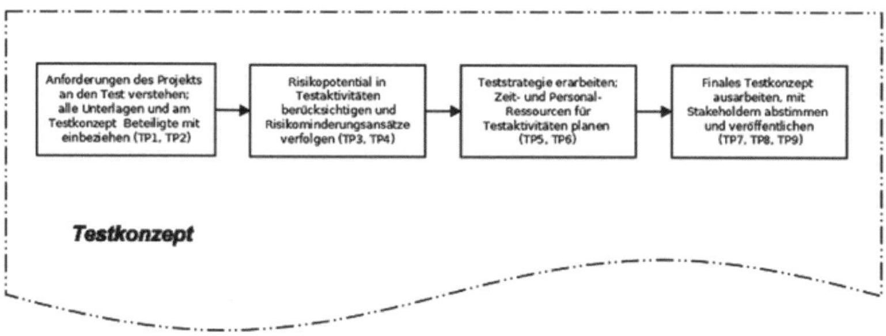

Rollen

Für die Rollenbeschreibung wurden die einzelnen Aufgaben des Testplanungsprozesses aufgelistet und dann den einzelnen beteiligten Stakeholdern zugeordnet. Dabei orientieren sich sowohl die Aufgaben als auch die Rollen an den Normvorgaben, wobei Letztere an die im TestCenter gelebten Rollen angepasst wurden. So wird die Rolle des Testmanagers und die des Projektleiters im TestCenter in der Regel von einer Person wahrgenommen – daher wurde dafür auch eine gemeinsame Rollenspalte verwendet. In der Matrix in Tabelle 9-1 wurde dann unterschieden, ob ein Stakeholder die Aufgabe verantwortet (markiert mit einem »R« für responsible) oder bei deren Erfüllung mithelfen muss (markiert mit einem »S« für supporting). In der aktuellen Situation wurden keine weiteren Zuordnungen gemacht, aber für die Zukunft bietet eine vollständige RACI-Matrix noch mehr Möglichkeiten. Für das Projekt wurde jedoch entschieden, im ersten Schritt zunächst mit »R« und »S« auszukommen.

Tabelle 9-1 *Verantwortlichkeiten in der Testplanung*

Verantwortlichkeit	**Systemadmin/Technik-Coach**	**Projektleiter/Testmanager**	**Testdesigner/Testspezifizierer**	**Testautomatisierer**	**Tester**	**Kunde**
Anforderungen des Projekts an den Test verstehen		R				S
Testkonzepterstellung vorbereiten		R	S	S		S
Risikopotenzial erarbeiten und berücksichtigen		R	S	S		S
Risikoverminderungsansätze erarbeiten		R	S	S		
Teststrategie festlegen		R	S	S		
Detaillierte Personal- und Zeitplanung		R	S	S		S
Komplette Ausarbeitung des Testkonzepts		R	S	S		
Zustimmung zum Testkonzept steigern		R	S	S		
Finales Testkonzept		R				

Eingangsartefakte

Die Eingangsartefakte dieses Prozesses sind der Tabelle 9-2 zu entnehmen:

Tabelle 9-2
Eingangsartefakte der Testplanung

Bezeichnung	Priorität
Unternehmenstestrichtlinie	Optional
Unternehmensteststrategie	Optional
Produktdokumentationen/ -spezifikationen	Optional
Softwareentwicklungskonzept	Optional
Regulierende Informationsstandards	Optional
Softwaretestanforderungen (inkl. Qualitätsanforderungen)	Muss
(Gesamt-)Projektplan	Optional
Projektrisikoverzeichnis	Optional

Aktivitäten und Aufgaben

In dieser Sektion werden die einzelnen Aufgaben für die Testplanung zusammengestellt. Im Wesentlichen handelt es sich dabei um die folgenden Aktivitäten:

- Anforderungen des Projekts an den Test verstehen (TP1)
- Testkonzepterstellung vorbereiten (TP2)
- Risikopotenzial erarbeiten und berücksichtigen (TP3)
- Risikoverminderungsansätze erarbeiten (TP4)
- Teststrategie festlegen (TP5)
- Detaillierte Personal- und Zeitplanung (TP6)
- Komplette Ausarbeitung des Testkonzepts (TP7)
- Zustimmung zum Testkonzept mit allen Stakeholdern abstimmen (TP8)
- Testkonzept finalisieren und gemäß **Kommunikationskonzept** veröffentlichen (TP9)

Ausgangsartefakte

Die Ausgangsartefakte dieses Prozesses sind der Tabelle 9-3 zu entnehmen:

Bezeichnung	Priorität	Beispiel
Testkonzept	Muss	Beschreibung der Testaktivitäten inkl. der anzuwendenden Teststrategie; Benennung der Beteiligten, eine Risikobeschreibung und Risikoanalyse, Beschreibung der notwendigen Testdaten, der Testumgebung, der Testwerkzeuge und der notwendigen Personalressourcen sowie ein zeitlicher Testablaufplan

Tabelle 9-3 *Ausgangsartefakte der Testplanung*

9.1.4 Beispiel Prozessbeschreibung »Testdesign und -spezifikation«

Ziel

Der nachfolgende Testprozess beschäftigt sich mit der Umsetzung der Testverfahren und der daraus resultierenden Planung und Erstellung von Testfällen und Testprozeduren. Als Ergebnis entsteht die **Testspezifikation**, die als Bestandteile die Testentwurfs-, die Testfall- und die Testablaufspezifikation enthält.

Überblick

Als **Eingangsdokument** für diesen Prozess dient das Testkonzept, in dem die Testverfahren und das vorgegebene Testziel mit den geforderten Testendekriterien beschrieben sind. Der Erstellungsprozess der Testspezifikationen ist nicht als ein strikter Ablauf zu sehen, es kann auch zu einer oder mehreren Wiederholungen der nachfolgenden Arbeitsschritte im Entstehungsprozess kommen. Die Hintergründe für ein Durchbrechen des genormten Ablaufs oder für eine Anpassung eines schon erstellten Spezifikationsdokuments können unterschiedlich sein. Hierunter fallen z.B. Anforderungsveränderungen, Fehlernachbearbeitung oder veränderte Testendekriterien. Eine einmal erstellte Testspezifikation als Gesamtergebnisdokument dieses Prozesses kann ganz oder auch nur zum Teil (z.B. für Regressionstests) wiederverwendet werden. Bei der Testspezifikation kann es sich um ein Gesamt-Testspezifikationsdokument handeln, das als einzelne Teile die Teilspezifikationen Testentwurfs-, Testfall- und Testablaufspezifikation enthält. Es können mehrere einzelne, eigenständige Dokumente entstehen, dies kann aber je Projekt und

Umfang unterschiedlich gehandhabt werden. Wird **explorativ getestet**, fällt die Testspezifikation mit der Testdurchführung zusammen. Es erfolgt in der Regel keine detaillierte Testspezifikationsdokumentation im Vorfeld. Der Testdurchführende muss aus seiner Erfahrung und seinem angeeigneten Wissen über das Testobjekt heraus und nachdem er sich über das Testziel im Klaren ist, einen Testablauf erarbeiten, der in keiner ausführlichen Testspezifikation, sondern z.B. in einer Test-Charta als Testentwurfsspezifikation dokumentiert wird. Die Durchführung beginnt unmittelbar danach inkl. einer kurzen Dokumentation des Testvorgehens.

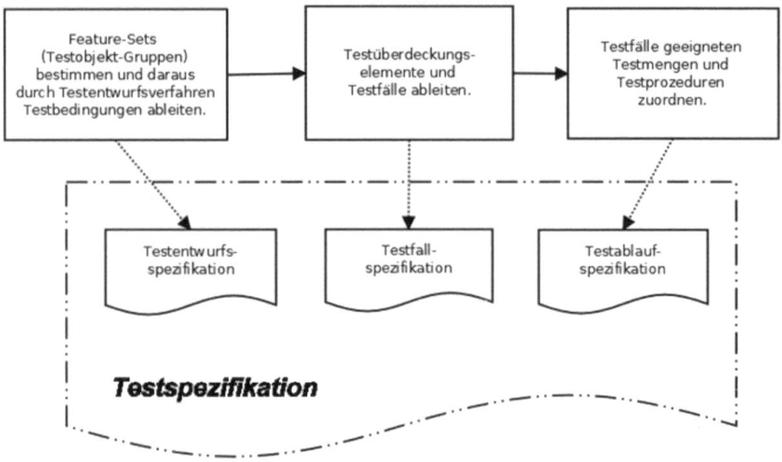

Abbildung 9-3 *Prozess zur Testspezifikation – Screenshot aus dem Intranet*

Rollen

Für die TestCenter-spezifische Rollenbeschreibung (siehe Abschnitt 9.1.3) wurden die einzelnen Aufgaben des Testdesign- und -spezifikationsprozesses ihrer Reihenfolge entsprechend aufgelistet und dann den einzelnen beteiligten Stakeholdern zugeordnet (siehe Tab. 9-4). Dabei wurde unterschieden, ob ein Stakeholder die Aufgabe verantwortet (markiert mit einem »R« für responsible) oder bei deren Erfüllung mithelfen muss (markiert mit einem »S« für supporting).

Verantwortlichkeit	**Systemadmin/Technik-Coach**	**Projektleiter/Testmanager**	**Testdesigner/Testspezifizierer**	**Testautomatisierer**	**Tester**	**Kunde**
1. Festlegen Feature-Sets		S	R			S
2. Testbedingungen ableiten		S	R			S
3. Testüberdeckungselemente ableiten		S	R			
4. Testfälle ableiten			R		S	S
5. Testmengen bestimmen			R	S	S	S
6. Testprozeduren ableiten			R	S	S	S

Tabelle 9-4
Verantwortlichkeiten in Testdesign und -spezifikation

Eingangsartefakte

Die Eingangsartefakte dieses Prozesses sind der Tabelle 9-5 zu entnehmen:

Tabelle 9-5 Eingangsartefakte für Testdesign und -spezifikation

Bezeichnung	Priorität	Beispiel
Testkonzept	Muss	Dokument mit den Rahmenbedingungen aus dem Testmanagementprozess, das die Teststrategie, das daraus abgeleitete Testentwurfsverfahren und das Testziel enthält.
Testbasis (herkömmlicher Testprozess)	Muss	Anforderungsdokumente und Informationen, die das Testobjekt beschreiben, z.B. IT-Spezifikation, Lastenheft, Handbücher. Im explorativen Test können solche Dokumente vorliegen, müssen aber nicht.
Testbasis (explorativ)	Optional	siehe oben
Testobjekt (herkömmlicher Testprozess)	Optional	
Testobjekt (explorativ)	Muss	

Im Rahmen der kontinuierlichen Pflege sollen die noch nicht gefüllten Beispielfelder mit konkreten Beispielen illustriert werden.

Aktivitäten und Aufgaben

1. **Festlegen von Feature-Sets (TD1)**
   Als initialer Schritt müssen alle am Prozess beteiligten Personen die **Testbasis** analysieren, um die darin enthaltenen Anforderungen und Informationen und die sich daraus ergebenden Konsequenzen für das Testobjekt zu verstehen. Die Testbasis dient als Grundlage für die Erstellung der Testfälle und das Testdesign. Treten Abweichungen oder Fehler in den Anforderungsdokumenten auf, so sind diese mittels eines festgelegten **Fehlermanagementprozesses** zu dokumentieren.

   Anhand konkreter **Eigenschaften der Testobjekte** (Risiken, Anforderungen, Funktionen, Modelle, ...) werden sodann schlüssige Teilmengen in **Testobjekt-Gruppen** aufgeteilt und durch Anwendung der Risikobewertung aus der Testplanungsphase priorisiert. Jedes Set sollte unabhängig voneinander getestet werden können. Der Prozess zur Erstellung der Feature-Sets ist abgeschlossen, wenn alle Stakeholder mit dem Ergebnis einverstanden sind.

Die Feature-Sets werden in der **Testentwurfsspezifikation** dokumentiert und damit auch die Rückverfolgbarkeit zur Testbasis beschrieben. Es folgt die Abbildung der **Aktivität im Testmanagementwerkzeug**:

- Die Testobjekt-Gruppen/Feature-Sets werden als Testthemen und Testfallsätze dargestellt.
- Die Testelemente werden durch das Anlegen von Datentypen aufgenommen. (Achtung: Datentypen können sowohl Testobjekte als auch konkrete Werte sein.)
- Die Rückverfolgbarkeit (Traceability) zur Testbasis ist über die Verknüpfung der Testthemenordner oder Testfallsätze zu den Anforderungen gewährleistet.
- Eine Priorisierung der Testthemenordner und Testfallsätze gemäß der Risikobewertung aus dem übergeordneten Testmanagementprozess ist möglich.

2. **Testbedingungen ableiten (TD2)**
Durch Anwendung eines **Testverfahrens** (z.B. ein Whitebox- oder ein Blackbox-Verfahren), basierend auf den Eigenschaften des Testobjekts sowie den im Testkonzept definierten Testendekriterien, werden geeignete **Abgrenzungen für das Testobjekt** erarbeitet. Diese Bedingungen müssen für jedes Testobjekt identifiziert und priorisiert werden, um den Test zielgerichtet durchführen zu können.

Anmerkung: An dieser Stelle wurde die Diskussion um die Einführung des neuen Normenkonstrukts **Testmodell** geführt und die Entscheidung getroffen, es beim eingebürgerten Begriff **Testbedingungen** zu belassen.

Es folgt die Abbildung der **Aktivität im Testmanagementwerkzeug**:

- Welches Testverfahren mit welchen Konsequenzen (Testbedingungen) angewendet wird, muss in der »**Allgemeinen Beschreibung**« des Datentyps festgehalten werden.
- Die Testbedingungen in Form der festgelegten Begrenzungen für die Testobjekte werden durch die »**Äquivalenzklassen**« der Testdatenelemente/Datentypen abgebildet.

Nach der Zustimmung der betroffenen Stakeholder wird die Rückverfolgbarkeit von der Testbasis über die Feature-Sets bis hin zu den Testbedingungen in der **Testentwurfsspezifikation** beschrieben. Die Rückverfolgbarkeit ist implizit durch **Verknüpfung der Anforderungen** aus der Testbasis mit den Testthemen und auch Testfallsätzen gegeben.

Wird **explorativ** getestet, sind die hier bestimmten Testbedingungen die Testgrundlage. Die Testentwurfsspezifikation wird in der Regel ein anderes Format aufweisen, z.B. das einer Test-Charta.

3. **Testüberdeckungselemente ableiten (TD3)**
Die **Testüberdeckungselemente** entstehen durch eine weitergehende Ausarbeitung der Begrenzungswerte des Testentwurfsverfahrens (Testbedingungen). Ein Set von Testüberdeckungselementen mit verschiedenen Testbedingungen kann optimiert und unter Berücksichtigung der Randbedingungen in ein einzelnes Testüberdeckungselement zusammengefasst werden.

   Im Testmanagementwerkzeug werden die durch das Testentwurfsverfahren festgesetzten Grenzen in Form der »Äquivalenzklassen« mit **»Repräsentanten«** befüllt. Durch Einhaltung der Testspezifikationstechniken/Testverfahren erfüllen die so ermittelten Werte die Vorgaben der Teststrategie sowie des darauf aufbauenden Testkonzepts mit den dort definierten Testendekriterien/Testende-Überdeckungskriterien. Die erarbeiteten Testüberdeckungselemente sowie die Rückverfolgbarkeit bis zur Testbasis ist in der **Testfallspezifikation** zu dokumentieren.

   Die Rückverfolgbarkeit ist implizit durch die **Verknüpfung der Anforderungen** aus der Testbasis mit den Testthemen, Testfallsätzen und Testelementen gegeben.

4. **Testfälle ableiten (TD4)**
Bei Erstellung der Testfälle werden nun weitere detaillierte Angaben zu den durchzuführenden Tests erarbeitet:

   - Jeder Testfall muss eine **eindeutige Test-ID** für eine eindeutige Differenzierung haben. Dies ist im Testmanagementwerkzeug durch die **»UID«** gewährleistet, die jeder Testfall erhält.
   - Ermittlung der **Vorbedingungen**, z.B. Konfiguration der Testumgebung oder vorher auszuführende Testfälle, um das Testobjekt erfolgreich testen zu können. Dies geschieht konkret durch die Befüllung des Feldes »Vorbedingungen« im Testmanagementwerkzeug.
   - Ableitung der **Testschritte**, um das Testziel bzw. das Testendekriterium des Testfalls zu erreichen.

Hierzu werden im Testmanagementwerkzeug die sogenannten **»Interaktionen«** erfasst. Die notwendigen **Prüfvorschriften**, um einen Abgleich der tatsächlichen Istreaktion mit der erwarteten Sollreaktion zu erreichen, erfolgen durch Verwendung der **»Flow-« und »Check-Interaktionen«**.

- Auswahl der **Eingabewerte**, die für einen konkreten Testschritt genutzt werden (siehe auch Hilfsprozess: Testdatenmanagement). Im Testmanagementwerkzeug werden in den Testfallsätzen die »Interaktionen« über die **»Parameter«-Auswahl** vervollständigt. Das Testmanagementwerkzeug erzeugt auf dieser Basis automatisch die einzelnen zugehörigen »Testfälle«.
- Die Nachvollziehbarkeit, auf welche **Quelle der Testbasis (Anforderung)** der Testfall zurückgeht, muss gewährleistet sein. Durch Referenzierung der jeweiligen **»Anforderung«** ist eine Verbindung zu den Requirements gegeben.
- Ermittlung der **Priorität** der Testfälle in Abhängigkeit der Risikobewertung aus der Testplanungsphase, um das vorgegebene Testziel zu erreichen. Hierzu kann jedem Testfallsatz einzeln eine »Priorität« zugewiesen werden.

Die Testfallerstellung wird in der **Testfallspezifikation** dokumentiert und somit die Nachvollziehbarkeit zu den bisherigen Testschritten gewährleistet. Das Vorgehen sollte außerdem in der **»Allgemeinen Beschreibung«** des Testfallsatzes zusammengefasst werden. In diesem Prozessschritt ist außerdem zu beachten, dass:

- im Zuge der Testfallerstellung oder auch der Abstimmung der Ergebnisse mit den Stakeholdern die Testbedingungen und/oder die Testüberdeckung unter Umständen nochmals überarbeitet werden müssen;
- ein Testfall mehrere Testüberdeckungselemente beinhalten kann, was zu einer Zeitersparnis in der Testdurchführung, im Fehlerfall aber auch zu einem erhöhten Debugging-Aufwand führen kann, um die Fehlerursache zu finden;
- genug Testfälle existieren, um alle bekannten Risiken zu beherrschen und damit das Testziel zu erreichen;
- die Testfälle so formuliert sein müssen, dass Dritte in der Lage sind, die Tests zu verstehen und diese gemäß den Vorgaben durchzuführen.

5. **Testmengen bestimmen (TD5)**
   Die erstellten Testfälle können aufgrund von **Durchführungsbeschränkungen** (z.B. manuelle oder automatisierte Tests, spezielles Fachwissen, Testumgebung) in eine oder mehrere Testfallmengen aufgeteilt werden. Im Testmanagementwerkzeug kann diese Aufteilung bereits beim Aufbau der Testfallordner/Testfallsätze oder durch **benutzerdefinierte Felder**, über die durch einen Filter eine weiter gehende Sortierung möglich ist, mit berücksichtigt werden. Das Vorgehen dieses Prozessschritts ist in der **Testablaufspezifikation** zu dokumentieren, ebenso die Rückverfolgbarkeit bis zur Testbasis. Die Rückverfolgbarkeit ist implizit durch die **Verknüpfung der Anforderungen** aus der Testbasis mit den Testthemen, Testfallsätzen und Testelementen gegeben.

6. **Testprozeduren ableiten (TD6)**
   Testprozeduren entstehen, indem die Testfälle innerhalb einer Testmenge (Test-Sets) in Abhängigkeit von Vorbedingungen, Nachbedingungen und sonstigen Testanforderungen für die spätere Durchführung angeordnet werden. Sonstige Testanforderungen können sein: für die Ausführung erforderliche Maßnahmen (z.B. Testtools, um die Automatisierung durchzuführen), Testdaten oder die Testumgebung. Ziel ist es, weitere Anforderungen zu finden, die bislang im Testkonzept nicht berücksichtigt wurden und die auch schon in früheren Prozessschritten aufgefallen sein können. Dies kann wiederum neue Abhängigkeiten zu früheren Testspezifikationsschritten schaffen und damit eine Überarbeitung dieser Schritte sowie der Testprozeduren selbst erforderlich machen. Die endgültigen Testprozeduren werden danach priorisiert, mit den Stakeholdern abgesprochen und anschließend in die Testablaufspezifikation aufgenommen. Die Rückverfolgbarkeit zu den vorherigen Testspezifikationsschritten wird in der Testablaufspezifikation ebenfalls beschrieben.

Ausgangsartefakte

Die Ausgangsartefakte dieses Prozesses sind der Tabelle 9-6 zu entnehmen:

Tabelle 9-6 *Ausgangsartefakte aus Testdesign und -spezfikation*

Bezeichnung	Priorität	Beispiel
Testspezifikation	Muss (für manuellen und automatisierten Prozess)	Erarbeitung eines Testspezifikationsdokuments im herkömmlichen Testprozess.
Testablaufbeschreibung	Muss (für explorativen Prozess)	Im explorativen Test wird in der Regel ein alternatives Spezifikationsformat verwendet, z.B. eine Test-Charta.
Testumgebungsanforderungen	Optional	
Testdatenanforderungen	Optional	Spezifizierte Testdaten müssen zur Testdurchführung vorliegen. Daher frühzeitige Einbeziehung des Testdatenmanagements (oder eigene Initiative), um die geforderten Testdaten zu erhalten.
Testobjekt	Muss	

9.1.5 Beispiel Prozessbeschreibung »Testumgebung«

Ziel

Dieser Prozess beschreibt das Aufsetzen einer Testumgebung sowie deren Wartung und Dokumentation, basierend auf Anforderungen aus einem Testkonzept sowie Informationen aus der Testspezifikation.

Überblick

Der Testsystemadministrator setzt die Testumgebung auf, die benötigt wird, um Tests zu automatisieren und auszuführen. Dies umfasst die Inbetriebnahme der Hardware und Software des Testobjekts und aller anderen unterstützenden Hilfsmittel, die während der Testautomatisierung und Testdurchführung benötigt werden. Die gesamte Installation ist kundenspezifisch und erfolgt zwischenzeitlich ausschließlich jeweils in einer virtuellen Umgebung, sodass auch eine mandantenspezifische Sicherung einfacher möglich ist.

Rollen

Für die TestCenter-spezifische Rollenbeschreibung (siehe Abschnitt 9.1.3) wurden die einzelnen Aufgaben hinsichtlich der Testumgebung ihrer Reihenfolge entsprechend aufgelistet und dann den einzelnen beteiligten Stakeholdern zugeordnet (siehe Tab. 9-7).

Tabelle 9-7
Verantwortlichkeiten für die Testumgebung

Verantwortlichkeit	Systemadmin/Technik-Coach	Projektleiter/Testmanager	Testdesigner/Testspezifizierer	Testautomatisierer	Tester	Kunde
1. Aufsetzen der Testumgebung	R	S	S	S	S	S
2. Wartung der Testumgebung	R	S	S	S	S	S

Dabei wurde unterschieden, ob ein Stakeholder die Aufgabe verantwortet (markiert mit einem »R« für responsible) oder bei deren Erfüllung mithelfen muss (markiert mit einem »S« für supporting).

Eingangsartefakte

Die Eingangsartefakte dieses Prozesses sind der Tabelle 9-8 zu entnehmen:

Tabelle 9-8
Eingangsartefakte für die Testumgebung

Bezeichnung	Priorität
Testkonzept	Muss
Testspezifikation	Muss (herkömmlicher Testprozess)
	Optional (explorativ)
Testobjekt	Muss
Testdaten	Optional
Testtool	Muss (automatisierter Test)
	Optional (manueller Test)
Installationsanleitungen	Optional
Anleitung einer früheren Version	Optional
Fehlerbericht	Optional

Aktivitäten und Aufgaben

1. **Aufsetzen der Testumgebung**

- **Design und Installation der Testumgebung**

  a. **Planung und Design der Testumgebung**
  Auf Basis der Anforderungen im Testkonzept und allen weiteren verfügbaren Informationen wird die notwendige Hard- und Software ermittelt und für den Zeitraum der Testdurchführung bereitgestellt. Unter Umständen ist die Bereitstellung von mehreren Testumgebungen erforderlich (z.B. Tests auf verschiedenen Betriebssystemversionen, unterschiedliche Hardwarekonfigurationen). Sollten in diesem Fall Abhängigkeiten zwischen unterschiedlichen Testumgebungen bestehen, müssen diese in der Planung entsprechend berücksichtigt werden. Checklisten zum Abarbeiten während der Installation und Installationsanleitungen werden vorbereitet oder, sofern bereits vorhanden, bereitgestellt. Es können z.B. Anforderungen an die Testumgebung bestehen, die ein Archivieren der Testergebnisse erfordern. In diesem Fall sind entsprechende Checklisten zu erstellen, die während der Wartungsphase nach einer Testdurchführung abgearbeitet werden (siehe unten). Weiterhin wird ein Konfigurationsmanagement geplant, also festgelegt, wie die Software, Hardware sowie verschiedene Versionen des Testobjekts und der Testdaten verwaltet werden. Der oder die Testsystemadministratoren legen fest, wer zu welchem Zeitpunkt das Aufsetzen der Testumgebung(en) durchführt und wer mit einer Abnahme der Testumgebung beauftragt wird.

  b. **Installation der Testinfrastruktur**
  Dieser Schritt beinhaltet die Durchführung der Installation von Hard- und Software nach den vorbereiteten Checkliste(n)/Installationsanleitung(en), die für das eigentliche Testobjekt benötigt werden.

  c. **Installation des Testobjekts**
  Dieser Schritt beinhaltet die Installation und Konfiguration des Testobjekts nach Checkliste(n)/Installationsanleitung(en). Fehler sollen eindeutig auf das Testobjekt zurückzuführen sein und nicht auf eine fehlerhafte Installation oder Konfiguration. Eine korrekte Installation soll so weit wie möglich geprüft werden (z.B. Starten des Testobjekts, Prüfung der Hauptfunktionalität). Diese Prüfungen müssen ein Bestandteil entsprechender Checklisten sein. Dies gilt

auch für den folgenden Schritt. Es kann durchaus vorkommen, dass in diesem sowie im folgenden Schritt schon Fehler gefunden werden, die protokolliert werden müssen (siehe Fehlerprotokollierung).

d. **Installation der Testtools**
Sofern notwendig (hauptsächlich bei einer Testautomatisierung), werden Tools installiert, die für die Testdurchführung/Testautomatisierung benötigt werden. Die zu verwendenden Testdaten werden bereitgestellt. Dauern die Installationen länger als erwartet oder laufen sie schief, muss nach einer vorab durch den Testmanager festgelegten Zeit abgebrochen und Hilfe angefordert werden. Extraaufwände sind Mehrkosten für den Kunden und müssen von ihm genehmigt werden.

e. **Image(s) erstellen**
Nach dem Abschluss der Installation einer Testumgebung sollten immer Images erstellt werden. Besteht die Testumgebung aus einer oder mehreren virtuellen Maschinen, können auch sogenannte Snapshots erzeugt werden. Hier gilt es, zu beachten, ob spezielle Anforderungen an die Testumgebung existieren, die ein dauerhaftes Aufbewahren von Images bedingen. Images ermöglichen es dem Tester, das System ohne viel Aufwand auf einen früheren Status zurückzusetzen.

- **Erstellen der Installationsanleitung(en)**
Installations- und Arbeitsanweisungen werden erstellt und müssen die durchzuführenden Schritte vollständig und unmissverständlich enthalten. Mit dieser Aufgabe kann bereits vor der eigentlichen Installation begonnen werden.

Unter Umständen kann es vorkommen, dass sich während der Planung und Installation weitere Anforderungen an die Testumgebung ergeben. In diesem Fall müssen die beteiligten Stakeholder informiert werden und bereits vorhandene Dokumente (Testkonzept, Checklisten, Installationsanleitung(en)) entsprechend überarbeitet werden.

Alle Dokumente werden einem Review mit den notwendigen Stakeholdern unterzogen. Ungenauigkeiten führen zu Mehraufwand, der in der Verantwortung des TestCenters liegt. Nachfragen findet der Kunde nicht gut, außerdem weiß der Kunde auch nach langer Zeit noch recht genau, was er schon mal erklärt hat.

- **Erstellen des Inbetriebnahmeberichts und Freigabe**

  Wenn Planung und Installation der Testumgebung abgeschlossen sind, werden noch einmal die Abnahmekriterien laut Testspezifikation geprüft und ein Inbetriebnahmebericht erstellt.

  Der Inbetriebnahmebericht soll eine Auflistung aller Unterschiede des Testsystems zu einem Produktivsystem sowie den Status der Testumgebung und der verwendeten Testdaten enthalten. Dieser wird an alle Stakeholder kommuniziert.

Bezeichnung	Beschreibung
Checkliste	Beispiel
Konzeption der Testumgebung	Beispiel
Inbetriebnahme Testumgebung	Beispiel
Reviewprozess für Dokumente	Information
Request »Testumgebung einrichten« an IT	IT-Template
Verwendung des vCenter für virtuelle Umgebungen im TestCenter	Information

Tabelle 9-9
Hilfsmittel für Testumgebungsberichte

2. **Wartung der Testumgebung**

   - **Wartung der Testumgebung nach definierten Anforderungen**

     Wenn während der Testdurchführung weitere Anforderungen an die Testumgebung entstehen, muss diese für die nächste Testdurchführung aktualisiert werden. Änderungen dürfen nie während einer laufenden Testdurchführung vorgenommen werden, da diese das Testergebnis beeinflussen können. Weiterhin müssen Installationsanleitungen und Checklisten aktualisiert werden.

   - **Kommunikation von Änderungen an der Testumgebung**

     Änderungen an der Testumgebung müssen allen beteiligten Stakeholdern kommuniziert werden. Diese können beispielsweise Tester und Testmanager sein.

Ausgangsartefakte

Die Ausgangsartefakte dieses Prozesses sind der Tabelle 9-10 zu entnehmen:

Tabelle 9-10 Ausgangsartefakte aus der Testumgebung

Bezeichnung	Priorität
Testumgebung	Muss
Installationsanleitung der Testumgebung	Muss
Inbetriebnahmebericht	Muss
Updates der Testumgebung	Optional

9.1.6 Beispiel Prozessbeschreibung »Testdurchführung«

Ziel

Dieser Prozess beschreibt die Durchführung von **Testsequenzen**, die im Prozess »Testdesign und -spezifikation« erstellt wurden, in der vorbereiteten Testumgebung sowie den Vergleich und die Protokollierung der Testergebnisse.

Überblick

Dieser Prozess beschreibt die Durchführung von Tests. Der Tester befolgt hierbei alle in der Testspezifikation definierten Testprozeduren in der angegebenen Reihenfolge. Er bewertet jeden einzelnen Schritt, vergleicht Soll- und Istwerte und protokolliert die Ergebnisse. Es wird dabei auch auf die Durchführung explorativer sowie automatisierter Tests eingegangen.

Rollen

Für die TestCenter-spezifische Rollenbeschreibung (siehe Abschnitt 9.1.3) wurden die einzelnen Aufgaben hinsichtlich der Testdurchführung ihrer Reihenfolge entsprechend aufgelistet und dann den einzelnen beteiligten Stakeholdern zugeordnet (siehe Tab. 9-11). Dabei wurde unterschieden, ob ein Stakeholder die Aufgabe verantwortet (markiert mit einem »R« für responsible) oder bei deren Erfüllung mithelfen muss (markiert mit einem »S« für supporting).

Verantwortlichkeit	Systemadmin/Technik-Coach	Projektleiter/Testmanager	Testdesigner/Testspezifizierer	Testautomatisierer	Tester	Kunde
Durchführen der Testprozeduren	S		S	R	R	
Vergleich von Soll- und Istwerten		S	S	R	R	S
Protokollierung der Testdurchführung		S		R	R	

Tabelle 9-11
Verantwortlichkeiten in der Testdurchführung

Eingangsartefakte

Die Eingangsartefakte dieses Prozesses sind der Tabelle 9-12 zu entnehmen:

Bezeichnung	Priorität
Testspezifikation	Muss (für manuellen und automatisierten Test)
Testablaufbeschreibung	Muss (für explorativen Test)
Testumgebungsfreigabebericht	Muss
Testkonzept	Muss
Testobjekt	Muss
Testprotokoll aus vorherigem Testzyklus	Optional

Tabelle 9-12
Eingangsartefakte der Testdurchführung

Aktivitäten und Aufgaben

1. **Durchführung der Testprozeduren**
   Die anhand des Testplans zur Durchführung bestimmten Testprozeduren werden auf der über den Prozess »Testumgebung« vorbereiteten und freigegebenen Testumgebung ausgeführt. Die Durchführung kann entweder manuell oder automatisiert erfolgen. Bei der manuellen Durchführung kann zusätzlich noch nach systematischem Test auf Basis der Testspezifikation und explorativem Test auf Basis von groben Testablaufplänen unterschieden werden.

a. **Manueller Test**

   Der Tester führt jeden einzelnen Testschritt der Testspezifikation manuell aus und erfasst dafür jeweils das beobachtete Testergebnis. Im verwendeten Testmanagementwerkzeug erfolgt die Durchführung mithilfe eines separaten Tools für Offline/Remote-Testdurchführung, einem Durchführungsassistenten für manuelle Tests.

b. **Manueller explorativer Test**

   Die Tests werden auf Basis einer Testablaufspezifikation ausgeführt, d.h. ohne konkrete und detaillierte Testsequenzen und -schritte. Die ausgeführten Testschritte sind zu protokollieren. Sie dienen oft als Vorlage für neue Testfälle in der Testspezifikation. Der manuelle explorative Test ist daher auch als Bestandteil des Prozesses »Testdesign und -spezifikation« zu sehen.

c. **Automatisierter Test**

   Beim automatisierten Test werden vorher implementierte Testfälle mithilfe eines Testautomatisierungswerkzeugs ausgeführt. Nähere Infos zur Erstellung und Wartung von Testautomatisierungen sind dem Prozess »Testautomatisierung«, solche zur Verwendung einer konkreten Testautomatisierung jedoch dem projektspezifischen Test(automatisierungs)konzept zu entnehmen.

2. **Vergleich von Soll- und Istwert**
   Für jeden Testschritt wird der erwartete Sollwert mit dem beobachteten Istwert verglichen. Dieser Vergleich ist sowohl durch einen menschlichen Tester als auch durch ein Automatisierungstool möglich. Sollte sich der manuelle Tester über die Bewertung unschlüssig sein (z.B. weil die Beschreibung des Testschrittes unklar ist), so hat er die Pflicht, seinen Projektleiter, den Testmanager oder einen ihm zugewiesenen Ansprechpartner zu kontaktieren. Der Vergleich der Soll- und Istwerte kann folgende Ergebnisse bringen:

   - Pass: Soll- und Istwert stimmen überein.
   - Fail: Soll- und Istwert stimmen nicht überein.
   - Zu prüfen: Es ist aktuell nicht entscheidbar, ob Soll- und Istwert übereinstimmen.

3. **Protokollierung der Testdurchführung**
   Für jeden einzelnen Testschritt wird im Testprotokoll das Ergebnis des Vergleichs zwischen Ist- und Sollwert notiert. Die Erfassung kann entweder handschriftlich auf dem ausgedruckten Testprotokoll oder im für die Testdurchführung vorgesehenen Durchführungsassistenten für manuelle Tests erfolgen. Dieses Zusatzwerkzeug ist Bestandteil

des eingesetzten Testmanagementwerkzeugs und sichert die medienbruchfreie Kommunikation zwischen manueller Testdurchführung und Testmanagement.

Für explorativ ausgeführte Testschritte werden lediglich Testergebnisse vom Typ »Fail« niedergeschrieben. Bei automatisierten Tests ist die Protokollierung so zu implementieren, dass ein importierbares Format für das Testmanagementwerkzeug generiert wird. Bei Verwendung des präferierten Testmanagementwerkzeugs erfolgen der Export der Durchführungsinformationen und der Import der Durchführungsergebnisse über ein entsprechendes XML-basiertes Transferprotokoll.

Alternativ ist es möglich, als Ausgabe von der Testautomatisierung ein Testprotokoll nach den Vorgaben des Testkonzeptes erstellen zu lassen. Die Verwaltung der Testergebnisse im Testmanagementwerkzeug ist in jedem Fall vorzuziehen!

Wenn der Ergebnisvergleich fehlgeschlagen ist, wird unter Berücksichtigung des Prozesses »Fehlerprotokollierung« eine neue Fehlermeldung erstellt oder eine bestehende Fehlermeldung aktualisiert. Die ID des referenzierten Fehlers wird dem betroffenen Testschritt hinzugefügt.

Dies gilt auch, wenn:

- bei einem Regressionstest ein vormals gefundener Fehler nicht mehr auftritt (Statuswechsel und Kommentar, dass Fehler behoben wurde);
- der Fehler zufällig oder explorativ gefunden wurde (evtl. neuen Testfall in eine neuere Version der Testspezifikation einfügen); werden im Testbericht die Testfälle und zugehörigen Fehler explizit aufgelistet, dann muss auch dieser Fehler dabei sein (evtl. unter der Überschrift »explorativ gefundene Fehler«);
- Fehler in der Testspezifikation, Anforderungsspezifikation oder funktionalen Spezifikation gefunden werden.

Der Tester ergänzt das Testprotokoll an den dafür vorgesehenen Stellen noch um allgemeine Angaben gemäß Testkonzept, wie z.B. Datum, Name, verwendete Testumgebung. Mithilfe einer Signatur (digital oder per manueller Unterschrift) bestätigt der Tester die Richtigkeit der Angaben im Testprotokoll.

Ausgangsartefakte

Die Ausgangsartefakte dieses Prozesses sind der Tabelle 9-13 zu entnehmen:

Tabelle 9-13 *Ausgangsartefakte der Testdurchführung*

Bezeichnung	Priorität	Template
Testprotokoll	Muss	Nutzung der Standardberichte des Testmanagementwerkzeugs

9.1.7 Beispiel Prozessbeschreibung »Fehlerprotokollierung«

Ziel

Fehler- und Abweichungsberichte sind zentraler Bestandteil des Lieferumfangs, der zwischen dem Kunden und dem TestCenter vereinbart wird. Die Erstellung dieser Berichte ist eine entsprechend wichtige Aufgabe. Immer, wenn ein neuer Fehler oder ein ungewöhnliches oder unerwartetes Verhalten entdeckt wird, werden die erforderlichen Berichte erstellt, um sie an den Kunden übermitteln zu können. Durch entsprechende Feedbackschleifen mit den vom Kunden beauftragten Entwicklungsabteilungen werden diese Berichte außerdem bei Bedarf aktualisiert, falls der Status eines zuvor erstellten Fehlerberichts im Rahmen eines Retests neu ermittelt werden muss.

Überblick

Der Prozess beschreibt das Vorgehen beim Erstellen eines neuen Fehlerberichts oder beim Aktualisieren eines bereits erzeugten Fehlerberichts. Fehler- und Abweichungsberichte können sowohl gegen das Testobjekt selbst als auch gegen Testentwurfs- und Testfallspezifikationen, gegen Testprozeduren, gegen die Testbasis oder gegen die Testumgebung geschrieben werden. Die Aktivitäten und Aufgaben in diesem Prozess müssen in Übereinstimmung mit anderen Regelungen oder Prozessen zur Erstellung von Fehler- und Abweichungsberichten durchgeführt werden, z.B. Regelungen zum Fehlermanagement, die nicht nur den Test betreffen, kundenspezifische Regelungen oder Regelungen zur Benutzung eines Fehlermanagementtools. Generell sind zwei wesentliche Schritte durchzuführen:

- Analyse des Testergebnisses
- Erstellen eines Berichts über den Fehler/die Abweichung oder die Aktualisierung eines bereits vorliegenden Berichts.

Der Prozess bezieht sich auf Fehler oder Abweichungen, die während der Testdurchführung entdeckt werden. Es können aber auch in anderen Phasen im Testprozess Fehler oder Abweichungen entdeckt werden, z.B. Fehler in der Anforderungsspezifikation während des Testdesign- und -spezifikationsprozesses. Hier werden eventuell allgemeine Regelungen zum Fehlermanagement angewandt. Falls solche Regelungen nicht vorhanden sind, sollte wenigstens so vorgegangen werden wie in »Aktivitäten und Aufgaben« auf Seite 206 beschrieben.

Rollen

Für die TestCenter-spezifische Rollenbeschreibung (siehe Abschnitt 9.1.3) wurden die einzelnen Aufgaben hinsichtlich der Fehlerprotokollierung ihrer Reihenfolge entsprechend aufgelistet und dann den einzelnen beteiligten Stakeholdern zugeordnet (siehe Tab. 9-14). Dabei wurde unterschieden, ob ein Stakeholder die Aufgabe verantwortet (markiert mit einem »R« für responsible) oder bei deren Erfüllung mithelfen muss (markiert mit einem »S« für supporting).

Tabelle 9-14
Verantwortlichkeiten bei der Fehlerprotokollierung

Verantwortlichkeit	**Systemadmin/Technik-Coach**	**Projektleiter/Testmanager**	**Testdesigner/Testspezifizierer**	**Testautomatisierer**	**Tester**	**Kunde**
1. Testergebnisse analysieren			S	R	R	S
2. Fehler- oder Abweichungsbericht erstellen		S	S	R	R	

Eingangsartefakte

Die Eingangsartefakte dieses Prozesses sind der Tabelle 9-15 zu entnehmen:

Tabelle 9-15 *Eingangsartefakte der Fehlerprotokollierung*

Bezeichnung	Priorität
Testergebnisse	Muss
Testprozeduren	Muss, falls vorhanden
Testfälle	Muss
Testobjekt(e)	Muss
Testbasis	Muss
Fehlerberichte (aus vorangegangenen Testdurchführungen)	Muss (bei Retest) Optional (sonst)
Testdurchführungslogdateien	Muss, falls vorhanden
Fehlermanagementprozess (kundenspezifisch)	Muss, falls vorhanden
Fehlerberichtsvorlage	Muss, falls vorhanden

Aktivitäten und Aufgaben

1. **Testergebnisse analysieren (IR1)**

   a. Aktualisierung des Fehlerprotokolls nach einer erneuten Analyse des Testergebnisses.

   b. Bei neuen Fehlern bzw. Abweichungen erfolgt eine Analyse des Testergebnisses mit dem Ziel, zu bestimmen, ob

      - über den Fehler (die Abweichung) berichtet werden muss (im Normalfall),
      - zur Klärung weitere Aktivitäten nötig sind, z.B. Personen mit Domänen-Fachwissen hinzugezogen werden müssen,
      - dieser Fall ignoriert werden kann, d.h., dass keine weitere Aktion folgt.

   c. Wenn entschieden wurde, dass ein Arbeitspunkt ohne Fehler- oder Abweichungsbericht entstehen soll, dann muss dieser Arbeitspunkt einer geeigneten Person zum Bearbeiten zugewiesen werden. Das Testergebnis bleibt so lange offen.

2. **Fehler- oder Abweichungsbericht erstellen (IR2)**
   a. Wichtig ist, dass der Bericht aussagekräftig ist, d.h., dass er alle relevanten Informationen enthält. Welche Informationen benötigt werden, wird vom einzelnen Projekt vorgegeben (siehe Eingangsartefakte). Gibt es keine Vorgaben, dann kann das Template »Fehlerbeschreibung« (siehe Hilfsmittel in Tab. 9-16) eine Richtlinie darstellen. Fehlerwirkungen müssen so beschrieben werden, dass die Fehlerwirkung jederzeit wieder herzustellen ist.

Tabelle 9-16
Hilfsmittel für Fehler-protokollierung

Bezeichnung	**Beschreibung**	**Template/Ablageort**
Fehlermanagement-werkzeug	projektspezifisch	siehe FM-Schulung
Testmanagement-fehlerverwaltung	internes Fehler-managementwerkzeug	siehe TM-Schulung
Template Fehlerbeschreibung	projektspezifisch	siehe FM-Schulung

   In einer Fehlermeldung sollte nur eine Fehlerwirkung beschrieben sein und auf weitere gleichzeitig aufgetretene Fehler verwiesen werden (falls ein Zusammenhang bestehen könnte). Die Beschreibung sollte sachlich sein, Vorwürfe und persönliche Kritik sind unangebracht. Es wird empfohlen, die erstellte Fehlermeldung im Vieraugenprinzip auf Verständlichkeit und Vollständigkeit zu prüfen.

   b. Information aller beteiligten Personen (Stakeholder) über den Status eines neuen oder aktualisierten Fehler- oder Abweichungsberichts.

   c. Der Fehler sollte mit dem Testfall verknüpft werden, in dem er aufgetreten ist, und auch mit allen anderen Testfällen, deren Durchführung durch den Fehler blockiert ist. Diese Information sollte übergreifend über alle Testzyklen bewahrt werden, um

      - bei Statusänderungen des Fehlers die benötigten Retests zu planen,
      - bei der Fehleranalyse zu unterstützen (z.B. wenn ein Fehler in einem älteren Release schon einmal aufgetreten war),
      - die Erstellung von Metriken zu ermöglichen (z.B. zur Auswertung, welche Testthemen besonders fehleranfällig sind und vielleicht intensiver getestet werden sollten).

Ausgangsartefakte

Die Ausgangsartefakte dieses Prozesses sind der Tabelle 9-17 zu entnehmen:

Tabelle 9-17 *Ausgangsartefakte der Fehlerprotokollierung*

Bezeichnung	Priorität	Beispiel
Dokumentation eines Arbeitspunktes zur Klärung	Muss, falls weiterer Klärungsbedarf zum Testergebnis besteht	E-Mail an Bearbeiter, Vermerk im Projektstatusbericht
Neuer Fehler- oder Abweichungsbericht	Muss, falls neuer Fehler/Abweichung gefunden wurde	
Aktualisierter Fehler- oder Abweichungsbericht	Muss, falls neue Informationen zu bestehendem Fehler vorhanden sind	

9.1.8 Beispiel Dokumentbeschreibung »Testspezifikation«

Ziel

Als Ergebnis des Prozesses »Testdesign und -spezifikation« soll das Dokument »Testspezifikation« die Testbedingungen als Umsetzung der Testverfahren und die daraus resultierende Planung und Erstellung von Testfällen sowie Testabläufen beschreiben.

Überblick

Die Testspezifikation umfasst die

- Testentwurfsspezifikation,
- Testfallspezifikation,
- Testablaufspezifikation.

Hierbei kann es sich um ein Gesamt-Testspezifikationsdokument (siehe Abb. 9-4) handeln, das als einzelne Teile die Teilspezifikationen enthält, oder es können auch einzelne eigenständige Dokumente entstehen. Dies kann je Projekt und Umfang unterschiedlich gehandhabt werden.

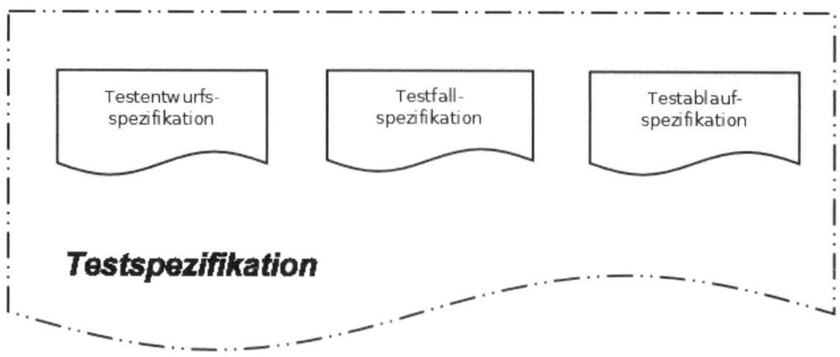

Abbildung 9-4 *Dokument Testspezifikation – Screenshot aus dem Intranet*

Allgemeiner Teil (für alle)

Alle nachfolgenden Testspezifikationsdokumente sollen als erstes Kapitel die nachfolgenden Bestandteile enthalten. Gibt es nur ein Testspezifikationsdokument, so sind die nachfolgenden Punkte nur einmal zu befüllen, dabei ist aber auf eventuelle Besonderheiten in den einzelnen Teilspezifikationen einzugehen.

1. **Dokumentenspezifische Informationen**
   - Autoren

     Benennung, wer innerhalb der Organisation für die Erstellung des Dokuments zuständig ist.
   - Review und Abnahme

     Benennung, wer für die Abnahme des Dokuments sowie für die erforderlichen Reviews verantwortlich zeichnet.
   - Änderungshistorie und Versionsüberblick

     Die eindeutige Dokumentidentifikation ist über eine Versionsnummer zu sichern, die Historie dazu schafft die Nachvollziehbarkeit, wer was wann geändert hat.
2. **Einführung**
   - Geltungsbereich des Dokuments
   - Referenzierte Dokumente: Verweise auf externe oder interne Dokumente, z.B. einen Konfigurationsmanagementplan, um die Versionierung einzelner Bestandteile (Testfälle, Testdaten) einheitlich zu regeln.
   - Glossar

9.1.9 Beispiel Dokumentbeschreibung »Testentwurfsspezifikation«

Überblick

Die Testentwurfsspezifikation beschreibt den dynamischen Testprozess mit den Testobjekten sowie die über das Testverfahren abgeleiteten Testbedingungen. Das Dokument kann eigenständig sein oder Bestandteil einer Gesamttestspezifikation und sollte allen am Test Beteiligten zur Verfügung gestellt werden. Dadurch soll außerdem die Rückverfolgbarkeit von der Testbasis über die Feature-Sets bis hin zu den Testbedingungen gewährleistet sein.

Gliederung

1. Feature-Sets sind Gruppen von Objekten mit der Beschreibung des Kontexts und Hintergrunds für den Test inkl. der Historie. Im Einzelnen wird für jedes Feature-Set eine eindeutige ID und eine Priorität für den Testablauf festgelegt sowie eine kurze Beschreibung seines Inhalts und Angaben zur Testanwendung mit Beschreibung von Testverfahren und Testart notiert. Außerdem werden Vorgaben für die Rückverfolgbarkeit des Feature-Sets bis zur Testbasis gemacht, abhängig vom jeweils definierten Projektlieferumfang.
2. Festlegung der Testbedingungen mit Beschreibung des Hintergrunds und der Zusammenfassung, wie diese auf das Feature-Set angewandt werden. Auch hier wird für jede Testbedingung eine eindeutige ID und eine Priorität der Testbedingung innerhalb des Feature-Sets festgelegt, der Inhalt kurz beschrieben und wie beim Feature-Set selbst Vorgaben für die Rückverfolgbarkeit gemacht.

9.1.10 Beispiel Dokumentbeschreibung »Testfallspezifikation«

Überblick

Die Testfallspezifikation beschreibt die Entstehung der Testüberdeckungselemente durch eine weiter gehende Ausarbeitung der Begrenzungswerte (Testbedingungen) und die im nächsten Schritt entstehenden Testfälle. Das Dokument kann eigenständig sein oder Bestandteil einer Gesamttestspezifikation und soll allen am Test Beteiligten zur Verfügung gestellt werden. Das Dokument soll außerdem die Rückverfolgbarkeit von der Testbasis über die Feature-Sets und Testbedingungen bis hin zu den Testfällen gewährleisten.

Gliederung

1. Testüberdeckungselemente entstehen durch die Ausarbeitung der Testbedingungen und können in Form von Tabellen, Listen oder auch Testwerkzeugen abgebildet werden. Die inhaltliche Kurzbeschreibung des Testüberdeckungselements wird selbstverständlich durch eine eindeutige ID identifiziert, um eine eindeutige Verbindung zwischen Testfall und Testbedingung herzustellen. Mittels Priorität wird die Reihenfolge der Testüberdeckungselemente im Testablauf gesichert. Vorgaben zur Rückverfolgbarkeit bis zu Testbasis oder Feature-Set komplettieren die Beschreibung.
2. Testfälle mit Beschreibung des Kontexts und Hintergrunds der erstellten Testfälle inkl. der Historie. Analog zu den Testüberdeckungselementen erfolgt auch die Dokumentation der Testfälle. Mit eindeutigen IDs und Regelungen zur Gültigkeit dieser IDs werden die Testfälle unterschieden. Die Beschreibungen enthalten außerdem Kurzbeschreibungen des Testfalls, Priorität des Testfalls im Testablauf und Angaben zur Rückverfolgbarkeit zu den Anforderungen. Für den konkreten Test werden außerdem folgende Punkte angegeben:
   - Vorbedingungen, die zur Ausführung des Testfalls notwendig sind.
   - Eingabewerte, die nötig sind, um das erwartete Ergebnis zu erreichen. Bei mehreren Eingabeschritten muss die Reihenfolge erkennbar sein.
   - Sollergebnis, also ein Testorakel, das das erwartete Ergebnis beschreibt.

9.1.11 Beispiel Dokumentbeschreibung »Testablaufspezifikation«

Überblick

Die Testablaufspezifikation beschreibt die weiter gehende Gruppierung der erstellten Testfälle für die spätere Durchführung. Die Testreihenfolge ergibt sich aufgrund von Durchführungsbeschränkungen (z.B. manuelle oder automatisierte Tests, spezielles Fachwissen, Testumgebung), die sich in den Testfallmengen widerspiegeln, und den begleitenden Tätigkeiten, die abhängig von Vorbedingungen, Nachbedingungen und sonstigen Testanforderungen sind. Das Dokument kann eigenständig sein oder Bestandteil einer Gesamttestspezifikation und soll allen am

Test Beteiligten zur Verfügung gestellt werden. Das Dokument soll außerdem die Rückverfolgbarkeit von der Testbasis über die Feature-Sets und Testbedingungen bis hin zu den Testfällen gewährleisten.

Gliederung

1. Testfallmengen beschreiben die Anordnung von Testfällen zu Testmengen, um ein bestimmtes Testziel zu erreichen. Im Einzelnen wird für jede Testfallmenge eine eindeutige ID und eine Priorität festgelegt sowie eine kurze Beschreibung seines Inhalts notiert. Für die Nachverfolgbarkeit werden alle Testfälle (in der Regel über die ID) aufgezählt, für die die Testmenge Anwendung gefunden hat.
2. Testprozedur ist eine Testabfolge, beschrieben durch nummerierte Testfallsequenzen und eventuell notwendige Zwischenschritte, um Vorbedingungen für den nachfolgenden Testfall zu erreichen. Die einzelnen Testprozeduren werden über eindeutige IDs unterschieden und mittels der Priorität der Testmenge gewichtet. Wie die Priorität wird auch das Ziel der zugehörigen Testmenge vererbt. Eine kurze Auflistung von Vorbedingungen, Nachverfolgbarkeit, Abhängigkeiten zu anderen Testprozeduren sowie die notwendigen Tätigkeiten zum Abschluss der Testprozedur komplettieren die Testprozedurbeschreibung.

Die Leitung für das hier beschriebene Beispielprojekt »TestCenter« legt Wert darauf, dass die Orientierung an der ISO 29119 und die hier dargestellten Beschreibungen als kontinuierlicher Prozess verstanden und entsprechend weiterentwickelt werden. Durch die konsequente Nutzung in konkreten Projekten werden Best Practices gesammelt, die in die Dokumentation unter Prüfung auf die Vorgaben der Norm mit einfließen.

Erkenntnis

Durch den strukturierten und prozessbasierten Ansatz der ISO 29119 ist eine reale Umsetzung beinahe direkt aus der Norm »abschreibbar«. Der Beginn auf der »grünen Wiese« wird so extrem beschleunigt!

9.2 Projektbeispiel »MediCo«

Im nächsten Beispiel »MediCo« wurde die ISO 29119 genutzt, um bestehende Dokumente auf Vollständigkeit zu untersuchen und entsprechend ihrer Struktur zu ergänzen. Dies erfolgte auf Basis der Norm zum Zeitpunkt der Drucklegung der ersten Ausgabe dieses Buches und war als Projekt auch auf diesen Zeitpunkt beschränkt. Die jetzt vorliegende **Neufassung der Norm** lieferte für den Projektleiter keinen Anlass zu weiteren Schritten, auch weil das Projekt abgeschlossen ist.

9.2.1 Projektsteckbrief

- **Firma**
  Die Firma ist Hersteller medizintechnischer Geräte und stellte bislang vornehmlich Diagnosegeräte her. Mit dem neuen Produkt soll nun ein Gerät zur Behandlung von Patienten auf den Markt gebracht werden. Grundsätzlicher Unterschied liegt in der Einflussnahme auf den Patienten. Während die Diagnose der Feststellung und Bestimmung einer körperlichen oder psychischen Krankheit dient, greift die Behandlung direkt in die körperlichen oder psychischen Funktionen des Patienten ein, um die diagnostizierten Krankheiten zu behandeln.

  Diese Unterscheidung ist vor allem für die Beurteilung des Risikos von Bedeutung.

- **Testgegenstand/Testobjekt**
  Medizinisch-technische Geräte zur Behandlung von Patienten fallen in die Risikoklasse A für die Marktzulassung gemäß MPG (Medizinproduktgesetz) und den entsprechenden Zulassungskriterien der FDA. Zur Erreichung der Zulassung ist eine schlüssige und vollständige Dokumentation auch der Tests erforderlich.

  Die zu testende Software ist die Benutzerschnittstelle des Geräts. Über diese Benutzeroberfläche nimmt das Bedienpersonal (MTA oder Arzt bzw. Ärztin) die Einstellung der behandlungsspezifischen Parameter vor. Zahlreiche Plausibilitätsprüfungen verhindern die Eingabe falscher Parameterkombinationen.

- **Motivation zur Nutzung der ISO 29119**
  Die etablierten Prozesse und Dokumente für die Nachweispflichten waren für die bislang produzierten Diagnosegeräte ausreichend, wenngleich auch diese einer Nachbesserung bedürfen. Für Behandlungsgeräte will die Geschäftsleitung auf jeden Fall sichergehen, gleich von Beginn an durch die Tests und ihre Dokumentation keinen Anlass für eine Verzögerung bei der Zulassung zu liefern, da aufgrund des Wettbewerbs ein scharfer Termindruck vorliegt.

Die verwendeten Berichte sind von vornherein in Englisch verfasst, da für die internationale Marktzulassung neben der Konformität mit dem deutschen Medizinproduktgesetz (MPG) vor allem der »Segen der FDA« von Bedeutung ist. Hier soll mit englischsprachiger Dokumentation ein klares Entgegenkommen für die Prüfer signalisiert werden.

- **Testorganisation**
  Der gesamte Entwicklungsprozess basiert auf dem V-Modell. Ausgangspunkt sind die Produktanforderungen. Diese sind in Dokumentdateien in einem Dokumentenmanagementsystem archiviert und liegen zusätzlich in Papierform vor. Neben dem verantwortlichen Testmanager arbeiten insgesamt zwölf Mitarbeiter im Testteam. Das Gros dieses Teams hat den Auftrag, Regressionstests zu automatisieren, wozu ein marktüblicher GUI-Roboter verwendet wird. Die Testspezifikation wird maßgeblich von drei Senior-Testdesignern entwickelt. Die Spezifikationen werden als Text in einem Office-Produkt erfasst.

9.2.2 Die Einführung der ISO 29119

Angesichts der bestehenden und bewährten Prozesse traf das Management auch vor dem Hintergrund eines engen Zeitplans die Entscheidung, vor allem die Dokumente wie z.B. den Testplan neu zu strukturieren und die Prozessbeschreibungen zunächst im aktuellen Stand zu belassen. Gerade hinsichtlich der Dokumente liefern MPG und FDA keine konkreten Strukturvorgaben und lassen viele Möglichkeiten offen. Um hier effizient voranzukommen, wurde ein Team zusammengestellt, das sich in Workshops jeweils darauf einigte, welche der ISO-29119-Vorgaben eingearbeitet werden sollten oder an welchen Stellen die vorhandene Struktur aus welchem Grund beibehalten werden sollte. Dazu nahm sich das Team jeweils ein vorhandenes Dokument vor und mappte die einzelnen Strukturelemente auf die von der in Teil 3 der Norm geforderten Elemente. Zusätzliche Orientierung lieferte dem Team die Beispielbeschreibungen, die im Anhang der ISO-29119-3 zu finden sind.

Durch dieses Vorgehen konnte innerhalb von zwei Wochen eine schnelle Umsetzung der Teamaufgabe erreicht werden, nämlich die Absicherung, dass die Struktur für die Testdokumentation einem zügigen Zulassungsprozess dient.

Der interessante Punkt ist, dass die bislang verwendeten Dokumente in ihrer Namensgebung *nicht* mit denen der Normübersicht korrespondieren (vgl. Abb. 5-2 in Kap. 5). Deshalb wird in diesem Projektbeispiel »MediCo« gezeigt, wie durch ein Mapping der bestehenden

Dokumente auf die Vorgaben der ISO 29119 eine Konformität erreicht werden kann bzw. wie man bei Fehlen von Elementen schnell für eine Komplettierung sorgen kann.

Dabei ist es das Ziel, in einer Tabelle für jedes von der Norm geforderte Dokument zu notieren, wo diese Information im bestehenden Dokumentensatz zu finden ist, also:

Mapping: ISO-29119-Element ⇒ zu finden im MediCo-Element (Dokument und Kapitel).

Dieses Vorgehen hat (sowohl für das exemplarische Aufzeigen an dieser Stelle als auch für das Team zu Beginn) den Nachteil, dass kein Eindruck von Vollständigkeit entsteht, da man dazu alle MediCo-Dokumente kennen muss, um alle dort enthaltenen Informationen korrekt zuordnen zu können. Darum hat das Team quasi als Zwischenschritt zuvor eine Bestandsaufnahme gemacht, was in den einzelnen Dokumenten zu finden ist:

Bestandsaufnahme: MediCo-Informationselement ⇒ Bedeutung gemäß ISO 29119.

Nach Abschluss dieser Bestandsaufnahme erfolgte dann das oben skizzierte Mapping »aus Sicht der ISO-29119-Dokumente«. Die für die Normkonformität erforderlichen Dokumente und deren erwartetete Inhalte sind in Kapitel 5 ab Seite 91 ausführlich beschrieben.

Natürlich wurden die im Folgenden exemplarisch dargestellten Beispieldokumente des Projekts aus verständlichen (Anonymisierungs-)Gründen ohne konkrete Inhalte skizziert.

9.2.3 Beispiel Dokumentbeschreibung »MediCo-Testplan«

Bestandsaufnahme »Inhaltsübersicht des Testplans«

Die einzelnen Teile des Dokuments sind im Screenshot in Abbildung 9-5 der Inhaltsangabe gut zu erkennen:

Abbildung 9-5 *Inhalt eines MediCo-Testplans (Screenshot)*

Testplan Subsystem ARI

Table of Contents

MediCo Corp. <DocID> <DocDate>

Page 3 of 17

In Tabelle 9-18 erhält jedes Element eine IST-ID für das spätere eindeutige Mapping.

Tabelle 9-18 *Strukturelemente der bestehenden Dokumente*

IST-ID	MediCo-Element	Mapping auf ISO 29119
TP-A	History	Part 3, 5.2.4 Change history
TP-B	Table of Contents	—
TP-C	Introduction	Part 3, 5.2.6 Introduction
TP-C01	Document Purpose	Part 3, 5.2.6 Introduction
TP-C02	Validity Area	Part 3, 5.2.7 Scope
TP-C04	Abbr., Terms and Defs	Part 3, 5.2.9 Glossary
TP-C05	References	Part 3, 5.2.8 References
TP-D	General test approach	Part 3, 7.2.7 Test strategy
TP-D01	Test and Validation Process	Part 2, e.g. 8 Dynamic test processes
TP-D02	General Test Process Refs	Part 2, e.g. 8 Dynamic test processes
TP-D02a	Test Tasks	Part 3, 7.2.8 Testing activities and estimates
TP-D02b	Test Methods	Part 3, 7.2.7.5 Test design techniques
TP-D02c	Test Environment	Part 3, 7.2.7.11 Test environment requirements
TP-D02d	Bug Tracking	Part 3, 6.3.2.7 Test incident report
TP-E	Organization and Planning	Part 3, 7.2.7 Test strategy
TP-E01	Test Organization	Part 3, 7.2.9.2 Roles and responsibilities
TP-E02	Test Schedule and Milestones	Part 3, 7.2.10 Schedule
TP-E03	List of Tables	—
TP-F	Test Documents	Part 3, 6.3.2.4 Test documentation and reporting
TP-F01	Test Specification	e.g. Part 3 7.2.7.6 Entry and exit criteria
TP-F02	Test Reports	Part 3, 6.3.2.4 Test documentation and reporting

Mapping auf das »Testkonzept« nach ISO 29119

Für das Mapping bietet sich das Normdokument »Testkonzept« (engl. »test plan«) nach ISO 29119-3 an.

Die von der Norm für das Testkonzept erwarteten Inhalte – in Abschnitt 5.6 auf Seite 102 findet sich der zur Drucklegung aktuelle Stand, bei MediCo bezieht man sich noch auf die erste Ausgabe der Norm – wurden tabellarisch (siehe Tab. 9-19) aufgelistet und anschließend die im MediCo-Testplan enthaltenen Elemente zugeordnet:

Tabelle 9-19 *Strukturelemente des Testkonzepts nach ISO 29119 (ursprüngliche Fassung)*

SOLL-ID	29119-Element	Map IST-ID	Kommentar
TK-A	Kontext des Testens	TP-xx	eindeutig
TK-A01	Projekt(e) und Test-Subprozesse	TP-xx	eindeutig
TK-A02	Testobjekte	TP-xx	eindeutig
TK-A03	Umfang der Tests (Scope)	TP-xx	eindeutig
TK-A04	Annahmen und Einschränkungen	TP-xx	eindeutig
TK-A05	Stakeholder	TP-xx	eindeutig
TK-B	Kommunikation	TP-xx	eindeutig
TK-C	Aufstellung der Risiken	TP-xx	eindeutig
TK-D	Teststrategie	TP-xx	eindeutig
TK-D01	Test-Subprozesse	TP-xx	eindeutig
TK-D02	Durch den Test zu erstellende Ergebnisse	TP-xx	eindeutig
TK-D03	Testverfahren	TP-xx	eindeutig
TK-D04	Testendekriterien	TP-xx	eindeutig
TK-D05	Zu erfassende Metriken	TP-xx	eindeutig
TK-D06	Anforderungen an die Testdaten	TP-xx	eindeutig
TK-D07	Anforderungen an die Testumgebung	TP-xx	eindeutig
TK-D08	Fehlernachtest und Regressionstests	TP-xx	eindeutig
TK-D09	Unterbrechungs- und Wiederaufnahmekriterien	TP-xx	eindeutig
TK-D10	Abweichungen von der org. Teststrategie	TP-xx	eindeutig
TK-E	Testaktivitäten und Schätzungen	TP-xx	eindeutig
TK-F	Personal	TP-xx	eindeutig
TK-F01	Rollen, Aktivitäten und Verantwortlichkeiten	TP-xx	eindeutig
TK-F02	Bedarf an Personalaufbau	TP-xx	eindeutig
TK-F03	Ausbildungsbedarf	TP-xx	eindeutig
TK-G	Zeitplan	TP-xx	eindeutig

9.2.4 Beispiel Dokumentbeschreibung »MediCo-Summary-Report«

Bestandsaufnahme »Inhaltsübersicht des Summary-Reports«

Auch in diesem Beispiel sind die einzelnen Teile des Dokuments im Screenshot der Inhaltsangabe in Abbildung 9-6 gut zu erkennen:

Summary Report Subsystem ARI

Table of Contents

History	**2**
Table of Contents	**3**
1 Introduction	**4**
1.1 References	4
2 Component Acceptance Test (CAT)	**5**
2.1 Selection of Test Cases	5
2.2 List of planned TestCases & Results	5
2.3 Tracing	7
3 Summary of Test Results	**8**
3.1 Test Case Selection and Metrics	8
3.2 Errors and Resulting Bugs	8
3.3 Blocked Test Cases	8
4 Assessment of Test Results	**10**
4.1 Bugs planned to be fixed before Integr.Test Phase II	10
4.2 Bugs planned to be fixed before Integr.Test Phase III	11
4.3 Bugs which will not be fixed for ARI_2.1	12
4.4 Bugs to be terminated	12

MediCo Corp. <DocID> <DocDate>
Page 3 of 17

Abbildung 9-6
Inhalt eines MediCo-Summary-Reports (Screenshot)

In der Tabelle 9-20 erhält jedes Element eine IST-ID für das spätere eindeutige Mapping.

Tabelle 9-20 *Strukturelemente der bestehenden Dokumente*

IST-ID	MediCo-Element	Mapping auf ISO 29119
SR-A	History	Part 3, 5.2.4 Change history
SR-B	Table of Contents	—
SR-C	Introduction	Part 3, 5.2.6 Introduction
SR-C01	References	Part 3, 5.2.8 References
SR-C	Component Acceptance Test	*specific test level*
SR-C01	Selection of Test Cases	Part 3, 7.4.2 Summary of testing performed
SR-C02	List of planned TestCases & Results	Part 3, 7.4.2 Summary of testing performed
SR-C03	Tracing	Part 3, 7.4.2 Summary of testing performed
SR-D	Summary of Test Results	Part 3, 7.4.2 Summary of testing performed
SR-D01	Test Case Selection and Metrics	Part 3, 7.4.6 Test measures
SR-D02	Errors and Resulting Bugs	Part 3, 7.4.8 Test deliverables
SR-D03	Blocked Test Cases	Part 3, 7.4.5 Factors that blocked progress
SR-E	Assessment of Test Results	Part 3, 7.4.4 Test completion evaluation
SR-E01	Bugs planned to be fixed before Integr.Test Phase II	—
SR-E02	Bugs planned to be fixed before Integr.Test Phase III	—
SR-E03	Bugs which will not be fixed for ARI_2.1	—
SR-E04	Bugs to be terminated	—

Mapping auf den »Testabschlussbericht« der ISO 29119

Anhand der oben gelisteten Inhalte ergibt sich schnell, dass der »Testabschlussbericht« (engl. »test completion report«) nach ISO 29119 die meisten dieser Informationen widerspiegelt. Die aus der Auflistung in Abschnitt 5.9.3 auf Seite 114 ersichtlichen und von der Norm für den Testabschlussbericht erwarteten Inhalte wurden tabellarisch (siehe Tab. 9-21) aufgelistet und anschließend die im MediCo-Testplan enthaltenen Elemente zugeordnet:

Tabelle 9-21 *Strukturelemente des bestehenden Testabschlussberichts*

SOLL-ID	ISO-29119-Element	Map IST-ID	Kommentar
TAB-A	Zusammenfassung der ausgeführten Tests	SR-D	eindeutig
TAB-B	Abweichungen gegenüber den geplanten Tests	SR-C02 + SR-D01	kombiniert
TAB-C	Auswertung der Testendekriterien	SR-D01	eindeutig
TAB-D	Blockierende Faktoren	SR-D03	eindeutig
TAB-E	Testmetriken	SR-D01	eindeutig
TAB-F	Verbleibende Risiken	SR-E03	**anpassen**
TAB-G	Ergebnisse aus dem Testablauf	SR-D02 + SR-E	eindeutig
TAB-H	Wiederverwendbare Testelemente	–	**nicht erforderlich**
TAB-I	Lessons Learned	–	**wird ergänzt!**

9.2.5 Beispiel Dokumentbeschreibung »Headerinhalt«

Bereits im Istzustand waren alle Dokumente mit einem identischen Kopfteil (engl. »Header«) versehen. So musste nur für alle Dokumente überprüft werden, ob die bislang verwendete einheitliche Struktur normkonform war oder ob z.B. Informationen vergessen wurden.

Der folgende Screenshot zeigt als Abbildung 9-7 die erste Seite der bisherigen Berichte:

Abbildung 9-7 *Screenshot vom Header der bisherigen MediCo-Dokumente*

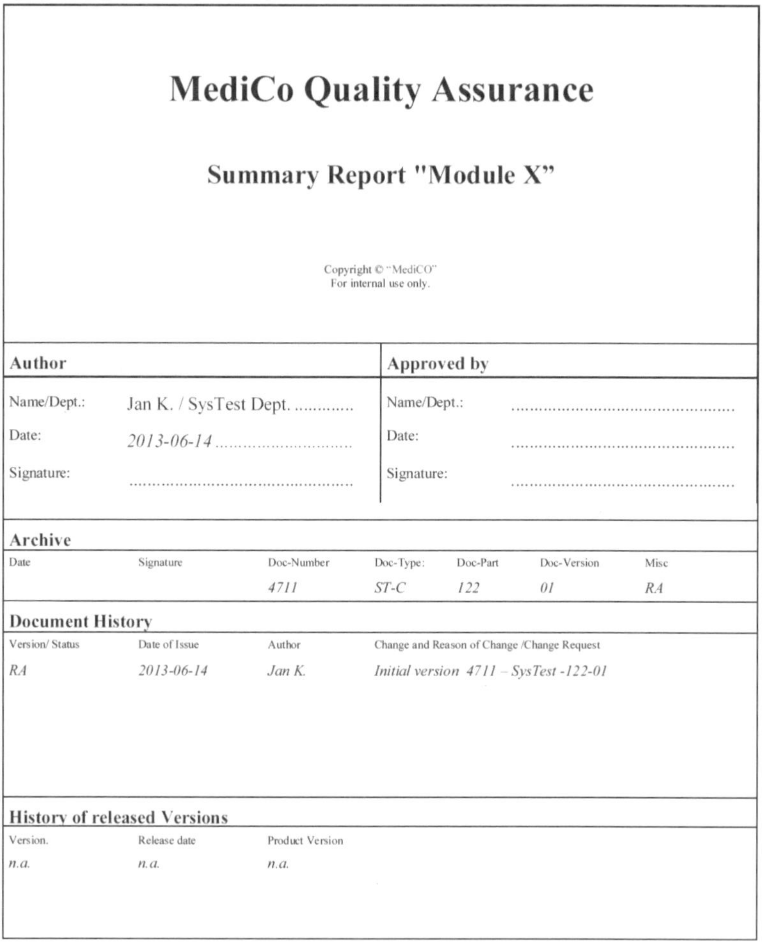

MediCo Quality Assurance

Summary Report "Module X"

Copyright © "MediCO"
For internal use only.

Author		**Approved by**	
Name/Dept.:	Jan K. / SysTest Dept.	Name/Dept.:	....
Date:	*2013-06-14*	Date:	....
Signature:	....	Signature:	....

Archive

Date	Signature	Doc-Number	Doc-Type:	Doc-Part	Doc-Version	Misc
		4711	*ST-C*	*122*	*01*	*RA*

Document History

Version/ Status	Date of Issue	Author	Change and Reason of Change /Change Request
RA	*2013-06-14*	*Jan K.*	*Initial version 4711 – SysTest -122-01*

History of released Versions

Version.	Release date	Product Version
n.a.	*n.a.*	*n.a.*

Die für die Normkonformität erforderlichen Elemente sind in Abschnitt 5.2 übersichtlich dargestellt. In einer entsprechenden Liste (siehe Tab. 9-22) wurden die vorhandenen Dokumentteile den Elementen aus der ursprünglichen Fassung der Norm (ohne Status und Einführung) zugeordnet:

Tabelle 9-22 *Strukturelemente der bestehenden Dokumente im Header*

ISO-29119-Element	MediCo-Element	Kommentar
Eindeutige Identifizierung des Dokuments	Sektion »Archive«	4-teiliger Schlüssel Number, Type, Part, Version
Herausgebende Organisation	Sektion »Author«	zusammen mit Firmenname eindeutig
Freigebende Stelle	Sektion »Approved by«	zusammen mit Firmenname eindeutig
Änderungshistorie	Sektion »Document History«	
Gültigkeitsbereich	Sektion »History of released Versions«	Jeder Report bezieht sich auf genau ein Release
Referenzen	n.v.	fehlt und muss angepasst werden
Glossar	n.v.	fehlt und muss angepasst werden

Die nach der ISO-29119-Strukturvorgabe fehlenden Elemente wurden bislang jeweils im Hauptteil des Dokuments geführt. Tatsächlich stellte das Team fest, dass referenzierte Dokumente wie z.B. der Testplan in jedem Hauptteil vorkamen und dass diese Information sehr viel übersichtlicher im Dokumentkopf aufgehoben ist. Entsprechend wurde die Dokumentvorgabe des Headers ergänzt, wie Abbildung 9-8 zeigt:

Abbildung 9-8
Angepasster Header der MediCo-Dokumente (Screenshot)

MediCo Quality Assurance

Summary Report "Module X"

Author		Approved by	
Name/ Dept.:	Jan K. / SysTest Dept.	Name/Dept.:	
Date:	*2013-06-14*	Date:	
Signature:	....	Signature:	....

Archive

Date	Signature	Doc-Number	Doc-Type:	Doc-Part	Doc-Version	Misc
		4711	*ST-C*	*122*	*01*	*RA*

Document History

Version/ Status	Date of Issue	Author	Change and Reason of Change /Change Request
RA	*2013-06-14*	*Jan K.*	*Initial version 4711 – SysTest -122-01*

History of released Versions

Version	Release date	Product Version
n.a.	*n.a.*	*n.a.*

References

Ref-Number	Reference-Name	Access
[0]	100 QA-Gen 100-1-27 QA Glossar	*<Link to Managed FileArchive>*
[1]	4012 TD 101-1-1 QA Testconcept	*<Link to Managed FileArchive>*
[2]	4700 TD 101-1-5 QA Test plan	*<Link to Managed FileArchive>*
[3]	4700 RM 743-15-334 Prod.Req Testconcept	*<Link to Managed FileArchive>*

Um die Aufgabe vollständig zu dokumentieren, wurde auch die Mappingtabelle ergänzt (siehe Tab. 9-23):

Tabelle 9-23 Einheitliche Strukturelemente der Dokumente im angepassten Header

ISO-29119-Element	MediCo-Element	Kommentar
Eindeutige Identifizierung des Dokuments	Sektion »Archive«	4-teiliger Schlüssel Number, Type, Part, Version
Herausgebende Organisation	Sektion »Author«	zusammen mit Firmenname eindeutig
Freigebende Stelle	Sektion »Approved by«	zusammen mit Firmenname eindeutig
Änderungshistorie	Sektion »Document History«	
Gültigkeitsbereich	Sektion »History of released Versions«	Jeder Report bezieht sich auf genau ein Release
Referenzen	Sektion **»References«**	**Link zum Dok.Mgmt.Sys.**
Glossar	Sektion **»References«**	**Ref. auf Glossar-Dok.**

Nachdem die oben beschriebene Vorgehensweise mit allen Dokumenten durchgeführt ist, sind schnell etwaige nötige Nachbesserungen zu erkennen. Über dieses Mapping ist die Normkonformität hinsichtlich der Dokumente nachweisbar.

Erkenntnis

Die Möglichkeiten für ein Tailoring der Vorgaben machen die Norm sehr einfach und nahezu ohne Einschränkungen nutzbar – und das sehr schnell!

9.3 Projektbeispiel »AgileDev«

Im Beispiel »AgileDev« wird gezeigt, wie in einem agilen Entwicklungsteam durch Tayloring der ISO 29119 ein normkonformes Testen integriert werden kann.

9.3.1 Projektsteckbrief

- **Firma**
  Die Firma ist Softwarehersteller eines B2B-Produkts. Aufgrund des speziellen Anwendungsgebiets im Bereich »Qualitätssicherung« hat die Firma einen sehr hohen Qualitätsanspruch an ihr Produkt. Die erwünschte Kundennähe ermöglicht es den Kunden der Firma, eigene Wünsche an das Produkt anzumelden. Um hierauf entsprechend zeitnah eingehen zu können, arbeitet die Entwicklungsabteilung mit einem agilen Entwicklungsansatz und liefert in 3-Wochen-Sprints am Ende stets ein »Potential Shippable Product«, also eine stabile neue Version der Software, die theoretisch ausgeliefert werden könnte.

- **Testgegenstand/Testobjekt**
  Die zu testende Software ist ein in Java programmiertes B2B-Werkzeug in einer Client-Server-Architektur. Die Entwickler und Tester verfolgen Test Driven Development, d.h., sie setzen sich vor dem Beginn der Implementierung zusammen und definieren gemeinsam die Gesamtheit der benötigten Tests. Die Tests werden dann auf die Ebenen Modul-, Integrations- und Systemtest verteilt. Dabei gilt die Richtlinie, dass die Tests auf einer möglichst niedrigen Stufe zu implementieren und auszuführen sind, da das Zeit und Aufwand spart. Es wird also versucht, die teuren und aufwendigen Systemtests zu sparen und auf der Systemteststufe (= GUI-Test) nur die komponentenübergreifenden Tests bzw. End-to-End-Tests auszuführen.

- **Motivation zur Nutzung der ISO 29119**
  Die konsequente Anwendung agiler Methoden nach Scrum stellt hohe Ansprüche an einen einfachen Prozess und eine schlanke Dokumentation. Natürlich muss für jedes »Shippable Product« die verlässliche Qualität hinreichend getestet sein – und oft gibt es auch die Forderung nach nachweisbarer Dokumentation.

  Die Kunden der Software interessieren sich generell wenig für den eigentlichen Entwicklungsprozess. Dennoch ist vielfach der Kundenwunsch da, über die Qualitätsprüfung ausreichende Informationen zu bekommen – nicht zuletzt, wenn es bestimmte gesetzliche Auflagen gibt. Somit muss die angestrebte schlanke Dokumentation mindestens die jeweiligen Kundenansprüche erfüllen.

Um die wertvollen Details der Norm zu nutzen, wollte das Entwicklerteam die bestehende Testlandschaft optimieren. Die dafür erforderlichen Mittel konnten letztlich freigegeben werden, als eine Marktstudie dem Management zeigte, dass der Nachweis eines Tests nach aktueller Normenvorgabe ein zusätzliches Verkaufsargument darstellen würde.

- **Testorganisation**
Die gesamte Entwicklungsmannschaft umfasst ca. 20 Personen. Diese arbeiten in drei Sprint-Teams an unterschiedlichen Standorten. Die Integration von Entwicklung und Test ist somit nicht nur ein Muss, sondern zugleich einer der wesentlichen Vorteile dieses Ansatzes, zwingt er doch die beiden »Lager« Entwicklung und Test zu einer frühen und produktiven Kooperation. In den Teams gibt es keine wirklich ausgewiesenen Tester, wenngleich einige aufgrund von Ausbildung und Erfahrung einen deutlichen Testhintergrund haben.

Testen im Rahmen einer agilen Entwicklung bedingt ein konsequentes Testautomatisierungskonzept und den Einsatz einer gut funktionierenden Werkzeugkette. Es geht vor allem darum, ein sehr schnelles Feedback zu erhalten, da dadurch die sehr frühzeitig nach einer Änderung gefundenen Fehler in der Regel sofort korrigiert werden können, ohne dass der Aufwand des Erfassens eines Fehlers erfolgen muss. Besonders die funktionalen Tests sollen weitestgehend automatisiert werden, um damit einen ständig wachsenden Stack von Regressionstests aufzubauen. Diese Tests sichern über die einzelnen Sprints hinweg die Möglichkeit, in wechselnden Regressionstestsets auch das Zusammenspiel der verschiedenen »Shippable Products« abzusichern.

Die Funktionalitäten der Software sind in sogenannten User Stories beschrieben. Dies geschieht mittels des Werkzeugs JIRA [27] von Atlassian unter Verwendung des Add-ons »JIRA Agile« (ehemals Greenhopper). Aus diesem Backlog genannten Fundus von Funktionen werden die Inhalte eines Sprints ausgewählt, also die Funktionen, die im aktuellen Entwicklungszyklus realisiert werden sollen. Voraussetzung ist, dass die User Story ausreichend beschrieben ist und die Akzeptanzkriterien definiert sind. Erst dann wird in einer vom gesamten Team getragenen Entscheidung das jeweils aktuelle Arbeitspaket für die nächsten drei Wochen angenommen. Während die mehr entwicklungsorientierten Teammitglieder mit der Programmierung beginnen, werden parallel die erforderlichen Tests auf Basis der User Story und der Akzeptanzkriterien spezifiziert. Die Spezifikation wird mit dem Testmanagementwerkzeug

TestBench [33] vorgenommen. Anschließend wird sogleich mit der Programmierung der Testautomatisierung begonnen, wozu für die funktionalen Tests aufgrund der guten Eignung im Java-Bereich der GUI-Testroboter QF-Test [43] verwendet wird. In der Regel sind die Tests noch vor dem Programmcode fertiggestellt. Dieser **Test-Driven-Development-Ansatz (TDD)** wird auch **Test-First-Ansatz** genannt. Die Abbildung 9-9 illustriert den Prozess:

Abbildung 9-9 *Screenshot Test-Driven-Development-Prozess Dokumentation*

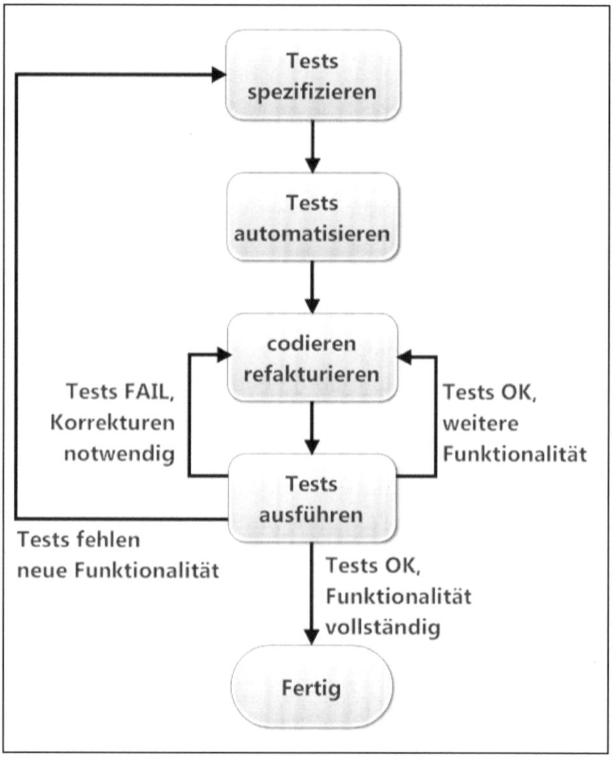

Dieser TDD-Ansatz ist die Grundlage für eine hohe, in jedem Sprint verankerte Testqualität und Garant für ein schnelles Feedback. Das wiederum sorgt dafür, Unstimmigkeiten z.B. aus den User Stories früh zu identifizieren und gemeinsam mit den Entwicklern auszumerzen. Schwere Folgefehler werden so vermieden.

Durch einen automatisierten Build-Prozess wird viermal am Tag ein Release als »Potential Shipable Product« erzeugt, für das stets ein vollständiger und automatisierter Regressionstest ausgeführt wird. Hier kommt der Open Source Continuous Integration Server Jenkins [42] zum Einsatz. Dieser sorgt dafür, dass der Testroboter in ca. sechs Stunden rein zeitgesteuert bis zu 20.000 Tests abarbeitet. Zusätzlich wird bei jeder Änderung am System zyklisch ein neuer Build erzeugt und mit einer Auswahl der Tests geprüft. Diese Testläufe dauern ca. eine Stunde.

Somit stehen mehrmals täglich Kandidaten für ein »Potential Shipable Product« zur Verfügung.

Naturgemäß führt der Test-First-Ansatz zu Beginn des Sprints zu relativ vielen Fehlern. Um jedoch die Dokumentation schlank zu halten, werden diese Fehler nicht als solche erfasst, sondern das »Fail« des Tests ist Diskussionsgrundlage für das morgendliche Standup-Meeting, in dem sich das Team synchronisiert. So können die entwickelnden Mitglieder des Teams umgehend die gefundenen Fehler beheben und die testenden sogleich einen Fehlernachtest durchführen. In die Protokollierung mit den Fehlermanagementkomponenten von JIRA kommen nur solche Fehler, die vom Teamleiter als schwerwiegend eingestuft werden oder die nicht bis zum Sprint-Ende behoben werden konnten.

9.3.2 Die Nutzung der ISO 29119 für ein Testen im Sprint

Das oben beschriebene Vorgehen macht schnell klar, dass Prozesse und Dokumente klassischer Entwicklungsmethoden nicht direkt anwendbar sind. Die gesamte Dokumentation, auch die Testdokumentation, wird im Laufe der in einem Sprint abzuarbeitenden Aufgaben erledigt. Es ist festgelegt, dass für jeden Test (auch Modul- und Integrationstests) eine Testspezifikation im Testmanagementwerkzeug existiert. Weiterhin haben alle User Stories neben den fachlichen Akzeptanzkritierien auch Vorgaben zu Onlinehilfe, technischer Dokumentation, Schulungsunterlagen usw. Eine Aufgabe wird nur als erledigt akzeptiert, wenn auch alle Dokumentationskriterien erfüllt sind.

Das gesamte hier beschriebene Vorgehen ist in einer Test-Charta festgelegt und definiert so die ISO-29119-konforme Prozessabbildung. Die ISO-29119-Konformität der Dokumente wird durch entsprechende Verweise auf die Werkzeugkette erreicht, indem jeweils aufgelistet wird, in welchem Werkzeug und dort an welcher Stelle man die Informationen findet, beispielhaft dargestellt in Tabelle 9-24.

Tabelle 9-24 *Beispiele für das Mapping von Dokumenten auf Tools*

29119-Element	Werkzeug	Position
Testspezifikation	TestBench	Testspec
Traceability	JIRA	User Story
Testergebnisse im Sprint	Jenkins	Statusseite
Testergebnisse nach dem Sprint	TestBench	Testzyklus

Das Customizing (Tayloring) der Normvorgaben erfolgte auf Basis der in der ISO 29119-3 [69] in Anhang B enthaltenen Tabelle B-1, die mit der Kategorisierung in »shall«, »should« und »may« die Erfordernisse gut strukturiert.

9.3.3 Beispieldokumente

Das folgende Beispiel zeigt eine User Story im JIRA Agile, in diesem Fall die Story »Als Administrator möchte ich einen Benutzer abmelden können«. In der Darstellung ist nicht nur die User Story an sich, sondern auch der Teststatus der Story jederzeit aktuell ablesbar.

Im Kopf der Darstellung findet sich neben den Verwaltungsinformationen auch die Anzeige über den **Fertigstellungsstatus**: »Accepted« bedeutet, dass alle Probleme gelöst sind, und zwar durch den letzten Fix, im Feld **Resolution** direkt unter dem Status, angezeigt durch den Wert »fixed«. Dabei war für diese User Story eine Reihe von Akzeptanzkriterien zu erfüllen, die im eigentlichen Inhaltsfeld aufgelistet sind. Jedem dieser Kriterien wurde ein oder mehrere Tests zugeordnet, das letzte Durchführungsergebnis ist jeweils durch das Icon vor dem Kriterium angezeigt. Im Beispiel in Abbildung 9-10 ist eine durch ein Dreieck markierte Warnung zu finden, dass der Aufruf zur REST-API bzw. zur Scala-DSL nicht erfolgt ist.

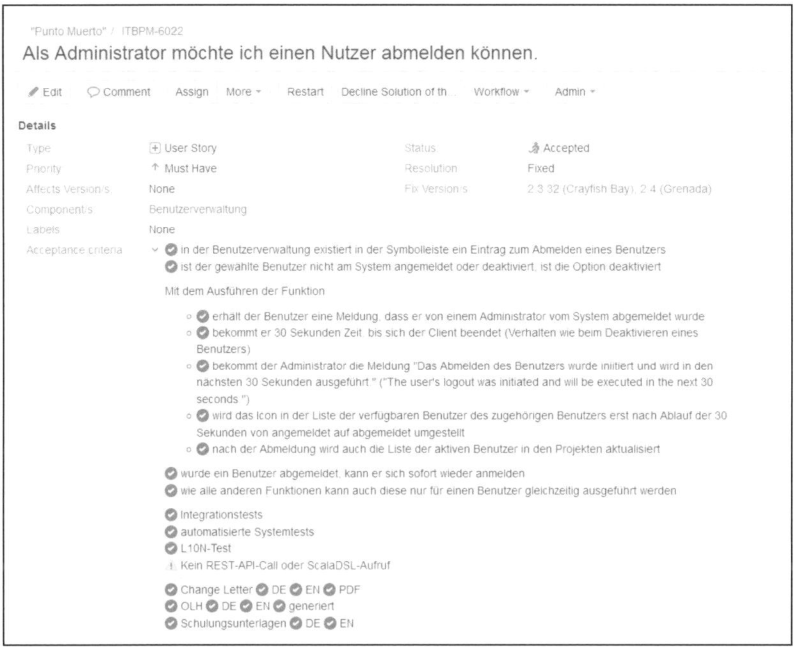

Abbildung 9-10
Screenshot einer fertig abgearbeiteten User Story mit Automatisierung

Die Spezifikation der Testsequenzen finden sich, belegt durch die Tabelle 9-24, im Spezifikationsreiter des Testmanagements. Hier ist jeder einzelne Schritt in der Spalte **Testsequenz** formuliert, den entweder ein Tester oder ein Testautomat ausführen soll. Die Reihenfolge der Schritte entspricht ihrer Anordnung und Nummerierung.

Ein Beispiel hierfür findet sich in Abbildung 9-11. Es zeigt die Spezifikation eines Tests im Testmanagementwerkzeug, bestehend aus 16 einzelnen Testschritten.

Die Spezifikation trennt die logischen Schritte von den Daten, indem die zu verwendenden Daten der Spezifikation über ein oder mehrere **Parameter** zugeordnet werden. An den unterschiedlichen Icons dieser Ebene kann man erkennen, ob ein Schritt der Stimulation (Zustandsherbeiführung) dient oder ein Prüfschritt ist. Stimulationsschritte sind gelb markiert und in der Schwarz-Weiß-Darstellung am kleinen Pfeil nach unten zu erkennen. Die Prüfschritte (Zeile 9 und 14) sind grün, erkennbar am kleinen Haken.

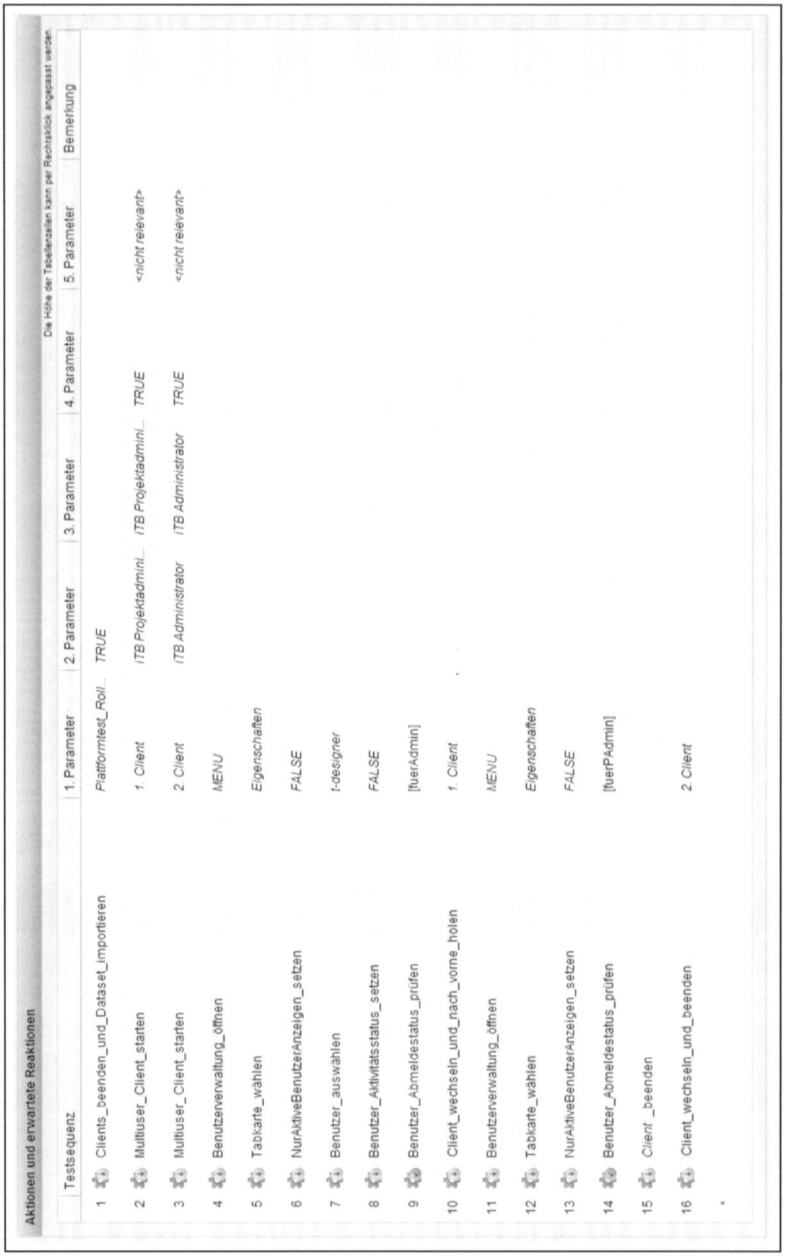

Aktionen und erwartete Reaktionen

Die Höhe der Tabellenzeilen kann per Rechtsklick angepasst werden.

	Testsequenz	1. Parameter	2. Parameter	3. Parameter	4. Parameter	5. Parameter	Bemerkung
1	Clients_beenden_und_Dataset_importieren	Plattformtest_Roll...	TRUE				
2	Multiuser_Client_starten	1. Client	ITB Projektadmini...	ITB Projektadmini...	TRUE	<nicht relevant>	
3	Multiuser_Client_starten	2. Client	ITB Administrator	ITB Administrator	TRUE	<nicht relevant>	
4	Benutzerverwaltung_öffnen	MENU					
5	Tabkarte_wählen	Eigenschaften					
6	NurAktiveBenutzerAnzeigen_setzen	FALSE					
7	Benutzer_auswählen	t-designer					
8	Benutzer_Aktivitätsstatus_setzen	FALSE					
9	Benutzer_Abmeldestatus_prüfen	[fuerAdmin]					
10	Client_wechseln_und_nach_vorne_holen	1. Client					
11	Benutzerverwaltung_öffnen	MENU					
12	Tabkarte_wählen	Eigenschaften					
13	NurAktiveBenutzerAnzeigen_setzen	FALSE					
14	Benutzer_Abmeldestatus_prüfen	[fuerPAdmin]					
15	Client _beenden						
16	Client_wechseln_und_beenden	2. Client					
*							

Abbildung 9-11 *Screenshot der Testsequenz einer User Story*

Um das Beispiel abzurunden, ist es noch interessant, die Testdurchführung selbst zu betrachten. Die im Testmanagement ausgewählten Testfälle werden entweder in einen Durchführungsassistenten für einen manuellen Test oder in den Testautomaten exportiert.

Für den manuellen Tester sieht eine Testbeschreibung beispielsweise wie folgt aus:

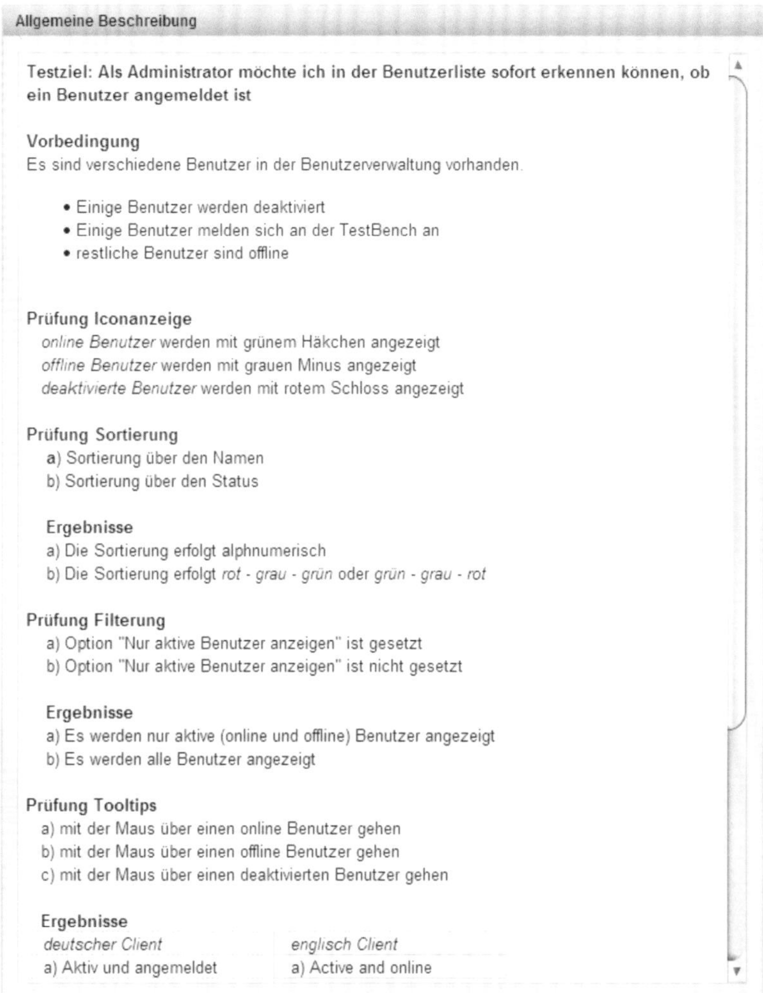

Allgemeine Beschreibung

Testziel: Als Administrator möchte ich in der Benutzerliste sofort erkennen können, ob ein Benutzer angemeldet ist

Vorbedingung
Es sind verschiedene Benutzer in der Benutzerverwaltung vorhanden.

- Einige Benutzer werden deaktiviert
- Einige Benutzer melden sich an der TestBench an
- restliche Benutzer sind offline

Prüfung Iconanzeige
online Benutzer werden mit grünem Häkchen angezeigt
offline Benutzer werden mit grauen Minus angezeigt
deaktivierte Benutzer werden mit rotem Schloss angezeigt

Prüfung Sortierung
a) Sortierung über den Namen
b) Sortierung über den Status

Ergebnisse
a) Die Sortierung erfolgt alphnumerisch
b) Die Sortierung erfolgt *rot - grau - grün* oder *grün - grau - rot*

Prüfung Filterung
a) Option "Nur aktive Benutzer anzeigen" ist gesetzt
b) Option "Nur aktive Benutzer anzeigen" ist nicht gesetzt

Ergebnisse
a) Es werden nur aktive (online und offline) Benutzer angezeigt
b) Es werden alle Benutzer angezeigt

Prüfung Tooltips
a) mit der Maus über einen online Benutzer gehen
b) mit der Maus über einen offline Benutzer gehen
c) mit der Maus über einen deaktivierten Benutzer gehen

Ergebnisse

deutscher Client	*englisch Client*
a) Aktiv und angemeldet	a) Active and online

Abbildung 9-12
Screenshot einer manuell abgearbeiteten User Story

Es ist gut zu erkennen, dass der Tester alle für ihn wichtigen Informationen erhält, die sich aus den Akzeptanzkriterien der User Story ableiten. Hier sind vor allem die **Prüfschritte** zu erwähnen und die ebenfalls dargestellten **erwarteten Ergebnisse** (Testorakel).

Die jeweils eingeplanten automatisierten Tests laufen ja wie oben beschrieben voll automatisiert in jedem Build-Durchlauf mit – und dies mehrfach täglich. Abbildung 9-13 illustriert die Aufgabe, die der

Build-Server in der Testautomatisierung übernimmt: Er startet zeitscheibengesteuert die bereitgestellten automatisierten Tests.

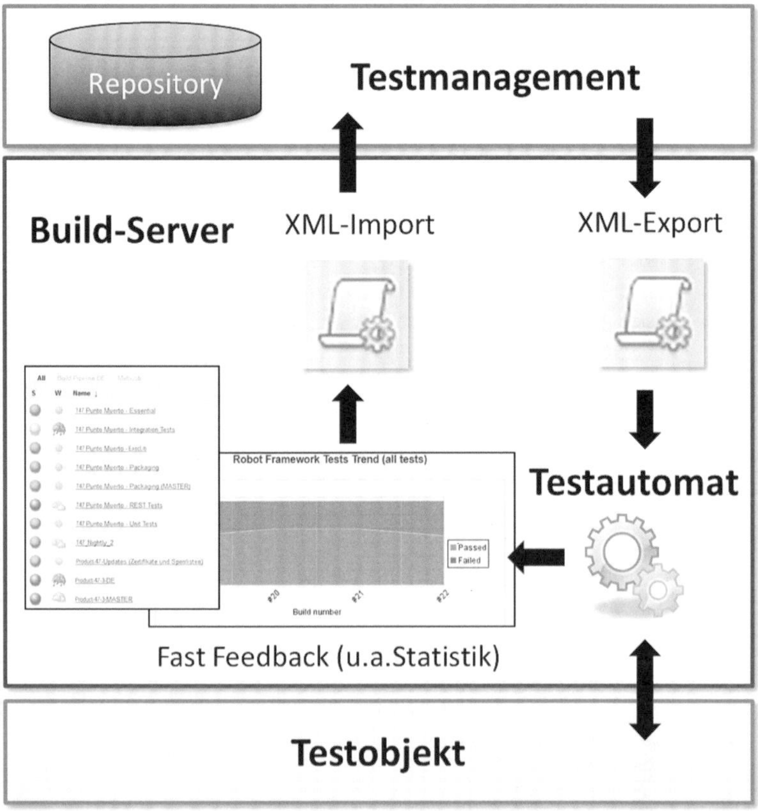

Abbildung 9-13 *Architektur der Testautomatisierung mit Build-Server*

Der dafür eingesetzte Jenkins hält ebenfalls ausführliche Statusanzeigen und Statistiken bereit, die das für die Sprints wichtige sofortige Feedback liefern. Jede Zeile des Beispiel-Screenshots in Abbildung 9-14 zeigt einen ganzen Themenblock, bestehend aus vielen einzelnen Testfällen. Der Gesamtstatus für diesen Themenblock wird durch die ikonisierte Ampelanzeige »**S**« am Zeilenanfang sichtbar gemacht. Damit dies auch in der Schwarz-Weiß-Darstellung dieses Buches besser erkennbar ist, wurde im Screenshot in die grünen Ampelsignale ein Pfeil nach oben, bei den roten entsprechend einer nach unten eingefügt. Ampel-Icons ohne Pfeil sind gelb. Zusätzlich liefert das Wettersymbol unter »**W**« eine Vorstellung davon, wie viele einzelne Testfälle zu Abweichungen geführt haben. »Sunny« bedeutet wenige, »starker Regen« viele. Wie viele Testfälle es in jedem Block sind, kann man der mit »#« eingeleiteten Zahl in den beiden nächsten Spalten nach dem Blocknamen entnehmen.

Diese Spalten »**Letzter Erfolg**« und »**Letzter Fehlschlag**« zeigen, wie lange das jeweilige Ereignis zurückliegt, die Zeit in der Spalte »**Letzte Dauer**« steht für die Ausführungszeit des Automaten für alle Tests des Blocks.

All Build Pipeline DE MultiJob

S	W	Name ↓	Letzter Erfolg	Letzter Fehlschlag	Letzte Dauer
		T47 Punto Muerto - Essential	14 Stunden - #2738	Unbekannt	10 Minuten
		T47 Punto Muerto - Integration Tests	15 Stunden - #670	17 Stunden - #669	48 Minuten
		T47 Punto Muerto - ExecLib	15 Stunden - #2357	Unbekannt	1 Minute 42 Sek
		T47 Punto Muerto - Packaging	14 Stunden - #669	Unbekannt	11 Minuten
		T47 Punto Muerto - Packaging (MASTER)	1 Tag 15 Stunden - #64	Unbekannt	21 Minuten
		T47 Punto Muerto - REST Tests	15 Stunden - #2435	14 Stunden - #2436	10 Minuten
		T47 Punto Muerto - Unit Tests	14 Stunden - #767	Unbekannt	1 Minute 16 Sek
		T47_Nightly_2	8 Stunden 25 Minuten - #243	1 Tag 8 Stunden - #240	6 Stunden 40 Min
		Product-47-Updates (Zertifikate und Sperrlis	2 Tage 3 Stunden - #10	1 Monat 27 Tage - #1	3 6 Sekunden
		Product-47-3-DE	15 Stunden - #1324	14 Stunden - #1325	1 Stunde 23 Min
		Product-47-3-MASTER	2 Tage 0 Stunden - #128	1 Tag 16 Stunden - #12[illegible]	1 Stunde 58 Min

Abbildung 9-14
Screenshot vom Teststatus innerhalb eines Sprints

Aus dem Screenshot in Abbildung 9-14 kann man herauslesen, dass beispielsweise der sechste Themenblock »T47 Punto Muerto – REST Tests« vor 15 Stunden noch mit 2435 Tests erfolgreich durchgelaufen ist, aber eine Stunde später (und mit einem zusätzlichen weiteren Testfall) fehlerhaft war. Der Gesamtzustand ist »rot« (mit dem Pfeil nach unten = fail) und das Wettersymbol »bewölkt« zeigt etliche Störungen an. Dies korrespondiert mit dem gelben Warndreieck in der Statusanzeige der oben gezeigten User Story in Abbildung 9-10.

Die hier vorgestellte und in der Praxis bewährte Vorgehensweise und deren Abbildung auf die Werkzeugkette wird jetzt – analog zu der oben gezeigten Tabelle 9-24 – aktuell mit den entsprechenden Labeln versehen, um zu verdeutlichen, wo man welches von der Norm erwartete Element abgebildet findet. Obwohl dieser Prozess des Mappings auf die Norm noch nicht abgeschlossen ist, zeigt dieses Beispiel doch die Idee auf, mit der die ISO-29119-Konformität von Prozess und Dokumentation gesichert werden soll.

Erkenntnis

Eine bestehende Prozess- und Dokumentationslandschaft kann durch den Aufbau der Norm sehr schnell auf Konformität mit der Norm geprüft werden. Abhängig von der vorhandenen Basis kann die Konformität dann mit mehr oder weniger Anpassungsaufwand hergestellt werden!

9.4 Projektbeispiel »G-TABib«

Gründliches Testen ist aufwendig, aber für die Qualitätssicherung von Softwarelösungen unerlässlich. Schon immer wird nach Effizienz im Test gestrebt – und dabei spielt natürlich die Automatisierung der Durchführung die wichtigste Rolle. Der Markt bietet zahlreiche Testautomatisierungswerkzeuge (im Folgenden auch kurz Testautomaten genannt), insbesondere für das Testen der Funktionalität über die grafischen Benutzeroberflächen. Diese GUI-Tests sind deshalb oftmals gleichgesetzt mit dem Begriff Testautomatisierung (TA), obwohl auch an anderer Stelle automatisiert getestet wird, ohne dass man die Oberfläche der Software nutzt, z.B. Schnittstellen-/API-Tests. Im vorliegenden Beispiel geht es um die GUI-Tests, da hier ein großes Kundeninteresse vorliegt, weshalb sich der Beispielgeber mit diesem Segment zielgerichtet beschäftigt hat. Da Testautomatisierung eine Programmiertätigkeit ist, haben fachliche Tester vielfach nicht die nötige Erfahrung für die Erstellung der TA-Programme. Mit einer »Generischen Testautomatisierungsbibliothek – G-TABib« (Anmerkung: Der in der Organisation verwendete Name wurde auf Wunsch der Firma geändert) haben die Testspezialisten eine schnelle Möglichkeit geschaffen, um den Fachbereichen der Kunden die Möglichkeit einer anpassbaren DSL (Domain Specific Language wie in Abschnitt 7.6.1 beschrieben) zur Verfügung zu stellen. Das Setup umfasst Bibliotheken, in denen Testskripte im jeweiligen Testwerkzeug bereitgestellt werden. Ziel ist es, dass die Kundenmitarbeiter und Testspezialisten schnell und effizient Testspezifikationen für automatisierte GUI-Tests erstellen können, für die idealerweise die Testskripte im Testautomaten bereits fertig programmiert sind und somit in der Phase der Spezifikation keine Programmierkenntnisse erforderlich sind.

9.4.1 Projektsteckbrief

- **Firma**
  Die Firma arbeitet im Bereich Softwarequalitätssicherung. Neben der Durchführung von Beratung in diesem Segment sind die Consultants als Software Quality Engineers (dieser Jobtitel wird in der Firma für die Testspezialisten genutzt) u.a. darauf spezialisiert, den Kunden beim Aufbau von Testumgebungen zu unterstützen. Der Aufbau von Testautomatisierungslösungen ist dazu ein wesentliches Portfolioelement, die Firma nennt diese Leistung TA-Framework-Aufbau.

  Im vorliegenden Beispiel handelt es sich um ein Konzept. Dieses Konzept nutzt Keyword-Driven Testing (KDT), um für eine bestimmte GUI eine Bibliothek von Testskripten im Testautomaten bereitzustellen. Je nach der für die zu testende Software verwendeten Technologie (z.B. .net, Java) kommen jeweils andere Testautomaten infrage, mit denen diese Software automatisiert getestet werden kann. In der Umsetzung des Konzepts gibt es somit nicht *die* eine Bibliothek, sondern je nach genutztem Testautomaten eine Version dieser Bibliothek.

- **Motivation zur Nutzung der ISO 29119**
  Die Idee und die Umsetzung der »G-TABib« ist nicht ganz neu – schon vor der Grundsteinlegung der ISO 29119 und insbesondere des Teils 5 »Keyword-Driven Testing« wurde diese Bibliothek bei Kunden entwickelt und eingesetzt. Die für die Automatisierung programmierten Prozeduren (Testskipte) werden dabei unter Einhaltung einer organisatorisch festgelegten Namenskonvention mit einem eindeutigen Namen versehen – eben dem Keyword, das ein bestimmtes Testskript adressiert. Diese TA-Keywords genannten Prozeduren stellen in ihrer Gesamtheit alle Testskripte der Automatisierung dar. Die Versorgung mit Daten erfolgt über die Aufrufparameter der Prozedur – die spätere Ausführung des Testskripts ist somit datengetrieben.

  Schnell stellte sich heraus, dass die KDT-Umsetzung in der Bibliothek allen Kriterien der Norm entsprach. Auch die Integration der datengetriebenen Durchführung (engl. »data-driven testing«) macht in diesem Zusammenhang das Bild komplett, sodass durch den Schritt der Normung für die Vermarktung ein weiteres Argument verfügbar wurde, eben die normenkonforme Umsetzung nach ISO 29119-5.

- **Testorganisation**
  Die Firma arbeitet generell mit den jeweils vom Kunden eingesetzten Testautomaten. Nicht jedes Projekt kann direkt mit dem generischen Ansatz umgesetzt werden. Einfach ist es, wenn die Softwarelösung des Kunden auf einer Technologie aufbaut, für die bereits eine »G-TABib«-Bibliothek im zu verwendenden Testautomaten vorhanden ist. Ist dies nicht Fall, muss eine solche Bibliothek mit entsprechendem Programmieraufwand erst noch geschaffen werden. Für das weitere Vorgehen wird neben der TA-Keyword-Bibliothek mit den Automatisierungsprogrammen auch eine Abbildung der TA-Keywords auf die Spezifikationsebene benötigt. Dazu setzt die Firma das Testmanagementwerkzeug TestBench ein, deren Schichtenmodell weitere Normkomponenten erfüllt. In der TestBench wird der eigentliche Funktionstest spezifiziert, indem festlegt wird, welche TA-Keywords mit welchen Daten in welcher Reihenfolge durchzuführen sind. Besteht ein dergestalt beschriebener Test ausschließlich aus TA-Keywords der Bilbliothek, ist dieser Test auch direkt automatisiert ausführbar, ohne dass eine weitere Programmierung erforderlich ist. Somit kommt man in dieser Phase ohne die entsprechenden Programmierkenntnisse aus. Die dadurch mögliche Trennung unterschiedlicher Fähigkeiten schafft mehr Raum für Arbeitsteilung wie in Abschnitt 7.6.1 beschrieben.

9.4.2 Eine Bibliothek – zwei Ebenen

Die Grundidee der »G-TABib« ist, dass jede GUI nur über eine übersichtliche, eher kleine Menge von GUI-Steuerelementen verfügt, z.B. »Button«, »Textfeld«, »Eingabefeld«, »Checkbox«. Jegliche Aktivität der Software an der Oberfläche kann nur über eben diese Steuerungselemente erfolgen, es handelt sich somit um eine atomare Zerlegung aller möglichen Aktionen, die über diese GUI möglich sind. Für jedes dieser TA-Keywords wird eine entsprechende Prozedur erstellt, die über Parameter mit den erforderlichen Daten versorgt wird.

Abbildung 9-15 zeigt ein Sourcecode-Beispiel einer atomaren TA-Prozedur im Testautomaten von Ranorex für das Anklicken eines GUI-Elements.

Abbildung 9-15
Atomare TA-Prozedur im Testautomaten

```
        /// Simple click with left mouse button on a given GUI component.
        /// </summary>
        /// <param name="id">Id of the target component</param>

            public override void Click(string id)
                {
                AdapterManager.InvokeRanorexMethodForElement(id, "Click", null, null);
                }
```

Liegt die atomare Testautomatisierung für jedes Steuerungselement vor, dann hält die Bibliothek an einer Stelle alle erforderlichen Automatisierungsskripte mit dem TA-Keyword als eindeutigem Namen für eine redundanzfreie Wiederverwendung bereit. Auf Basis dieser Prozedursammlung kann jede Aktion auf der Oberfläche durch die Kombination der TA-Keywords in der richtigen Reihenfolge und mit den benötigten Daten zusammengesetzt werden.

Damit diese TA-Keywords außerhalb der Programmierebene miteinander kombiniert werden können, wird eine identische Bibliothek (siehe Abb. 9-16) von Keywords, den sogenannten automatisierten oder auch technischen Keywords, ebenfalls als atomare Zerlegung für die Testspezifikation angelegt.

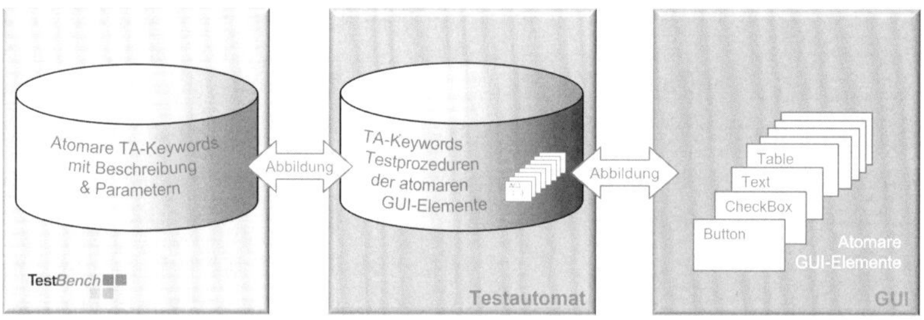

Abbildung 9-16
Korrespondierende Bibliotheken

Das obige Beispiel der atomaren TA-Prozedur »Click« aufgreifend folgt in Abbildung 9-17 das korrespondierende atomare Keyword in der TestBench-Bibliothek mit einer ausführlichen Beschreibung:

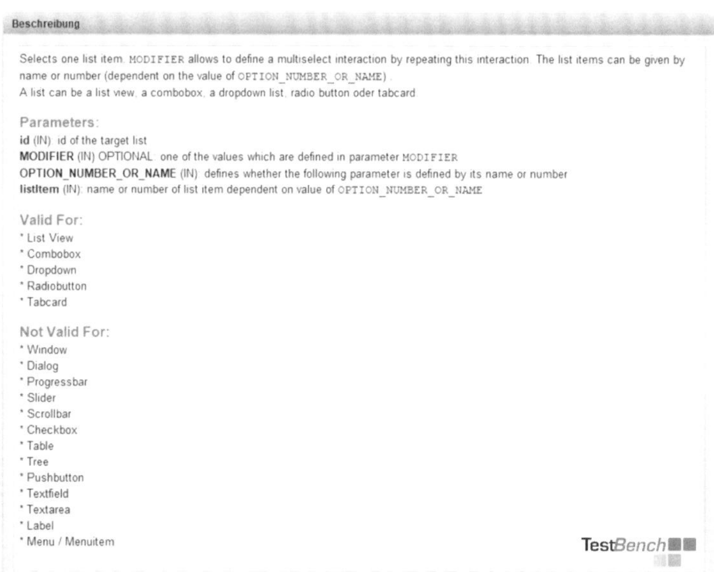

Abbildung 9-17
Entsprechung der TA-Prozedur als atomares Keyword in der TestBench

9.4.3 Redundanzfreiheit und Schichtenmodell

Den beiden Konzeptelementen kommt eine wesentliche Bedeutung der Idee zu. Ausgehend von dem grundlegenden Wunsch, die Effizienz zu steigern, gilt für die Testautomatisierung insbesondere die Berücksichtigung späterer Wartbarkeit. Solange Teile des Automatisierungscodes redundant an verschiedenen Stellen (z.B. in verschiedenen Prozeduren) vorkommen, können Eingriffe für die Wartung und Erweiterung an beliebig vielen Stellen erforderlich sein. Bei hinreichend umfangreichen Lösungen wird das schnell eine Aufwandsexplosion. Das Mittel der Wahl ist die **Vermeidung von Redundanzen**. Schnell kommt man damit zu der Frage, auf welchem Detaillierungsgrad dies (halbwegs) zu schaffen ist. Hier liefert das »G-TABib«-Konzept eine generische Antwort: Der Aufbau der Programmierung erfolgt auf den atomaren Elementen, da aus ihnen ja alle Aktionen zusammengesetzt werden können. Diese Bibliothek der Prozeduren stellt somit die generische, allgemeingültige Basis der Automatisierung dar und diese kann unabhängig vom Anwendungsfall (vorab) für die genutzte Technologie und das Automatisierungswerkzeug erstellt werden.

Ein konzeptioneller Aufbau von logischen Schichten macht zwei wesentliche Erfolgsfaktoren des Keyword-Driven-Ansatzes umsetzbar:

1. Die Trennung von Fachlichkeit und Technik und damit die Möglichkeit, eine fachliche Sprachebene zu schaffen (Stichwort »Domain Specific Language – DSL«).
2. Die Bereitstellung einer Basis für konsequente Wiederverwendung – und damit ein weiterer Effizienzsteigerungsfaktor in Sachen Spezifikation und Wartung.

Bislang war in diesem Beispiel die Rede von den TA-Keywords, also den Schlüsselworten, die als Name die atomaren Testautomatisierungsskripte eindeutig identifizieren. Neben diesen technisch motivierten TA-Keywords sind auch andere Keywords denkbar. Hier hilft das Schichtenmodell der TestBench, auf »höheren« Schichten ebenfalls Keywords zu definieren, die z.B. dichter an der fachlichen Seite formuliert sind. Diese (theoretisch) beliebige Anzahl von Schichten haben idealerweise jeweils eine semantische Bedeutung, z.B. können in einer Zwischenschicht sinnvolle Aktionen aus verschiedenen atomaren Schritten kombiniert werden, da die Aktion eines einzelnen GUI-Steuerungselements in der Regel noch keine Aufgabe löst. Das Beispiel für die Eingabe einer Information, wozu ja mehrere GUI-Steuerungselemente genutzt werden, zeigt das sehr gut:

- Navigiere zum Eingabefeld mit dem Namen (»x«) und gib den Text (»y«) ein
- Klicke den Button (»Accept«)

Es erscheint auf den ersten Blick mühsam, dies über die Aufrufkombination der beiden atomaren TA-Keywords zu lösen, da man ja auch direkt beide Schritte gleich in einer (nicht atomaren) Prozedur programmieren könnte. Hier wird die **generische Idee** der Bibliothek deutlich: Kombiniert man diese (und beliebige andere GUI-Interaktionen) in eigenen Prozeduren, dann ist für jede Variation jedes Mal eine Programmierung nötig. Damit steigt die Anzahl der Prozeduren und bei späteren Anpassungen gibt es nicht mehr die eine Stelle, an der angepasst werden muss, sondern vielmehr erfolgen dann die Wartung und spätere Anpassung immer irgendwo in (mehreren) Prozeduren der Bibliothek. Allein das Herausfinden, an welchen Stellen angepasst werden muss, kann erheblichen Aufwand bedeuten. Wenn die Kombination in einer über der Programmierung liegenden Schicht erfolgt, braucht es dafür keine zusätzliche Programmierung – und somit auch kein Personal mit entsprechenden Skills.

Ein Modell für ein einfaches, dreistufiges Schichtenmodell (von der Firma Ebenenmodell genannt) wird durch den Einsatz des Managementwerkzeugs gelöst, das den Aufbau von beliebigen Schachtelungstiefen unterstützt. Abbildung 9-18 veranschaulicht dieses **Ebenenmodell**:

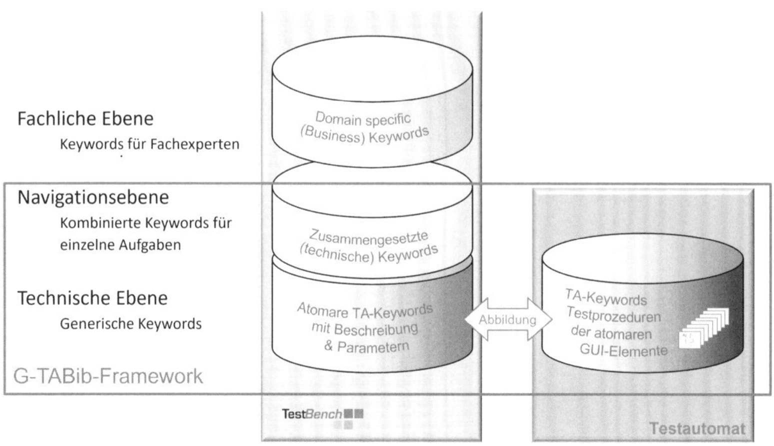

Abbildung 9-18
Modell der Ebenen

Der generische Teil dieser Bibliothek, die **ready to run** geliefert wird, ist im Bild mit einem Rahmen umgeben – wobei eventuell erforderliche Anpassungen an der Navigationsebene oft noch erfolgen können. Beiden Ebenen ist gemein, dass sie noch keine fachliche Sprachebene darstellen, diese erfolgt erst in der entsprechend obersten Ebene, die von den Beratern in der Regel gemeinsam mit dem Kunden aufgebaut wird.

Dabei liefert das Beraterhaus einige wesentliche Guidelines, z.B.:

- Keinen Wildwuchs bei der Anzahl der Ebenen zulassen (Empfehlung: mindestens drei, maximal fünf Ebenen).
- Jede Ebene braucht eine logische Grundlage.
- Keine Elemente von höheren Ebenen verwenden.
- Testfälle werden nur aus Bausteinen der fachlichen Ebene erzeugt.

9.4.4 Nutzung der Bibliothek

Die Spezifikation von Testfällen erfolgt unter Nutzung der Keywords der obersten Ebene mit dem Vorteil, dass alle Fachleute des Kunden die Bedeutung der fachlichen Keywords aufgrund der sprachlichen Ebene schnell verstehen und deshalb Testfälle für ihre fachliche Umgebung selbst »zusammenklicken« können (siehe Abb. 9-19). Durch die leichte Auswahl aus der Bibliothek in der grafischen Oberfläche des Werkzeugs geht die Spezifikation sehr schnell von der Hand.

Abbildung 9-19
Testspezifikation unter Nutzung der Business-Keywords

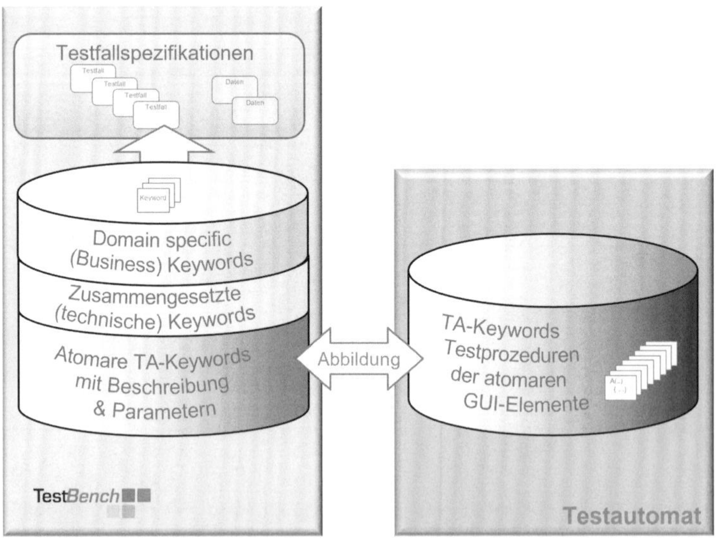

In finaler Ausbaustufe gilt dann, dass alle auf diese Weise erstellten Testfälle auch automatisiert ausführbar sind – und das ohne weiteren Programmieraufwand! Theoretisch könnte in der Testspezifikation erneut die Fähigkeit des Werkzeugs genutzt werden, um auch dort noch einmal fachliche Themen in einer weiteren Ebene zusammenzufassen und mit eigenen Keywords zu versehen. Ein gutes Beispiel sind fachlich zusammengesetzte, oftmals genutzte Kombinationen wie bei der Eingabe zusammengehöriger Informationen: Eine Adresse besteht aus Land, PLZ, Ort, Straße, Hausnummer etc. Durch solche Kombinationen entstehen oberhalb des hier gezeigten 3-stufigen Ebenenmodells weitere Ebenen fachlich sinnvoller Keyword-Definitionen mit dem Nutzen redundanzfreier einheitlicher Verwendungen. Auch dies wird der verbesserten Wartbarkeit und schnelleren Spezifikation dienen. Voraussetzung dafür ist die erwähnte Tool-Fähigkeit, solche verschachtelten Keywords mit den Bibliotheksmethoden zu verwalten.

Die Möglichkeiten des Testmanagementwerkzeugs schaffen hier die erforderliche Transparenz, wie das Beispiel in Abbildung 9-20 illustriert. Der eigentliche Testfall findet sich im oben dargestellten Testthemenbaum (durch eine Markierung hervorgehoben), und im Browserfenster unten sieht man die zugehörige vollständige Hierarchie mit den verwendeten »G-TABib«-Keywords (z.B. das Keyword »click« aus dem obigen Beispiel).

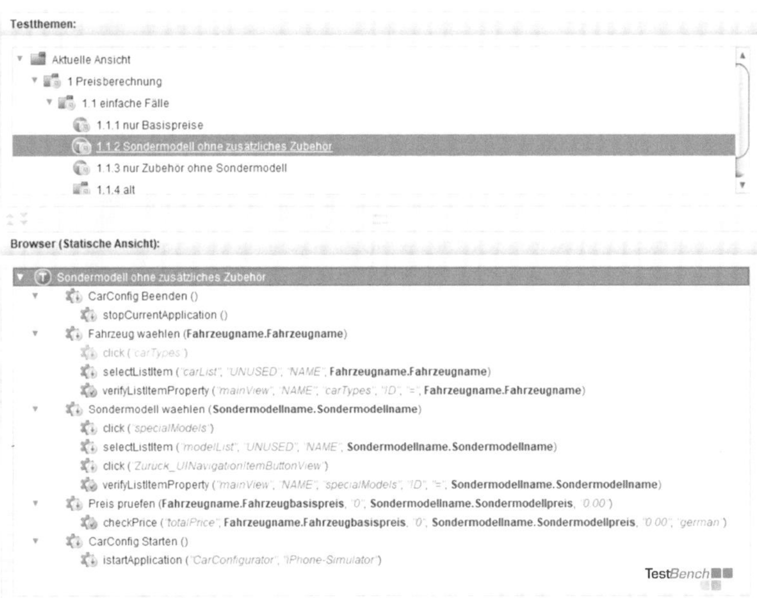

Abbildung 9-20
Transparenz der Keyword-Hierarchie bei der Testspezifikation

9.4.5 Organisatorische Vorgaben

Generell liefert das Beratungshaus seinem Kunden ein Handbuch, in dem die Vorgaben und Empfehlungen enthalten sind. Durch das Tool werden nur wenige Restriktionen erzwungen, weshalb für die Festlegung von Keywords und die Nutzung der Bibliothek einige Regeln organisatorisch festgelegt werden. Exemplarisch folgt eine kleine Auswahl:

- Eine Nomenklatur der Keyword-Namen sorgt für Einheitlichkeit, z.B. in Abbildung 9-20 »checkPrice« nach der Regel »verbObjekt« (dies kann für die unterschiedlichen Ebenen auch unterschiedlich geregelt sein, z.B. um atomare Keywords direkt erkennen zu können).
- Testfälle werden nur aus Keywords der höchsten fachlichen Ebene erzeugt, in Abbildung 9-19 die Ebene »Domain Specific (Business) Keywords«.
- Fehlende Keywords werden an einen der Testmanager gemeldet.
- Unter Umständen fehlende TA-Keywords werden an ausgewählte TA-Programmierer gemeldet.
- Quality Gates werden definiert, z.B. sind fertige Testspezifikationen durch einen Testmanager freizugeben.
- u.v.m.

Erkenntnis

Das Beispiel zeigt anhand der drei Keyword-Ebenen sehr anschaulich, dass durch generisch vorgefertigte Bibliotheken viele Probleme bei der Testautomatisierung wie z.B. fehlende Programmierressourcen, uneinheitliche Testspezifikationen, wenig gegenseitiges Verständnis der Beteiligten aus Technik und Fachlichkeit u.v.m. einfach lösbar sind. Das steigert in jedem Fall die Produktivität des Testens. Die klare Definition des Keyword-Driven Testing in der ISO 29119 schafft eine verlässliche und strukturierte Basis für die Einführung dieses »Königswegs«. Auch hier zeigt sich, dass der Beginn »auf der grünen Wiese« beschleunigt werden kann!

10 Kritik

Wo Licht ist, ist auch Schatten. Und so wäre es wohl vermessen gewesen, zu erwarten, dass die ganze Welt auf eine Reihe von Normen zum Thema Softwaretest gewartet hätte oder das, was nun entstanden ist, automatisch gutheißen würde.

Es gab Bedenken während der Entwicklung, aber auch nach Freigabe der ersten Teile wurde Kritik geäußert.

Heute, nachdem die Normenreihe ISO 29119 mit ihren ersten Teilen nicht nur jahrelang angewendet wurde, sondern die Kernnormen auch schon eine erste Überarbeitung erfahren haben, ist die Kritik zumindest abgeebbt. Für ein vollständiges Bild wollen wir das Thema dennoch aufgreifen.

10.1 Während der Entwicklung

Alle Bedenken, die in den Erstellungsprozess eingebracht wurden, sind beantwortet.

Bereits während der Entstehungszeit der Normen gab es Bedenken – ein Zeitraum, der mit allen Planungs- und Vorbereitungsaktivitäten und dem Versuch, Unterstützer für das Vorhaben zu finden, den »normalen« Zeitraum von drei Jahren für die Erstellung einer ISO-Norm deutlich überschritten hat[1].

Einige dieser Bedenken basierten auf der inzwischen etablierten Nutzung von Vorgängerstandards, insbesondere IEEE 829, in manchen Industriezweigen. Die Einführung dieser Standards hatte viel Aufwand bedeutet, war aber jetzt abgeschlossen. Befürchtungen gingen dahin, dass neue Standards es erfordern könnten, mit hohem Aufwand alles, was jetzt eingeschwungen war, zu ändern und neu zu definieren.

Es gab auch andere Befürchtungen – das, was beschrieben war, ging den einen nicht weit genug oder war in ihren Augen nicht spezifisch genug. Daraus konnte man künftige Probleme ableiten, wenn es in Zukunft möglicherweise um eine Auditierung gemäß den Normen gehen

[1] Insgesamt dauerte es an die fünf Jahre. Tester sind ein diskussionsfreudiges Völkchen! Aber einiges an Zeitaufwand ist sicher der Zusammenarbeit der großen Organisationen ISO und IEEE geschuldet. Schließlich sollte ja IEEE 829 auch abgelöst werden.

würde – für einen Auditor könnte es schwierig werden, eine Bewertung vorzunehmen.

Andere fühlten sich im Gegenteil zu sehr eingeschränkt durch das, was die Normen an Vorgaben machen, und leiteten daraus eine Gefahr ab, in einer jetzt noch unbekannten kommenden Projektsituation nicht handlungsfähig zu sein, wenn man konform mit den Normen arbeiten möchte.

So gut wie alle diese Bedenken konnten im Laufe der Entstehungsgeschichte der seit 2015 freigegebenen Normen (Teil 1-4) durch Diskussionen und Konsensfindung ausgeräumt werden.

Die Normen wurden in einer Weise fertiggestellt, sodass sie nach Auffassung aller Beteiligten nun flexibel genug sind, den unterschiedlichen Bedürfnissen, die aus den verschiedenen Mitgliedsorganisationen ISO, IEC und IEEE geäußert wurden, zu genügen.

10.2 Nach Fertigstellung

Obwohl mit der finalen Abstimmung eine große Mehrheit der beteiligten Mitgliedsländer der ISO/IEC und auch das IEEE den ersten drei Teilen und 2015 auch dem vierten Teil der ISO 29119 zugestimmt haben, und somit die Teile 1-4 erfolgreich veröffentlicht wurden, gab es in der Folge der Veröffentlichung kritische Stimmen.

Die Kritik stammt überwiegend von Mitgliedern der Softwaretest-Community, die sich – aus welchen Gründen auch immer – nicht aktiv an der Entwicklung der Normen beteiligt haben. Darin mag eine Ursache an der kritischen Einstellung gegenüber den Normen liegen; wer sich selbst beteiligt hat, konnte schließlich seine Bedenken rechtzeitig anmelden und wäre gehört worden. Das stellen die ISO-Regeln sicher. Allerdings war die Kritik, soweit bekannt, meist nicht inhaltlicher Natur; es gab grundsätzliche Bedenken:

Im August 2014, also etwa ein Jahr nach der Veröffentlichung der Teile 1 bis 3, erreichte die »Gegenbewegung« nach einem Vortrag (»Standards – Promoting Quality or Restricting Competition«) von James Christie auf der Konferenz CAST 2014 ihren bisherigen Höhepunkt mit der Einrichtung einer Onlinepetition, die sich an die ISO richten sollte, mit der Forderung, die veröffentlichten Normen zurückzuziehen (vgl. [46]).

Dabei wurden die folgenden Kritikpunkte oder Bedenken geäußert, auf die hier jeweils eingegangen werden soll:

Kritik: Normen sind nicht kostenlos

Dass Normen nicht kostenlos sind, ist erst einmal keine neue Erkenntnis. Es ist aber insofern schade, als zumindest Einzelpersonen, die sich als selbstständige Berater mit Normen auseinandersetzen möchten, oder auch kleinere Firmen sich schwer tun könnten, sich für die Anschaffung einer Norm zu entscheiden. Das gilt ganz unabhängig davon, ob es um »Softwaretest« oder ein anderes Thema geht.

Es wäre sicherlich wünschenswert, wenn die Normen daher frei verfügbar wären. Möglicherweise gäbe es dann schon deswegen weniger Gegenwind, weil manches Vorurteil gegen die ISO-29119-Normen leichter auszuräumen wäre.

Nun sind die ISO, die IEC und das IEEE aber so organisiert, dass Normen in der Regel Geld kosten – und diese Organisationen sind auch von den Einnahmen abhängig. Sofern man Normen grundsätzlich schätzt, kommt man daher heute um die Tatsache, dass sie Geld kosten, nicht herum.

Kritik: Eine Norm von mangelnder Qualität schadet mehr, als sie nützt

Dieser Aussage kann direkt zugestimmt werden. Normen, gerade internationale Normen, sollen eine möglichst hohe Qualität haben. Diese versuchen die Normungsbehörden durch die Erstellungsregeln, die Möglichkeiten der Beteiligung und die Möglichkeiten, Bedenken zu äußern, zu erreichen.

Alle relevanten Regeln wurden bei der Erstellung der Reihe ISO 29119 eingehalten.

Kann es trotzdem wesentliche Mängel an der Qualität der bisher erschienenen Teile der ISO 29119 geben? Sicherlich. Allerdings wurde (soweit bekannt) von den Kritikern, was das angeht, kein konkreter Mangel benannt.

Wenn es aber tatsächlich noch Mängel gibt, wäre es wichtig, diese zu benennen und auf den offiziellen Wegen der ISO, der IEC oder des IEEE einzureichen. Eine Bearbeitung wäre sichergestellt und würde entweder in Form eines Corrigendums oder einer Überarbeitung für eine bessere und stärkere Norm sorgen.

Soweit uns bekannt ist das bisher nicht geschehen; die Gelegenheit hätte es spätestens im Zuge der erfolgten Überarbeitung der ersten Teile gegeben.

Kritik: Die Einhaltung der Normen ist verpflichtend

Man muss eine Norm ja nicht mögen. Für diejenigen, auf die das bei der ISO-29119er-Reihe zutrifft, ist es deswegen eine unschöne Vorstellung, sich an sie halten zu müssen. Allerdings hat eine Norm erst einmal keine verpflichtende Wirkung – es sein denn, die Einhaltung wird in Verträgen gefordert. Dann ist es ein verhandelbarer Bestandteil eines Vertrags, dem beide Parteien zustimmen müssen.

Auch ein Gesetzgeber kann die Einhaltung von Normen fordern – das ist aber bei den Testnormen wenigstens im deutschsprachigen Raum bislang nicht erfolgt, und es gibt auch keine Anzeichen, dass sich das ändert.

Kritik: Die an der Ausarbeitung der Normen Beteiligten verfolgen damit wirtschaftliche Ziele (»folge dem Geld«)

Es ist eines der Grundprinzipien des DIN, dass die Erarbeitung von Normen für die Wirtschaft erfolgt, und daher auch der Wirtschaft dienen soll und von ihr zu finanzieren ist.

So gesehen, sind Normen immer von wirtschaftlichen Zielen geprägt. Dass Lobbys an der Erstellung von Normen mitwirken, um sicherzustellen, dass die vertretenen Industriezweige sinnvoll von den Normen profitieren und kein Schaden dadurch entsteht, ist dabei ganz normal.

Ein Beispiel hierfür ist die deutsche Automobilindustrie: Da sie Prozessassessmentmodelle nutzt, beteiligt sie sich aktiv an deren Standardisierung.

Die Frage ist, ob die wirtschaftlichen Interessen in eine Richtung gehen, in der einige benachteiligt sind oder eine Wettbewerbsverzerrung entsteht. Dies kann jedoch durch die demokratischen Prozesse der Standardisierungsorganisationen nur durch einen Wissensvorteil der Fall sein.

Wer an einer Norm mitgearbeitet hat, kann sicher von einem Wissensvorteil profitieren. Die Mitarbeit, und auch der Wissensvorteil, stand jedoch allen offen. Auch ist die Erstellung der Normen nicht im Geheimen passiert: Es gab auf vielen Konferenzen Vorträge darüber, und stets wurde zur Mitarbeit in den Gremien aufgerufen. Wer interessiert und bereit war, sich an der Erstellung oder dem Review der Normen zu beteiligen, hatte die Möglichkeit dazu.

> Wer künftig vermeiden möchte, in einen Wissensrückstand zu geraten, möge sich bitte an der nächsten Überarbeitung der Normen beteiligen; die Mitarbeiter der Arbeitsgruppe freuen sich über konstruktive Unterstützung.

Kritik: Mangel an Flexibilität

Den Normen wird mangelnde Flexibilität vorgeworfen. Worauf dieser Vorwurf sich bezieht, ist unklar – unterstellt man die Kenntnis der veröffentlichten Teile. Bei der Erstellung der Normen wurde viel Mühe darauf verwendet, eine möglichst universelle Anwendbarkeit zu erreichen, unter Berücksichtigung bewährter, klassischer Vorgehensmodelle und aktueller, moderner Konzepte wie Agilität.

Dazu kommt die Möglichkeit, bei abweichenden Bedürfnissen die Normen anzupassen (Tailoring ist in jedem der Teile als Option beschrieben).

Wer also eine der Normen nutzen möchte, sollte die Möglichkeit dazu finden; wer es nicht tun möchte, für den besteht nach heutigem Stand auch keine Notwendigkeit.

Kritik: Mangelnder Konsens

Konsens ist ein essenzielles Konzept der Normung.

Es scheint eine bestechend logische Schlussfolgerung zu sein: Wenn es Widerspruch gibt, dann kann es keinen Konsens geben.

Ein Killerargument – so einfach ist es aber doch nicht, rückwirkend den einmal erzielten Konsens infrage zu stellen.

Was ist überhaupt Konsens? Die ISO-Regeln [87] sagen:

> **consensus:**
>
> General agreement, characterized by the absence of sustained opposition to substantial issues by any important part of the concerned interests and by a process that involves seeking to take into account the views of all parties concerned and to reconcile any conflicting arguments.
> NOTE Consensus need not imply unanimity.

Es geht darum, bei einer Entscheidung (z.B. Freigabe des finalen Entwurfs eines Standards) eine Lösung zu finden, mit der alle Beteiligten zumindest leben können. Konsens ist nicht immer befriedigend für alle und oft von Kompromissen geprägt. Es ist dabei offensichtlich, dass nicht jeder dazu befragt werden kann, der möglicherweise ein Interesse an dem Thema haben könnte. Und es darf sogar Widerwillen gegen den Vorschlag geben. Allerdings soll jedem, der interessiert ist, über die ISO-Mechanismen die Beteiligung ermöglicht werden. Das war auch bei der ISO 29119 der Fall.

Durch die zahlreichen Publikationen und Vorträge, die es zu dem Thema im Vorfeld gab, und durch die regelmäßigen Hinweise der Normungsbehörden konnte jeder, der an der Erstellung von Softwaretestnormen interessiert war, sich über sein nationales Gremium beteiligen – was viele auch getan haben.

Kritik: Normen können irrtümlich in Sicherheit wiegen

Wer nach Norm arbeitet, kann trotzdem schlecht arbeiten. Die Sorge ist nun, dass die Tatsache, pro forma nach Norm zu arbeiten, manchen Verantwortlichen dazu verleitet, die Qualität der Arbeit nicht mehr zu hinterfragen.

Das mag richtig sein – bei den meisten Verantwortlichen kann aber davon ausgegangen werden, dass sie sich nicht auf einen Stempel »Getestet nach ISO« verlassen, sondern schon die Ergebnisse hinterfragen. An sich gehört auch dies zum normkonformen Vorgehen: die Betroffenen (Stakeholder) einbeziehen, Konzepte schaffen, abstimmen und freigeben, Transparenz schaffen. Wer sich in einem gelebten Prozess nach Norm beteiligt, wird weniger anfällig dafür sein, »falschen Experten« zu vertrauen.

Kritik: Nichtkonformes Vorgehen wird pauschal als falsch eingestuft werden, obwohl gleich oder besser

Inwieweit diese Gefahr tatsächlich besteht, hängt sicher von Einzelpersonen ab. Die Standards selbst stehen einer besseren Vorgehensweise sicher nicht im Weg; ein alternatives, besseres Vorgehen ist nicht verboten.

Bei informierten Ansprechpartnern ist davon auszugehen, dass eine gute Begründung für ein besseres Vorgehen immer Gehör findet – das gilt auch für Auditoren.

Kritik: Befürchtung, wegen Nichteinhaltung der Normen im Schadensfall juristisch belangt zu werden

Die Befürchtung, im Schadensfall wegen Nichteinhaltung einer Norm belangt zu werden – vorausgesetzt, die betreffenden Praktiken hätten den Schaden verhindert –, ist interessant.

Ist genau das nicht wünschenswert? Als Passagier eines Flugzeugs vertraue ich darauf, dass das Flugzeug nach allen Regeln der Sorgfalt gebaut und geprüft wurde. Verzichtet nun jemand, der sich auf seine eigenen Erfahrungen verlässt statt auf Normen, die die Erfahrungen vieler bündeln, in einem ähnlich brisanten Projekt bewusst auf eine verfügbare und empfohlene sinnvolle Vorgehensweise und verursacht so ein Unglück – ist er dann nicht wenigstens mitverantwortlich?

Warum soll der Verzicht darauf, sinnvolle Vorgehensweisen in Betracht zu ziehen, mit einer Entlassung aus der Verantwortung belohnt werden?

Wenn jedoch die Einhaltung der Normen den Schadensfall nicht verhindert hätte, warum sollte sich ein Jurist darauf berufen?

Kritik: Dokumentenbasiertes Testen ist nicht Testen, es ist Ausfüllen von Dokumenten

Hier handelt es sich um eine generelle Kritik an dokumentenbasiertem Testen, das durch die Normen tatsächlich unterstützt wird – wenn es auch nicht als die einzige sinnvolle Variante dargestellt wird.

Allerdings liegt hier ein Missverständnis vor: Es geht ja nicht um das immer gleiche, eintönige Abklappern von sinnlosen Testfällen in Dokumenten. Vielmehr sollen aussagekräftige Testfälle von kreativen Köpfen erstellt und dokumentiert werden, damit sie verfügbar und wiederholbar bleiben – z.B. für Regressionstests. Die später häufig notwendigen Wiederholungen übernimmt dann im Idealfall ein Testautomat.

Aber das Ganze ist eine Frage der Risikobetrachtung: Entscheidet sich der Testmanager dazu, keine Regressionstests zu brauchen, kann er sich die Dokumentation sparen. Dann aber bitte auch zu der Entscheidung stehen!

Kritik: Zertifikate und Standards sind ein schwaches Indiz dafür, dass jemand gut arbeitet

Hierin ist tatsächlich etwas Wahrheit enthalten. Auch wenn dabei einiges durcheinandergeworfen wird, denn wir haben hier einen Seitenhieb auf Zertifizierungsschemata wie den ISTQB® Certified Tester. Und die ISO-Standards sind davon völlig unabhängig.

Aber: Es ist richtig, ein Testprofi kann wunderbar arbeiten, ohne ein Zertifikat zu besitzen. Und ein Testprofi kann wunderbar arbeiten, ohne nach Standards zu arbeiten. Und weder Zertifikat noch Konformität mit einem Standard waren je die Garantie, dass Qualität geliefert wird. Noch viel weniger ist es eine Garantie, Qualität zu erzeugen, wenn man weder zertifiziert noch normkonform arbeitet.

Das bedeutet: Wer sicherstellen will, dass gut gearbeitet wird, kann sich nicht alleine auf ein Zertifikat oder eine Normkonformität berufen. Aber es sind Elemente, die bei der Beurteilung der Qualifikation einer Person oder eines Prozesses sinnvollerweise – neben anderen – eine Rolle spielen sollten.

Denn es ist zumindest so, dass jemand, der sich mit einer Norm (oder mit der Erlangung eines Zertifikats) auseinandergesetzt hat, sich mit den zugrunde liegenden bewährten oder neuen Ideen beschäftigt und sich dafür oder dagegen entschieden hat. Diese Beschäftigung mit der Materie müsste jemand, der sich grundsätzlich gegen Zertifikat und Standard wendet, erst anderweitig demonstrieren.

Wer die Inhalte, die einem Zertifikat oder einer Norm zugrunde liegen, für sich als richtig akzeptiert hat, kann das Zertifikat oder die Norm als sinnvolles Maß nutzen, um einzuschätzen, ob andere eine ähnliche Sichtweise verfolgen.

Kritik: Entwickler brauchen doch auch keine Normen – warum also Tester?

Auch für Softwareentwickler gibt es Normen – für verschiedene Bereiche wie Risikomanagement (z.B. [74] oder [55]), Anforderungsmanagement (z.B. [73]) oder Qualitätsmerkmale (z.B. [61]), Lifecycle-Management (z.B. [52]) oder Software-Asset-Management (z.B. [56]).

Mancher mag sich dadurch in seiner künstlerischen Freiheit eingeschränkt fühlen. Manchmal sind die Ergebnisse auch ohne Einsatz von Normen wie gewünscht. In vielen Fällen beobachten wir aber, dass Projekte sich verzögern oder fehlschlagen, oft aus immer wieder ähnlichen Gründen. Mit Normen versucht man, die aus schmerzlichen Fehlern gewonnene Erkenntnis, wie man erfolgreich arbeitet, verfügbar zu machen – denn ich möchte nicht unnötig die Fehler anderer wiederholen oder das Gleiche übersehen. Wenn es solche Unterstützung für Entwickler gibt – warum nicht auch für Tester?

Zusammenfassung

Durch den Versuch, die geäußerte Kritik zu entkräften, soll nicht gesagt werden, dass die vorliegenden Normen perfekt sind. Das waren sie sicher nie. Daher wurden die ersten Teile bereits überarbeitet – und sie sind wohl weiterhin nicht perfekt. Es wird auch sicher zu Recht von den Autoren eines Buches über Normen erwartet, dass sie sich nicht mit fliegenden Fahnen den Kritikern anschließen. Allerdings wäre es fatal, würden wir durch stillschweigendes Ignorieren der geäußerten Kritiken den falschen Eindruck erwecken, es lägen substanzielle Mängel an den Normen der Reihe ISO 29119 vor.

Wünschenswert ist eine konstruktive Auseinandersetzung mit den Normen. Die zum Teil sehr heftigen und emotionalen Reaktionen aus einem Teil der Softwaretest-Community waren, ob die Kritiker nun Kenntnis und Verständnis der Dokumente hatten oder auch nicht, jedenfalls ein deutliches Indiz, dass die Normen als Bedrohung empfunden wurden. Warum eigentlich?

Es scheint grundsätzliche Bedenken dagegen zu geben, das Thema Softwaretest durch Normen zu regulieren. Das ist sogar sehr gut nachvollziehbar: Jeder erfahrene Tester weiß, dass Softwaretesten eine hoch anspruchsvolle Aufgabe ist, die den Testern alles an Erfahrung, Kreativität und Anpassungsfähigkeit an den immer sehr speziellen Kontext der zu testenden Software oder des zu testenden Systems abverlangt. Diese jedes Mal einzigartige Aufgabe kann nicht vereinheitlicht und normiert werden.

Vielleicht liegt genau hier das Missverständnis: Denn darauf zielt die Normierung gar nicht ab. Es geht nicht um den Versuch einer Gleichschaltung oder um eine Unterdrückung der Kreativität. Es geht vielmehr darum, die gemeinsame Basis, die immer oder fast immer notwendig sein wird, zu benennen. Diese Basis soll Berücksichtigung finden – wo die Konzepte nicht greifen und andere benötigt werden, wird dies begründet werden können und auch verstanden und akzeptiert werden.

Das, was die Normen verlangen, ist eine ganz kleine Hürde – die eigentlich jeder, der die wirklichen Herausforderungen des Softwaretestens zu bewältigen weiß, auch nehmen kann. Es geht um die Essenz dessen, was für notwendig gehalten wird. Und danach geht die Herausforderung erst los: Es gilt, die Inhalte der Normen auf die möglicherweise sehr komplexe Aufgabe anzuwenden. Keiner sagt, dass das immer leicht sein wird.

Die Inhalte, die mit der ISO 29119 transportiert werden, waren nie neu. Die Anwendung der Normen soll eine Hilfestellung sein, und die zugrunde liegenden Ideen gibt es schon lange. Es wird aber schwerer werden, sie zu ignorieren – und das ist wahrscheinlich gut so.

11 Jenseits der heutigen ISO 29119

Gerne gäbe man sich mit der Veröffentlichung eines Normenkanons wie der ISO 29119 in ihren Teilen 1 bis 4 der Illusion hin, damit wäre alles Nötige zum Thema Softwaretest gesagt und alles Wichtige wäre nun in dieser Referenz verfügbar. Natürlich ist dem nicht so.

In den Kapiteln 7 und 8 haben wir bereits einen Blick auf weitere bisher erschienene Normen geworfen, seien es Technical Reports oder International Standards, die den Kern der Normenfamilie mit seinen ersten vier Teilen erweitern.

An dieser Stelle wollen wir darüber hinaus Themen anschneiden, die als Inhalt möglicher ergänzender Normen identifiziert wurden, diskutiert werden und zum Teil bereits in Ausarbeitung sind – auch wenn über das ob und wann einer Veröffentlichung zum Zeitpunkt der Drucklegung dieses Buches niemand etwas mit Gewissheit sagen kann.

Ich höre schon die Stimmen: Braucht es das denn wirklich? So viele Normen zu diesem Thema? Ernsthaft, eine Norm zum Thema Computerspiele?

Jeder wird dazu eine eigene Meinung haben. Aber wie auch immer Sie dazu stehen – Normungsvorhaben werden nur gestartet, wenn sie genügend Unterstützung durch Ausschüsse mehrerer Länder mit unterschiedlichsten Experten haben und es ausreichend wenig Gegenwehr gibt. Somit ist jede existierende Norm ein Beleg dafür, dass ihre Notwendigkeit von vielen Menschen oder Unternehmen gesehen wird.

11.1 Statische Analyse

Wir sind es im deutschen Sprachraum gewohnt, das Thema »Statische Analyse« als Untermenge des »statischen Tests«, also insgesamt als Teil des Testens zu verstehen. Jedenfalls trifft das auf die zu, die vom ISTQB® Certified Tester geprägt sind.

Das Thema wird jedoch in anderen Sprachräumen deutlich getrennt vom Testen gesehen – und als »Analyse« und damit als etwas ganz Eigenes betrachtet.

Daher wurde dieser Themenblock zunächst nicht (außer einer generellen Betrachtung in Teil 1) innerhalb der Reihe ISO 29119 unter der Überschrift »Testen« behandelt, sondern es wird ersatzweise auf den bestehenden IEEE-Standard 1012 [49] verwiesen, der das Thema »Verifikation und Validierung« behandelt und in diesem Zuge auch auf die statische Analyse eingeht.

Dass es aber zum Thema statische Analyse bislang weder einen dedizierten ISO- noch einen IEEE-Standard gibt, wird schon als Lücke empfunden. Daher soll der statische Test künftig in Bezug auf statische Analyse durch einen neu entstehenden Standard abgedeckt werden, wie es bereits in Bezug auf Reviews durch die ISO 20246 der Fall ist. Statische Analyse könnte in der 29119er Reihe positioniert werden, aber mit einem Titel, der nicht den Begriff »Testen« beinhaltet, um lokal sprachliche Irritationen zu vermeiden.

11.2 Incident Management

Es gibt Fehler, Bugs, Defects, Incidents, Issues, Abweichungen, Probleme, Anomalien (vgl. auch Kasten auf Seite 117) – und je nach Umfeld wird darunter das Gleiche verstanden oder es werden wichtige Bedeutungsnuancen damit verbunden. In diesem Abschnitt verwenden wir den Begriff »Incident« als gängigen Überbegriff über alle Abweichungen von Erwartungen an das Testobjekt, egal wie die Bewertung erfolgt (in etwa entweder »ja, muss geändert werden« oder auch »ist vielleicht ganz richtig so« oder »ist eher eine neue Funktionalität«) und auch unabhängig davon, ob sie vor oder nach Veröffentlichung der Software aufgefallen sind.

Im zweiten Teil der ISO 29119 wird mit einem Fehlermeldeprozess das nötigste Rüstzeug geboten, um während des Testens geordnet mit gefundenen Incidents umgehen zu können.

Das Thema Incident Management ist damit aber bei Weitem noch nicht ausreichend abgedeckt.

Traditionell wird bezüglich Software-Incidents auf die IEEE 1044 [51] zur Klassifikation von Software-Anomalien aus dem Jahr 2009 verwiesen. So nützlich eine Klassifikation auch sein mag, Incident Management erfordert mehr als das. Wie man mit Incidents umgeht – wann klassifiziert man sie, wer tut das, wie verfolgt man ihre Bearbeitung – diese Frage bleibt offen.

Der Bedarf an einem internationalen Standard zum Thema Incident Management, einem sehr grundlegenden Aspekt nicht nur des Softwaretestens, besteht also. Es geht um allgemeine Prozesse zum Umgang mit »Incidents«.

Die aktuellen Themen »AI« (Artificial Intelligence, künstliche Intelligenz) und »Autonomous Systems« sollen hierbei Berücksichtigung finden. Eine Frage könnte lauten: Sollte man von autonomen Systemen als Zulassungsvoraussetzung erwarten, dass sie selbsttätig unerwartete Ereignisse oder Betriebszustände melden, vielleicht auch an eine Aufsichtsbehörde? Dann wäre ein herstellerübergreifend einheitliches, normiertes Meldungsformat sinnvoll.

Ähnlich wie für die Norm ISO/IEC 20246 zu Reviews gilt auch hier, dass Incident Management kein Thema nur für das Testen ist, sondern ein Querschnittsthema für alle Disziplinen im Softwarelebenszyklus. Daher wird eine Norm, wenn sie verfügbar wird, ziemlich sicher keine 29119-Nummer tragen.

11.3 Automotive

Im Automotive-Bereich wird man mit einer beachtlichen Anzahl von Normen und Standards konfrontiert, von denen viele obendrein verpflichtend sind. Wenn nun Grundlagennormen wie die Kernnormen der ISO 29119 dazukommen, stellt sich die Frage, wie sie einzuordnen sind, was sie neu regeln und inwiefern es vielleicht auch Konflikte gibt.

Ein Technical Report zum Zusammenhang der ISO 29119 mit den wichtigsten branchenspezifischen Normen wie ISO 26262-6 und Automotive SPICE kann hier Abhilfe schaffen, ähnlich wie es ISO 29119-13 für biometrische Systeme tut.

Tatsächlich bezieht sich Automotive SPICE bereits auf die ISO 29119. Die Norm ISO 26262-6 hingegen lässt Details offen, die durch die Normenreihe ISO 29119 geklärt werden.

Diese Zusammenhänge sind das Thema des geplanten Technical Report.

11.4 Spiele

Ein Technical Report zum Thema »Testen von Spielen« (sic!): Auch wenn »Games Testing« für viele Softwaretester im deutschsprachigen Raum exotisch erscheinen mag, spielt es doch in anderen Ländern, in denen die Computerspiele-Industrie stark ausgeprägt ist, eine deutlich größere Rolle, beispielsweise in Japan oder Brasilien. Testen von Spielen bietet spezielle Herausforderungen aufgrund von für Spiele typischen Aspekten wie z.B. die Gefühle und Emotionen der Anwender. Darauf und wie diese Herausforderungen sich auf die Lösungsvorschläge der ISO 29119 abbilden lassen, möchte dieser Technical Report eingehen.

11.5 Modellbasierter Test

Eine weitere Idee ist ein Technical Report zum Thema modellbasierter Test: Der modellbasierte Test (MBT) wird heute in sehr unterschiedlichem Umfang eingesetzt. In manchen Bereichen wird kein Vorteil in seinem Einsatz gesehen, in anderen Bereichen (z.B. bei sicherheitskritischen eingebetten Anwendungen/embedded systems) ist MBT hingegen unverzichtbar geworden. In Zukunft wird MBT mit Sicherheit ein fester Bestandteil im Reigen der Testpraktiken sein.

Ein hierzu entstehender Technical Report kann MBT in Zusammenhang mit den ersten fünf Teilen der ISO 29119 bringen. Interessante Berührungspunkte finden sich gerade auch im Hinblick auf Teil 5, in dem es um »Keyword-Driven Testing« geht – denn die Verwendung von Keywords erleichtert den Sprung von aus Modellen generierten Testfällen zu deren automatisierter Ausführung ganz erheblich.

Das Thema MBT wird bereits in der ISO 29119-1 kurz angerissen (siehe Abschnitt 3.5). Es geht um die Idee, Modelle des Testobjekts für die automatisierte Herleitung von Testfällen zu nutzen. Wo diese Modelle herkommen und was für Arten von Modellen dazu herangezogen werden, ist ganz unterschiedlich.

Nachdem modellbasiertes Testen in der Praxis bereits eingesetzt wird und auch industrielle Erfahrungen damit vorliegen, es aber dennoch ein für viele schwer zugänglicher Ansatz ist, ist es vielleicht genau der richtige Zeitpunkt, hierfür eine Norm zu erstellen. Eine Norm kann die Begriffswelt klären, wesentliche Ansätze herausarbeiten und somit dazu beitragen, dass der vielversprechende Ansatz des modellbasierten Testens sich weiter verbreitet.

11.6 Performanztest

Der Performanztest ist eine der wichtigsten nicht funktionalen Testarten. Er spielt im Licht von Cloud und zunehmender Bedeutung von Webanwendungen eine eher größer werdende Rolle im Softwaretest, auch wenn er ohnehin schon immer wichtig war – und wichtiger vielleicht, als der ihm bisher zugestandene Stellenwert erahnen ließ.

Zu diesem Thema kann nun ein neuer internationaler Standard Unterstützung bieten. Er wird sich voraussichtlich mit den speziellen Anforderungen an den Performanztest beschäftigen, eine Abbildung auf die Prozesse der ISO 29119-2 vornehmen, verschiedene Arten des Performanztests beschreiben und Metriken dazu definieren.

12 Fazit

Wo stehen wir heute?

Noch vor wenigen Jahren gab es Skeptiker, die infrage stellten, ob man Normen für den Softwaretest überhaupt brauche, und falls ja, ob die derzeit verfügbaren Normen denn die richtigen seien.

Das hat sich inzwischen geändert. Skeptiker mag es noch immer geben, aber sie sind viel leiser geworden. Die Normen sind nicht verschwunden. Sie werden genutzt – und von vielen als sehr nützlich empfunden.

Auch das ISTQB® strebt sukzessive die Harmonisierung mit vielen Aspekten der ISO 29119 an. Das erfordert viel Energie und geht vielleicht nicht so schnell, wie man sich das wünschen würde – aber was das angeht, muss man verstehen, wie eine große Organisation wie das ISTQB®, bei dem viele Lehrpläne zusammenspielen müssen, funktioniert. Veränderungen geschehen nicht von jetzt auf nachher. Einige Inhalte wurden in der Zwischenzeit angeglichen, und gerade im Vokabular gibt es viele Annäherungen. Sehr positiv ist, dass es nun schon seit einigen Jahren eine offizielle »Liaison« zwischen dem ISTQB® und der Arbeitsgruppe bei der ISO gibt, in der die Normen erarbeitet werden, also eine systematisierte Zusammenarbeit, die sehr gut funktioniert.

Aus eigener Erfahrung können wir sagen: Wenn man Testprozesse neu aufsetzt und sich dabei von der Norm helfen lässt, freiwillig, ganz ohne ihr entsprechen zu *müssen*, dann fällt es dennoch schwer, etwas wegzulassen. Fast alle Inhalte sind essenziell.

Heute wird die Normenfamilie ISO 29119 vielerorts eingesetzt, und wir sind der Meinung, dass Softwaretester zumindest die ersten vier Teile kennen sollten – und wissen, was sie von den anderen Teilen erwarten dürfen. Dabei hilft hoffentlich dieses Buch.

Wo das, was an Normen zum Thema Softwaretest heute verfügbar ist, nicht ausreicht, könnte man sagen: Es ist noch nicht aller Tage Abend. Wenn *Ihre* Norm noch nicht dabei ist, vielleicht wird sie gerade geschrieben? Es bleibt spannend.

Anhang

A Abbildung des Zusammenhangs der Prozesse und Dokumente

Abbildung A-1 auf der folgenden Doppelseite verdeutlicht die Zusammenhänge der Prozesse aus Teil 2 der ISO 29119 und der Dokumente, die im dritten Teil der ISO 29119 definiert sind.

Obwohl jeder der Prozesse grundsätzlich eigenständig ist, sind sie doch durch die Dokumente miteinander verknüpft. Ein Beispiel: Der Teststrategie- und Testplanungsprozess hat ein Testkonzept als Ergebnis. Dieses Testkonzept dient als Grundlage für gleich mehrere Prozesse:

- Testentwurfs- und -realisierungsprozess
- Prozess für Testumgebungs- und Testdatenmanagement
- Testüberwachungs- und -steuerungsprozess

Eine besondere Rolle kommt dem Prozess der Testüberwachung und -steuerung zu: Er wirkt auf die Durchführung anderer Prozesse, indem er jeweils Testmetriken aus den jeweiligen Prozessen als Eingabe nutzt und daraus abgeleitet Anweisungen zur Steuerung dieser Prozesse generiert. Auf eine detaillierte grafische Darstellung dieser Wirkung auf die anderen Prozesse in der Abbildung wurde aus Gründen der Übersichtlichkeit verzichtet.

Legende zu Abbildung A-1

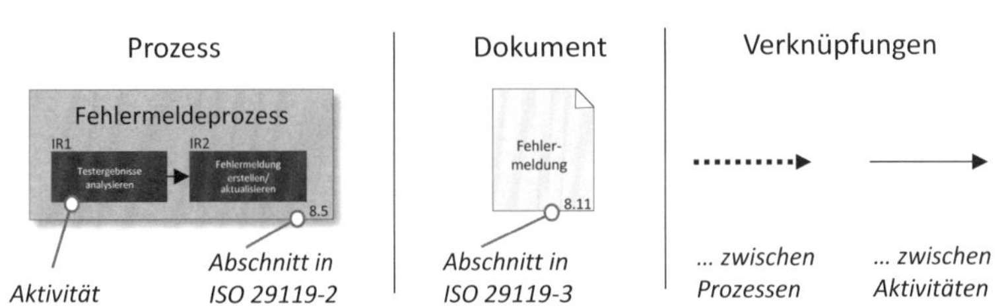

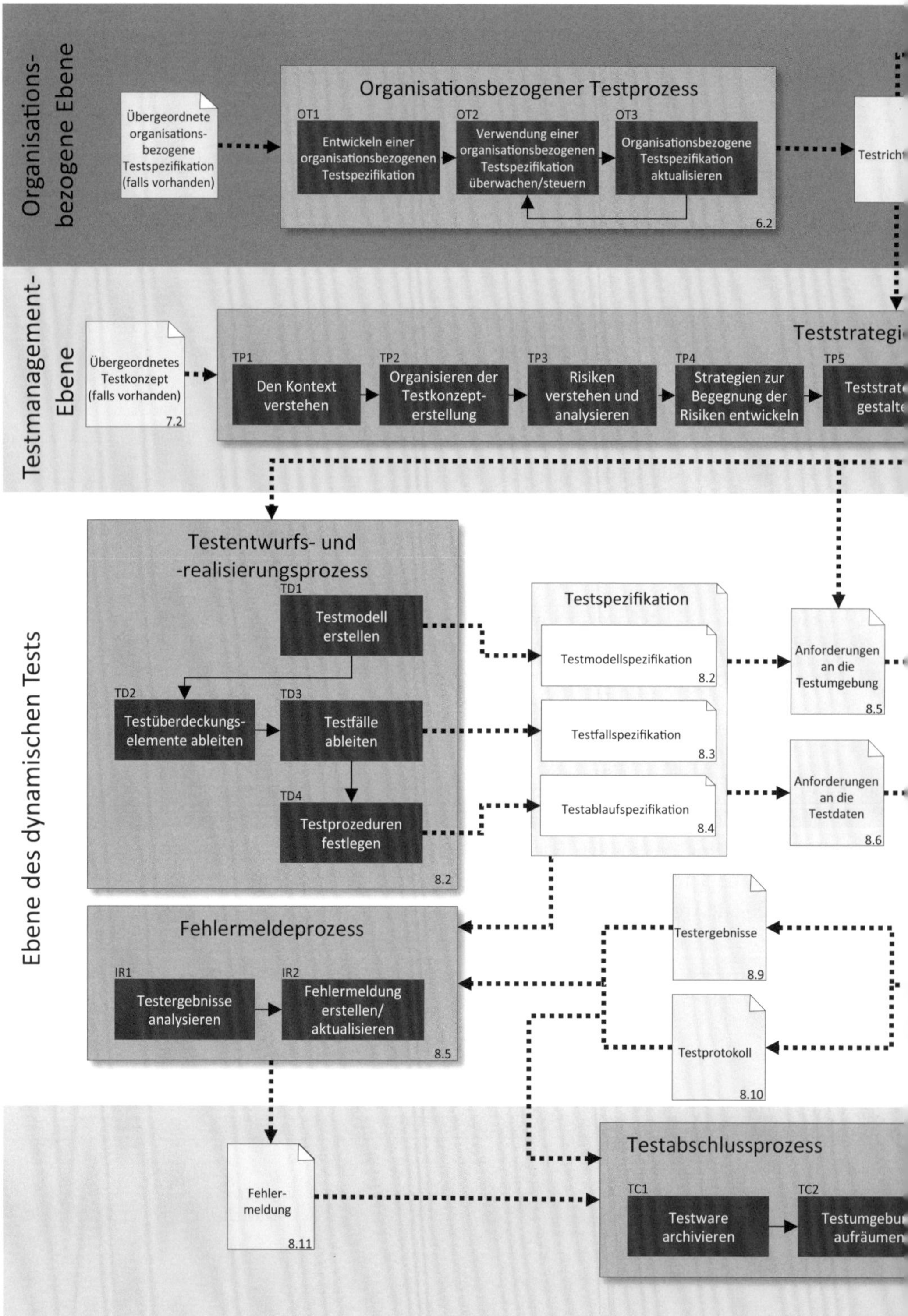

Organisations-
bezogene Ebene
Übergeordnete organisations-bezogene Testspezifikation (falls vorhanden)
Organisationsbezogener Testprozess
OT1
Entwickeln einer organisationsbezogenen Testspezifikation
OT2
Verwendung einer organisationsbezogenen Testspezifikation überwachen/steuern
OT3
Organisationsbezogene Testspezifikation aktualisieren
6.2
Testrich
Testmanagement-
Ebene
Übergeordnetes Testkonzept (falls vorhanden)
7.2
Teststrategi
TP1
Den Kontext verstehen
TP2
Organisieren der Testkonzept-erstellung
TP3
Risiken verstehen und analysieren
TP4
Strategien zur Begegnung der Risiken entwickeln
TP5
Teststrat gestalt
Ebene des dynamischen Tests
Testentwurfs- und -realisierungsprozess
TD1
Testmodell erstellen
TD2
Testüberdeckungs-elemente ableiten
TD3
Testfälle ableiten
TD4
Testprozeduren festlegen
8.2
Testspezifikation
Testmodellspezifikation
8.2
Testfallspezifikation
8.3
Testablaufspezifikation
8.4
Anforderungen an die Testumgebung
8.5
Anforderungen an die Testdaten
8.6
Fehlermeldeprozess
IR1
Testergebnisse analysieren
IR2
Fehlermeldung erstellen/ aktualisieren
8.5
Testergebnisse
8.9
Testprotokoll
8.10
Fehler-meldung
8.11
Testabschlussprozess
TC1
Testware archivieren
TC2
Testumgebu aufräumen

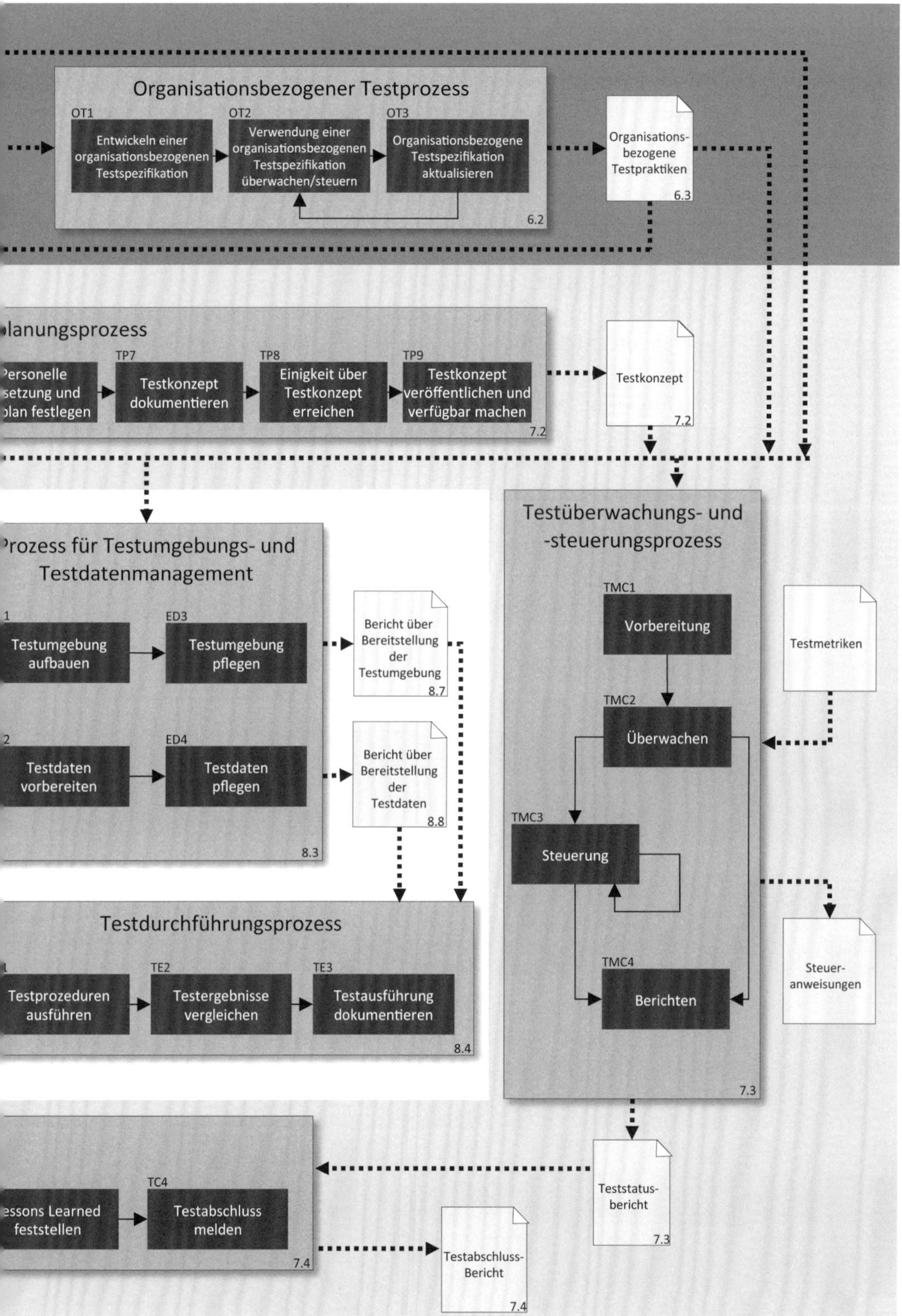

Abbildung A-1: *Zusammenhänge zwischen Prozessen und Dokumenten*

Es ist gut zu erkennen, dass Prozesse und Dokumente wie Zahnrädchen ineinandergreifen. So ist der Weg von den ersten Eingangsdokumenten bis zum finalen Testabschlussbericht nachvollziehbar.

Die Abbildung A-1 basiert auf einem Poster der Firma imbus, das für das Format DIN A1 konzipiert ist. Dieses Poster beinhaltet auch noch folgende weitere Elemente:

- Die Prozesse können durchaus mehr Eingangsdokumente erfordern als aus der Abbildung ersichtlich: Wir haben uns auf die Dokumente aus ISO 29119-3 beschränkt.
- Es kann für jeden der Prozesse sinnvoll sein, ihn mehrfach zu nutzen; die Abbildung zeigt dies am Beispiel des organisationsbezogenen Testprozesses, der einmal zur Erstellung der Testrichtlinie und einmal zur Erstellung der organisationsbezogenen Testpraktiken instanziiert wird (vgl. Abschnitt 4.1.3).
- Testergebnisse können sehr vielschichtig sein und umfassen mindestens das Istergebnis und das Testergebnis (vgl. Abschnitte 5.10.1 und 5.10.2).

Sie können das Poster unter [32] herunterladen oder auch eine ausgedruckte Version bei *info@imbus.de* bestellen. Wir schicken Ihnen das Poster gerne zu, solange der Vorrat reicht.

B FAQ

Dieser Anhang beantwortet häufig gestellte Fragen zur ISO 29119 (Q = Question). Die Sammlung der Fragen beruht auf Gesprächen der Autoren mit Interessierten im Rahmen von Vorträgen oder Schulungen.

Diese Fragen sind sicher nicht für jeden gleichermaßen interessant. Das hängt vom Informationsstand und Erfahrungsschatz einer jeden Leserin oder eines jeden Lesers ab. Um besser entscheiden zu können, welche Fragen relevant sind, werden die Fragen im Folgenden zunächst als Übersicht aufgeführt und dann im Anschluss zusammen mit der Antwort (A = Answer) wiederholt.

- Warum gibt es überhaupt Normen?
- Warum gibt es so viele Normen über Testen?
- Ich arbeite in einem agilen Projekt. Sind Normen nicht überholt?
- Wie entsteht eine Norm?
- Beschreiben die Normen den »aktuellen Stand der Technik«?
- Sind die Normen 29119 bindend für mich?
- Wer hat diese Normen überhaupt geschrieben?
- Warum sollte ich mich mit Normen (speziell der Reihe ISO 29119) beschäftigen?
- Ersetzen diese Normen die Inhalte der ISTQB®-Lehrpläne?
- Was ist mit den Vorgängernormen?
- Kann ich IEEE 829 noch benutzen?
- Wird es die Normen auch auf Deutsch geben?
- Muss ich die Normen kaufen?
- Warum sind die Normen so teuer?
- Wo kann ich die Normen kaufen?
- Kann ich selbst auch an Normen mitarbeiten?

Q: Warum gibt es überhaupt Normen?

A: Normen haben den Zweck, etwas zu vereinheitlichen. Häufig geht es dabei um Schnittstellen – das kann Dinge betreffen wie das berühmte Blatt Papier im Format »DIN A4« (inzwischen definiert in DIN EN ISO 216), das heute in jeden Drucker passen soll. Es kann auch Software betreffen, wenn verschiedene Programme mit einem bestimmten Format Daten austauschen sollen.

Neben den Schnittstellen kann es aber auch um Prozesse gehen, die vereinheitlicht werden sollen, damit Menschen leichter und weniger fehlerbehaftet zusammenarbeiten können. Das ist der Fokus der hier behandelten Normenreihe ISO 29119: Sie soll es Menschen erleichtern, zusammenzuarbeiten, indem eine gemeinsame Basis für das Verständnis von Softwaretests gelegt wird, im Hinblick auf das Grundverständnis des Testens, die Testprozesse, Dokumente beim Testen und Testverfahren.

Q: Warum gibt es so viele Normen über Testen?

A: Das Wichtigste wird durch die ersten vier Teile der ISO 29119 beschrieben, die bilden den Kern der Normenfamilie. Die anderen Teile bieten Hilfestellung für die Anwendung in einem bestimmten Kontext oder für spezifische Testaufgaben. Testen ist einfach sehr vielfältig – da muss es die Unterstützung durch Normen ebenfalls sein.

Q: Ich arbeite in einem agilen Projekt. Sind Normen nicht überholt?

A: Aus Sicht eines Testers gesprochen: Qualität ist auch in agilen Projekten kein Selbstläufer und muss hart erarbeitet werden. Um hierfür den richtigen Weg zu finden, sind die Normen der Familie ISO 29119 eine praktische Hilfe.

Q: Wie entsteht eine Norm?

A: Eine Norm entsteht in Ausschüssen, die staatlich legitimiert sind und Regeln folgen, die dafür sorgen sollen, dass in den Normen alle wesentlichen Interessengruppen Berücksichtigung finden können, die betroffen und daran interessiert sind. Geschrieben werden die Normtexte von Personen, die als »Experten« bezeichnet werden, da sie von Firmen, Forschungsunternehmen oder anderen Gruppen für diese Aufgabe als qualifiziert befunden wurden.

In Deutschland gilt das Prinzip, dass die Normungsarbeit von der Industrie getragen wird, da die Normen insbesondere der Industrie nützen sollen. Dass nicht ein einzelnes Unternehmen Normen nur in seinem Sinne aufstellen kann, wird sowohl durch einen hohen Grad der Transparenz sichergestellt als auch dadurch, dass interessierte Parteien sich immer an den Abstimmungen im Gremium beteiligen können.

Q: Beschreiben die Normen den »aktuellen Stand der Technik«?

A: Manchmal wird im Zusammenhang mit Normen vom »State of the Art«, also vom aktuellen Stand der Technik gesprochen. Das ist nicht vollständig korrekt. Schließlich werden Normen zu einem bestimmten Zeitpunkt veröffentlicht und bleiben dann oft bis zur nächsten Überarbeitung jahrelang unverändert (hinterfragt werden sie regulär alle fünf Jahre). Das ist gerade im Bereich IT eine lange Zeit.

Normen stellen aber etwas dar, was man als Minimalanforderungen bezüglich des Stands der Technik verstehen kann: Etwas, das von vielen Fachleuten zu einem Zeitpunkt als richtig angesehen wurde. Wer sorgfältig arbeitet, sollte daher diesen Aspekt bei seiner Arbeit zumindest berücksichtigen.

Q: Sind die Normen der Reihe ISO 29119 bindend für mich?

A: Das kommt darauf an. Normen haben allgemein immer genau die Bedeutung, die ihnen beigemessen wird. Gesetzlich bindend sind sie von vornherein nicht – auch wenn es natürlich passieren kann, dass der Gesetzgeber auf Normen verweist. Das ist aber bei der ISO 29119 nicht der Fall, und es steht auch nicht zu erwarten.

Normen können aber bindend sein, weil von extern – durch Aufsichtsbehörden, andere bindende Standards, Auftraggeber oder einfach die Firmenpolicy – verlangt oder erwartet wird, dass diese oder, allgemein gesprochen, »die aktuelle« Norm verwendet wird. Umschrieben wird das gerne mit »Arbeiten gemäß Stand der Technik«.

Q: Wer hat diese Normen überhaupt geschrieben?

A: Die Normen der Reihe ISO 29119 wurden von einer Gruppe internationaler Experten geschrieben, die über die ISO organisiert wurde. Man kann dabei unterscheiden zwischen einer großen Anzahl Personen, die hauptsächlich als Reviewer tätig waren und dadurch Impulse und Inhalte lieferten, und einem engeren Kreis von Personen, die Textvorschläge erarbeiteten und die Impulse und Vorschläge sowie die Reviewanmerkungen im Normtext umsetzten.

Die Mitarbeiter an den Normen arbeiten meist aus eigenem Antrieb, zum Teil finanziert von den Unternehmen, denen sie angehören, oft aber auch auf eigene Kosten und aus Idealismus heraus.

Ein hoher Anteil der Experten sind erfahrene Praktiker, ergänzt durch einige Wissenschaftler von Universitäten.

Obgleich (oder gerade auch weil) nach ISO-Praxis die Mitarbeiter an den Normen namentlich nicht genannt werden, soll an dieser Stelle im Hinblick auf die ersten vier Teile erwähnt werden, dass als Editoren Matt Mansell/Neuseeland (Teil 1), Sylvia Veeraraghavan/Indien (Teil 2), Anne-Mette Hass/Dänemark (Teil 3) und Tafline Ramos/Australien (Teil 4) mit hohem persönlichem Einsatz in der Gremienarbeit tätig waren und es mit unerschütterlicher Geduld und Ausdauer fertigbrachten, trotz teils konträrer Ansichten einiger Experten am Ende Normen zu erstellen, die mit überwältigender Mehrheit in der finalen Abstimmung angenommen wurden. Damit soll aber nicht der Beitrag der vielen Experten geringgeschätzt werden, die hier nicht alle namentlich genannt werden können, ohne die aber diese Normen in Inhalt und Form nicht entstanden wären!

Was bedeutet »Editor« einer Norm?

Der Begriff »Editor« bezeichnet bei der ISO die durch eine Person ausgefüllte Rolle, deren Aufgabe es ist, im Rahmen der Erstellung einer Norm die Schreibarbeit zu übernehmen. Während in der Anfangsphase, in der ein erster Entwurf verfasst wird, sicher ein gewisser Einfluss auf die Inhalte vorhanden ist, wird in den folgenden Phasen vom Editor in erster Linie erwartet, möglichst neutral die geforderten und in der Arbeitsgruppe beschlossenen Änderungen umzusetzen und bei widersprüchlichen Änderungswünschen den bestmöglichen Kompromiss herbeizuführen.

Q: Warum sollte ich mich mit Normen (speziell der Reihe ISO 29119) beschäftigen?

A: Normen können auf zweierlei Weise unterstützen:

Normen können nützlich sein, indem sie die Zusammenarbeit zwischen Projektmitarbeitenden und Teams erleichtern. Das kann im Fall der 29119er-Reihe durch homogene Prozesse, einheitliche Dokumente, ein gleiches Verständnis der Testverfahren und ihrer Messung oder einfach nur durch ein gleiches Verständnis für die Herangehensweisen an den Softwaretest erreicht werden.

Normen sind nützlich, wenn sie Vorgehensweisen beschreiben, die sich weithin bewährt haben. Es ist offensichtlich, dass Einsteiger in das Thema Softwaretest von der in den Normen beschriebenen

»Good Practice« lernen können. Aber auch für erfahrene Softwaretester kann es hilfreich sein, sich das zunutze zu machen, was nach Ansicht einer großen Gruppe internationaler Experten derzeit die Essenz des Softwaretestens ausmacht. Einerseits kann somit manches einfacher verargumentiert werden – andererseits muss nicht das »Rad« neu erfunden werden. Ein Beispiel hierfür sind Dokumentenvorlagen: Nutze ich normkonforme Dokumentenvorlagen für ein Testkonzept, so profitiere ich nicht nur von der einheitlichen Struktur der künftig auf dieser Basis erzeugten Testkonzepte, sondern ich kann mir auch sicher sein, wenigstens in Bezug auf die strukturellen Elemente nichts Wesentliches übersehen zu haben.

Q: Ersetzen diese Normen die Inhalte der ISTQB®-Lehrpläne?
A: Ganz sicher nicht. Das ISTQB® (International Software Testing Qualifications Board) hat es sich zur Aufgabe gemacht, Softwaretester auszubilden und zu zertifizieren. Dies geschieht grundsätzlich auf Basis der Lehrpläne, die ihrerseits auf aktuelle Standards und Normen verweisen. Das ISTQB® referenziert heute die ISO 29119, spiegelt sie aber nicht. Die Lehrpläne haben auch ganz eigene Inhalte: Ein Ausbildungsschema hat andere Schwerpunkte als eine Norm.

Q: Was ist mit den Vorgängernormen?
A: Die Normen ISO 29119 basieren auf den Standards IEEE 829, IEEE 1008, BS 7925-1 und BS 7925-2. Diese Standards wurden von den jeweiligen Standardisierungsorganisationen »gestiftet«, d.h., der ISO wurde zugestanden, die Inhalte bei der Erstellung der Normen zu verwenden – gleichzeitig wurde damit entschieden, diese Vorgängernormen mit Erscheinen der 29119er-Reihe zurückzuziehen. Es hat ein wenig gedauert, aber heute sind all diese Vorgänger »in Rente« (tatsächlich engl.: »retired«).

Q: Kann ich die IEEE 829 noch benutzen?
A: Natürlich. Wenn Sie wollen. Grundsätzlich ist die IEEE 829 mit der Veröffentlichung der ISO 29119 ja nicht schlechter geworden ... Wenn es von außen keine anders lautenden Vorgaben gibt (wie etwa: »Wir erwarten von Ihnen, stets die aktuellen Standards zu verwenden!«), dann kann die IEEE 829 weiter verwendet werden. Aber: »Das Bess're ist des Guten Feind« ... also, warum nicht sich die Überarbeitung und die neuen Ideen der aktuellen Normen zunutze machen? Und wer arbeitet schon gerne nach einem veralteten Standard ...

Q: Wird es die Normen auch auf Deutsch geben?

A: Das ist eine Entscheidung des DIN. Falls es genug Interessenten gibt, die beim DIN nach einer deutschen Fassung fragen, kann eine Übersetzung beschlossen werden. Eine Übersetzung ist aber aufwendig und teuer, und da in der IT-Branche im Allgemeinen Englischkenntnisse vorhanden sind, ist es eher nicht zu erwarten, dass es in absehbarer Zeit eine deutsche Fassung geben wird.

Q: Muss ich die Normen kaufen?

A: Um mit den Normen arbeiten zu können, muss man sie zur Hand haben, und es ist daher sehr empfehlenswert, sie zu kaufen. Die Lizenzmodelle der betreffenden Stellen sollte man genau ansehen, teilweise geht es hier schon um begrenzte, personenbezogene Nutzungsrechte – da muss man genau hinsehen, was man braucht.

Q: Warum sind die Normen so teuer?

A: Sind sie das? Das ist wohl eine Frage des Standpunkts. Verglichen mit diesem Buch oder einem Kriminalroman, erscheint eine Norm sicher teuer. Berücksichtigt man allerdings, wie viele Experten weltweit ihre Zeit investiert und über Jahre hinweg an diesen Dokumenten gearbeitet haben, dann relativiert sich das sehr schnell. Rechnet man noch den Nutzen hinzu – allein die Zeitersparnis etwa, die man hat, wenn man sich eine Gliederung für einen Dokumententyp nicht selbst erarbeiten muss –, dann amortisiert sich die Anschaffung sehr schnell.

Außerdem ist es nun mal so, dass die Standardisierungsstellen – in Deutschland das DIN – auf den Verkauf von Normen als hauptsächliche Einnahmequelle angewiesen sind und diese Einnahmen die Verfügbarkeit von Normen sicherstellen.

Q: Wo kann ich die Normen kaufen?

A: In Deutschland können ISO-Normen über die DIN Media GmbH (früher Beuth-Verlag) erworben werden. Da die betreffenden Normen aber Gemeinschaftspublikationen von ISO, IEC und IEEE sind, kann man auch prüfen, ob über diese Organisationen ein Erwerb möglich ist.

Q: Kann ich selbst auch an Normen mitarbeiten?

A: Gerne! Voraussetzung ist in Deutschland, solange wir über ISO-Normen reden, eine Mitgliedschaft im DIN, entweder über das Unternehmen oder das Forschungsinstitut, in dem man tätig ist. Auskunft über die Details hierzu gibt sicher gerne das DIN.

C Abkürzungen

Ein umfassendes Glossar für Testbegriffe findet sich einerseits mit den Begriffen des ISTQB® unter [31], andererseits mit den Normbegriffen nach ISO, die auch für die ISO 29119 relevant sind, unter [36].

An dieser Stelle sind nur die Abkürzungen aufgeführt, die in diesem Buch verwendet werden.

AI
Artificial Intelligence

ASI
Austrian Standards Institute

ASIL
Automotive Safety Integrity Level

ATB
Austrian Testing Board

ATDD
Acceptance Test-Driven Development

B2B
Business to Business – Geschäft zwischen Firmen

BDD
Behaviour-Driven Development

BPMN
Business Process Modeling Notation

BS
British Standards

BSI
British Standards Institution

CD
Continuous Delivery – im Kontext Build-Prozesse
Committee Draft – im Kontext Normen und deren Entwurfsphasen

CI
Continuous Integration

CEN
Comité Européen de Normalisation. Europäisches Komitee für Normung

CENELEC
Comité Européen de Normalisation Électrotechnique. Europäisches Komitee für elektrotechnische Normung

CTFL
Certified Tester Foundation Level

DDT
Data-Driven Testing, Datengetriebener Test

DIN
Deutsches Institut für Normung

DIS
Draft International Standard

DSL
Domain Specific Language

EBNF
Extended Backus Naur Form

EN
Europäische Norm

FAQ
Frequently Asked Questions, häufig gestellte Fragen

FDA
Food and Drug Association

FDD
Feature-Driven Development

FDIS
Final Draft International Standard

GI
Gesellschaft für Informatik

GTB
German Testing Board

GUI
Graphical User Interface. Grafische Benutzerschnittstelle

GWA
Grenzwertanalyse

IEC
International Electrotechnical Commission

IEEE
Institute of Electrical and Electronics Engineers

INVEST
Mnemonic für: Independent, Negotiable, Valuable, Estimable, Small, Testable – zu deutsch: unabhängig, verhandelbar, wertvoll, schätzbar, klein, testbar

IoT
Internet of Things

IS
International Standard

ISO
International Organization for Standardization

ISTQB
International Software Testing Qualifications Board

JTC
Joint Technical Committee: Sonderform des Technical Committee aufgrund der Zusammenarbeit zwischen ISO und IEC; JTC1 ist zuständig für das Thema »Information Technology«.

KDT
Keyword-Driven Testing

KI
Künstliche Intelligenz

KM
Konfigurationsmanagement

KPI
Key Performance Indicator

MBT
Model-Based Testing

MCDC
Modified Condition Decision Coverage

ML
Maschinelles Lernen, Machine Learning

NP
New (work item) Proposal

NWIP
New Work Item Proposal

PAM
Prozessassessmentmodell

PBR
Perspective-Based Reading

PMI
Project Management Institute

PRM
Prozessreferenzmodell

RACI
Responsible, Accountable, Consulted, Informed – dt.: verantwortlich, zuständig, konsultiert und informiert; Schema zur Definition von Rollen in Teams.

SAFe
Scaled Agile Framework

SC
Sub Committee: Teil eines Technical Committee

SEVOCAB
Software Engineering Vocabulary

SIL
Safety Integrity Level

SNV
Schweizerische Normen-Vereinigung

STB
Swiss Testing Board

SUT
Software Under Test, System Under Test

TA
Testautomatisierung

TC
Technical Committee, Organisationseinheit innerhalb der ISO

TDD
Test-Driven Development

TR
Technical Report

TS
Technical Specification

WD
Working Draft

WG
Working Group – Teil eines Sub Committee

XP
eXtreme Programming

D Begriffe

In der Tabelle D-1 sind den nach Meinung der Autoren wichtigsten englischen Begriffen[1] der ISO 29119 die deutschen Übersetzungen gegenübergestellt, wie sie in diesem Buch verwendet werden:

Tabelle D-1
Gegenüberstellung der englischen und deutschen Begriffe

Englisch	Deutsch
activity	Aktivität
actual results	Istergebnis
approval authority	Freigebende Stelle
change history	Änderungshistorie
completion criteria	Testendekriterien
conformance	Konformität
disposal	Vernichtung
document specific information	Dokumentenspezifische Information
dynamic test processes	Prozesse der dynamischen Testdurchführung
entry criteria	Eingangskriterien
exhaustive testing	Erschöpfendes Testen
exit criteria	Ausgangskriterien
expected result	Sollergebnis
feature set	Merkmalsgruppen
glossary	Glossar
incident report	Fehlerbericht
issuing organization	Herausgebende Organisation
notation convention	Notationsvorgaben

[1] Die Begriffe wurden hierfür übersetzt; wo möglich, wurden Entsprechungen aus dem ISTQB®-Glossar (nach [31]) verwendet.

Tabelle D-1 *Gegenüberstellung der englischen und deutschen Begriffe (Fortsetzung)*

Englisch	Deutsch
organizational test practices	Organisationsbezogene Testpraktiken
organizational test process	Organisationsbezogener Testprozess
organizational test specification	Organisationsbezogene Testspezifikation
preconditions	Vorbedingungen
references	Referenzen
retesting	Fehlernachtest
risk register	Risikoaufstellung
risk-based testing	Risikoorientierter Test
scope	Gültigkeitsbereich
specification based techniques	Spezifikationsbasierte Techniken
stakeholder	Stakeholder
static testing	Statischer Test
structure based techniques	Strukturbasierte Techniken
sub processes	Subprozesse, Teilprozesse
suspension criteria	Abbruchkriterien
task	Aufgabe
test approach	Testansatz
test case specification	Testfallspezifikation
test completion criteria	Testendekriterien
test completion process	Testabschlussprozess
test completion report	Testabschlussbericht
test condition	Testbedingung
test coverage	Testüberdeckung
test coverage item	Testüberdeckungselement
test data readiness report	Bericht über Bereitstellung der Testdaten
test data requirements	Anforderungen an Testdaten
test deliverable	Testarbeitsergebnisse
test design and implementation process	Testentwurfs- und -realisierungsprozess
test design technique	Testverfahren
test environment	Testumgebung

Tabelle D-1
Gegenüberstellung der englischen und deutschen Begriffe (Fortsetzung)

Englisch	Deutsch
test environment and data management process	Prozess für Testumgebungs- und Testdatenmanagement
test environment readiness report	Bericht über Bereitstellung der Testumgebung
test environment requirements	Anforderungen an die Testumgebung
test execution log	Testprotokoll
test execution process	Testdurchführungsprozess
test incident reporting process	Fehlermeldeprozess
test item	Testobjekt
test level	Teststufe
test management	Testmanagement
test management process	Testmanagementprozess
test model	Testmodell
test model specification	Testmodellspezifikation
test monitoring and control process	Testüberwachungs- und -steuerungsprozess
test objective	Testziel
test plan	Testkonzept
test policy	Testrichtlinie
test practice	Testpraktik
test procedure	Testprozedur
test procedure specification	Testablaufspezifikation
test result	Testergebnis
test specification	Testspezifikation
test specification technique	Testspezifikationsverfahren
test status report	Teststatusbericht
test strategy and planning process	Teststrategie- und Testplanungsprozess
test sub-process	Test-Subprozesse
test technique	Testverfahren
traceability	Rückverfolgbarkeit
unique identification of document	Eindeutige Identifizierung des Dokuments

Literaturverzeichnis

Bücher und Artikel

[1] Graham Bath, Judy McKay: *Praxiswissen Softwaretest – Test Analyst und Technical Test Analyst: Aus- und Weiterbildung zum Certified Tester – Advanced Level nach ISTQB-Standard.* 3. Auflage, dpunkt.verlag, Heidelberg, 2015.

[2] Manfred Baumgartner u. a.: *Basiswissen Testautomatisierung – Aus- und Weiterbildung zum ISTQB® Advanced Level Specialist – Certified Test Automation Engineer.* 3. Auflage, dpunkt.verlag, Heidelberg, 2021.

[3] Boris Beizer: *Black-Box Testing: Techniques for Functional Testing of Software and Systems.* Wiley, 1995.

[4] Rex Black: *Critical testing processes: plan, prepare, perform, perfect.* Addison-Wesley, Boston, Mass., 2004.

[5] Christian Brandes: Konzeption von produktionsnahen Testumgebungen. *Softwaretechnik-Trends*, 31 (1), 2011.

[6] Tsong Chen u. a.: Metamorphic Testing: A Review of Challenges and Opportunities. *ACM Computing Surveys*, 51, 2018, 4:1–4:27.

[7] Tsun S. Chow: Testing software design modeled by finite-state machines. *IEEE Trans. Software Eng.*, 4 (3), 1978, S. 178–187.

[8] Lee Copeland: *A Practitioner's Guide to Software Test Design.* Artech House, 2004.

[9] Matthias Daigl, René Rohner: *Keyword-Driven Testing – Grundlage für effiziente Testspezifikation und Automatisierung.* dpunkt.verlag, 2022.

[10] Vera Gebhardt u. a.: *Funktionale Sicherheit nach ISO 26262: Ein Praxisleitfaden zur Umsetzung.* dpunkt.verlag, Heidelberg, 2013.

[11] Klaus Grimm, Matthias Grochtmann: Systematischer Software-Test mit der Klassifikationsbaum-Methode. *Informatik – Wirtschaft – Gesellschaft.* Hrsg. von Horst Reichel. Informatik aktuell. Springer-Verlag, Berlin/Heidelberg, 1993, S. 253–259.

[12] Matthias Hamburg: Metamorphes Testen. *Workshop; Herausforderungen beim Testen moderner Softwaresysteme (TAV-2021)*. INFORMATIK 2021. Gesellschaft für Informatik, Bonn, 2021, S. 1865–1870.

[13] Anne Mette Jonassen Hass: *Guide to Advanced Software Testing*. Artech House, 2014.

[14] Peter Liggesmeyer: *Software-Qualität*. 2. Auflage, Spektrum-Verlag, Heidelberg, 2009, S. 526.

[15] Tilo Linz: *Testen in agilen Projekten: Methoden und Techniken für Softwarequalität in der agilen Welt*. 3. Auflage, dpunkt.verlag, Heidelberg, 2023.

[16] Glenford J. Myers: *The Art of Software Testing*. Wiley, 1979.

[17] Eike Hagen Riedemann: *Testmethoden für sequentielle und nebenläufige Software-Systeme*. Springer-Verlag, Berlin/Heidelberg, 1997.

[18] Nils Röttger, Gerhard Runze, Verena Dietrich: *Basiswissen KI-Testen*. dpunkt.verlag, Heidelberg, 2024.

[19] Kurt Schneider: *Abenteuer Softwarequalität: Grundlagen und Verfahren für Qualitätssicherung und Qualitätsmanagement*. 2. Auflage, dpunkt.verlag, Heidelberg, 2012.

[20] Andreas Spillner, Tilo Linz: *Basiswissen Softwaretest: Aus- und Weiterbildung zum Certified Tester – Foundation Level nach ISTQB®-Standard*. 7. Auflage, dpunkt.verlag, Heidelberg, 2024.

[21] Andreas Spillner u. a.: *Praxiswissen Softwaretest – Testmanagement: Aus- und Weiterbildung zum Certified Tester – Advanced Level nach ISTQB®-Standard*. 4. Auflage, dpunkt.verlag, Heidelberg, 2014.

[22] Herbert Stachowiak: *Allgemeine Modelltheorie*. Springer Verlag, Wien, New York, 1973.

[23] U.S. Food and Drug Administration (FDA): *General Principles of Software Validation; Final Guidance for Industry and FDA Staff*. FDA, U.S. Department of Health und Human Services, USA, 2002.

[24] Mario Winter u. a.: *Basiswissen modellbasierter Test*. 2. Auflage, dpunkt.verlag, Heidelberg, 2016.

Im Netz

Die folgenden Links wurden zum Zeitpunkt der Drucklegung (Juli 2024) auf Gültigkeit überprüft.

[25] *Apollon & das Orakel von Delphi.* 2023. `https://www.die-goetter.de/das-orakel-von-delphi-in-der-antike`.

[26] ATB: *Internetauftritt des Austrian Testing Board.* `https://www.austriantestingboard.at`.

[27] Attlassian: *Jira.* `https://www.atlassian.com/software/jira`.

[28] Matthias Grochtmann, Joachim Wegener, Klaus Grimm: *Test Case Design Using Classification Trees and the Classification-Tree Editor CTE.* 1995. `https://www.researchgate.net/publication/243783299_Test_Case_Design_Using_Classification_Trees_and_the_Classification-Tree_Editor_CTE`.

[29] GTB: *Internetauftritt des German Testing Board.* `https://www.gtb.de`.

[30] GTB: *ISTQB®/GTB Standardglossar der Testbegriffe.* `https://www.gtb.de/der-certified-tester/glossar/`.

[31] imbus AG: *Glossar.* `http://www.imbus.de/glossar/`.

[32] imbus AG: *Normenposter.* `https://www.imbus.de/fileadmin/Repositories/Imbus/Downloads/Softwaretest_Services/Poster-ISO29119_DE.pdf`.

[33] imbus AG: *TestBench.* `http://www.imbus.de/testbench`.

[34] ISO: *ISO deliverables – The different types of ISO publications.* `https://www.iso.org/deliverables-all.html`.

[35] ISO/IEC: *Publicly Available Standards.* `https://standards.iso.org/ittf/PubliclyAvailableStandards/index.html`.

[36] ISO/IEC/IEEE/PMI: *SE-VOCAB.* `http://pascal.computer.org/sev_display/index.action`.

[37] ISTQB®: *Certifications.* `https://www.istqb.org/certifications/certification-list`.

[38] ISTQB®: *Certified Tester Foundation Level (CTFL) v4.0.* `https://www.istqb.org/certifications/certified-tester-foundation-level`.

[39] ISTQB®: *Internetauftritt des International Software Testing Qualifications Board.*
`http://www.istqb.org`.

[40] ISTQB®: *ISTQB® Certified Tester AI Testing (CT-AI).*
`https://www.istqb.org/certifications/artificial-inteligence-tester`[2].

[41] ISTQB®: *Online-Glossar des ISTQB®.*
`http://glossary.istqb.org`.

[42] *Jenkins.*
`https://jenkins-ci.org`.

[43] Quality First Software GmbH: *QF-Test.*
`https://www.qfs.de`.

[44] Ken Schwaber, Jeff Sutherland: *The 2020 Scrum Guide.* 2020.
`https://scrumguides.org/scrum-guide.html`.

[45] STB: *Internetauftritt des Swiss Testing Board.*
`https://swisstestingboard.org`.

[46] Diverse Unterzeichner: *Petition gegen die ISO-Normen 29119.*
`http://www.ipetitions.com/petition/stop29119`.

[47] Marc-Florian Wendland: *Teststandardfamilie: Einblick in den ISO 29119 »Software Testing Standard«.* 2014.
`https://www.sigs-datacom.de/uploads/tx_dmjournals/wendland_OS_Testing_2014.pdf`.

[2] Die URL ist zum Zeitpunkt der Drucklegung korrekt, auch wenn die Schreibweise von »inteligence« fehlerhaft ist.

Normen und Standards

[48] IEEE **1008:1986** *Standard for Software Unit Testing.* Institute of Electrical und Electronics Engineers, New York, USA, 1986.

[49] IEEE **1012:2012** *Standard for System and Software Verification and Validation.* Institute of Electrical und Electronics Engineers, New York, USA, 2012, S. 1–223.

[50] IEEE **1028-2008** *Standard for Software Reviews and Audits.* Institute of Electrical und Electronics Engineers, New York, USA, 2008, S. 1–52.

[51] IEEE **1044:2010** *Standard Classification for Software Anomalies.* Institute of Electrical und Electronics Engineers, New York, USA, 2010, S. 1–23.

[52] ISO/IEC **12207:2017** *Systems and software engineering – Software life cycle processes.* International Organization for Standardization, Genf, Schweiz, 2017.

[53] ISO/IEC/IEEE **15288:2023** *Systems and software engineering – System life cycle processes.* International Organization for Standardization, Genf, Schweiz, 2023, S. 1–108.

[54] ISO/IEC/IEEE **15289:2019** *Systems and software engineering – Content of life-cycle information items (documentation).* International Organization for Standardization, Genf, Schweiz, 2019, S. 1–94.

[55] ISO/IEC **16085:2006** *Systems and software engineering – Life cycle processes – Risk management.* International Organization for Standardization, Genf, Schweiz, 2006.

[56] ISO/IEC **19770-2:2009** *Information technology – Software asset management – Part 2: Software identification tag.* International Organization for Standardization, Genf, Schweiz, 2009.

[57] ISO/IEC **20246:2017** *Software and systems engineering – Work product reviews.* International Organization for Standardization, Genf, Schweiz, 2017.

[58] ISO/IEC/IEEE **24765:2017** *Systems and software engineering – Vocabulary.* International Organization for Standardization, Genf, Schweiz, 2017, S. 1–418.

[59] ISO/IEC/IEEE **24774:2021** *Systems and software engineering – Life cycle management – Specification for process description.* International Organization for Standardization, Genf, Schweiz, 2021.

[60] ISO/IEC **25000:2014** *Systems and software engineering – Systems and software Quality Requirements and Evaluation*

(SQuaRE) – Guide to SQuaRE. International Organization for Standardization, Genf, Schweiz, 2014.

[61] ISO/IEC **25001:2014** *Systems and software engineering – Systems and software Quality Requirements and Evaluation (SQuaRE) – Planning and management.* International Organization for Standardization, Genf, Schweiz, 2014.

[62] ISO/IEC **25010:2011** *Systems and software engineering – Systems and software Quality Requirements and Evaluation (SQuaRE) – System and software quality models.* International Organization for Standardization, Genf, Schweiz, 2011.

[63] ISO/IEC **25010:2023** *Systems and software engineering – Systems and software Quality Requirements and Evaluation (SQuaRE) – Product quality model.* International Organization for Standardization, Genf, Schweiz, 2023.

[64] ISO **26262-6:2018** *Road vehicles – Functional safety – Part 6: Product development at the software level.* International Organization for Standardization, Genf, Schweiz, 2018.

[65] ISO/IEC/IEEE **29119-1:2022** *Software and systems engineering – Software testing – Part 1: General concepts.* International Organization for Standardization, Genf, Schweiz, 2022.

[66] ISO/IEC TR **29119-11:2020** *Software and systems engineering – Software testing – Part 11: Guidelines on the testing of AI-based systems.* International Organization for Standardization, Genf, Schweiz, 2020.

[67] ISO/IEC TR **29119-13:2022** *Software and systems engineering – Software testing – Part 13: Using the ISO/IEC/IEEE 29119 series in the testing of biometric systems.* International Organization for Standardization, Genf, Schweiz, 2022.

[68] ISO/IEC/IEEE **29119-2:2021** *Software and systems engineering – Software testing – Part 2: Test processes.* International Organization for Standardization, Genf, Schweiz, 2021.

[69] ISO/IEC/IEEE **29119-3:2021** *Software and systems engineering – Software testing – Part 3: Test documentation.* International Organization for Standardization, Genf, Schweiz, 2021.

[70] ISO/IEC/IEEE **29119-4:2021** *Software and systems engineering – Software testing – Part 4: Test Techniques.* International Organization for Standardization, Genf, Schweiz, 2021.

[71] ISO/IEC/IEEE **29119-5:2016** *Software and systems engineering – Software testing – Part 5: Keyword-Driven Testing.* International Organization for Standardization, Genf, Schweiz, 2016.

[72] ISO/IEC TR **29119-6:2021** *Software and systems engineering – Software testing – Part 6: Guidelines for the use of*

ISO/IEC/IEEE 29119 (all parts) in agile projects. International Organization for Standardization, Genf, Schweiz, 2021.

[73] ISO/IEC/IEEE **29148:2011** *Systems and software engineering – Life cycle processes – Requirements engineering.* International Organization for Standardization, Genf, Schweiz, 2011.

[74] ISO **31000:2009** *Risk management – Principles and guidelines.* International Organization for Standardization, Genf, Schweiz, 2009.

[75] ISO/IEC **33001:2015** *Information technology – Process assessment – Concepts and terminology.* International Organization for Standardization, Genf, Schweiz, 2015.

[76] ISO/IEC **33063:2015** *Information technology – Process assessment - Process assessment model for software testing.* International Organization for Standardization, Genf, Schweiz, 2015.

[77] DIN EN **50128** *Bahnanwendungen – Telekommunikationstechnik, Signaltechnik und Datenverarbeitungssysteme – Software für Eisenbahnsteuerungs- und Überwachungssysteme; Deutsche Fassung EN 50128:2011.* Deutsches Institut für Normung e.V., Berlin, 2012.

[78] DIN EN **50657:2017** *Bahnanwendungen - Anwendungen für Schienenfahrzeuge - Software auf Schienenfahrzeugen; Deutsche Fassung EN 50657:2017.* Deutsches Institut für Normung e.V., Berlin, 2017.

[79] DIN IEC **60880:2006** *Kernkraftwerke – Leittechnik für Systeme mit sicherheitstechnischer Bedeutung – Softwareaspekte für rechnerbasierte Systeme zur Realisierung von Funktionen der Kategorie A.* Deutsches Institut für Normung e.V., Berlin, 2006.

[80] IEC **61508-3** *Functional safety of electrical/electronic/programmable electronic safety-related systems – Part 3: Software requirements.* International Electrotechnical Commission, Genf, Schweiz, 2010.

[81] IEC **62304:2016** *Medical device software – Software life cycle processes.* International Electrotechnical Commission, Genf, Schweiz, 2016.

[82] BS **7925-1:1998** *Software testing. Vocabulary.* UK National Standards Body, 1998.

[83] BS **7925-2:1998** *Software testing. Software component testing.* UK National Standards Body, 1998.

[84] IEEE **829:2008** *Standard for Software and System Test Documentation.* Institute of Electrical und Electronics Engineers, New York, USA, 2008, S. 1–150.

[85] DIN EN ISO **9000:2005** *Qualitätsmanagementsysteme – Grundlagen und Begriffe; Dreisprachige Fassung EN ISO 9000:2005.* International Organization for Standardization, Genf, Schweiz, 2005.

[86] ISO **9126-1:2001** *Software engineering – Product quality – Part-1: Quality model.* International Organization for Standardization, Genf, Schweiz, 2001.

[87] ISO/IEC: *ISO/IEC Directives, Part 1 – Procedures for the technical work – Consolidated ISO Supplement – Procedures specific to ISO.* 2023.

[88] ISO/IEC: *ISO/IEC Directives, Part 2 – Principles and rules for the structure and drafting of ISO and IEC documents.* 2021.

Index

Der folgende Index enthält wichtige Begriffe dieses Buches mit Angabe der jeweiligen Seitennummer. Falls mehrere Seitennummern angegeben sind, so verweist die **fett** gedruckte Seitennummer auf die zentrale Textstelle.

Tilo Linz

Testen in agilen Projekten

Methoden und Techniken für Softwarequalität in der agilen Welt

Aus- und Weiterbildung zum ISTQB® Certified Tester: Agile Tester, Agile Technical Tester, Agile Test Leadership at Scale

3., akt. und überarb. Auflage 2024
326 Seiten, Festeinband
€ 39,90 (D)

ISBN:
Print 978-3-86490-961-0
PDF 978-3-98890-022-7
ePub 978-3-98890-023-4
mobi 978-3-98890-024-1

Auf *dpunkt.de* auch als Bundle (Print & E-Book) erhältlich.

Dieses Buch gibt einen praxisorientierten Überblick über die gängigsten Testmethoden und -praktiken sowie Managementwerkzeuge in agilen Projekten. Softwareentwickler, Projektmanager, Product Owner und Scrum Master erhalten Hinweise und Tipps, wie Qualitätssicherung und Testen dazu beitragen können, das Potenzial agiler Vorgehensweisen voll auszuschöpfen. Professionelle (Certified) Tester und Experten für Softwarequalität erfahren, wie sie erfolgreich in agilen Teams mitarbeiten und ihre spezifische Expertise optimal einbringen können.

Mehrere Fallstudien, ein durchgängiges Fallbeispiel sowie Übungsaufgaben und Checkfragen zum Self-Assessment runden den Inhalt ab. Die Codebeispiele stehen auf der Buch-Website zum Download bereit.

Die 3. Auflage ist konform zum ISTQB® Certified Tester Agile und eignet sich daher nicht nur bestens zur Prüfungsvorbereitung, sondern auch als kompaktes Grundlagenwerk zu diesen Themen in der Praxis und an Hochschulen.

»Nicht nur bietet Linz Einblicke in agile Methoden, sondern er zeigt auch auf, wie traditionelle Testtechniken in diesen Kontext integriert werden können. Die Struktur ist klar, die Inhalte praxisorientiert und zahlreiche bewährte Methoden sowie Übungen machen es zu einem unschätzbar wertvollen Werkzeug […]«
(SQ Magazin, Ausgabe 69, Juni 2024)

dpunkt.verlag
www.dpunkt.de